ビハインド・ザ・ホラー

ホラー映画になった恐怖と真実のストーリー

Behind the Horror

True stories that inspired horror movies

Dr. Lee Mellor

リー・メラー

五十嵐加奈子 訳

青土社

ビハインド・ザ・ホラー

目次

ビハインド・ザ・ホラー

ホラー映画になった恐怖と真実のストーリー

『M』（一九三一年）
ワイマール期ドイツの連続殺人犯《シリアルキラー》

一九三一年、ドイツの映画監督フリッツ・ラングは、『M』で世界中の観客から喝采を浴びた。ワイマール期のドイツには、かつてない数の連続殺人犯《シリアルキラー》が出現し、ラングはそこからヒントを得て、不気味な殺人鬼ハンス・ベッケルトをつくりあげた。一方、実際の殺人鬼たちを捕えるべく奮闘した人々をモデルに生まれたのが、カール・ローマン警部だ。

太古の昔から、巷《ちまた》にはシリアルキラーが存在した。だが、そうした殺人者が特に多く生み出された時代や場所がある。アメリカでは、一九六〇年代半ばから九〇年代にかけてシリアルキラーの数が急増した。いわゆる「ボストン絞殺魔」に始まり、ジェフリー・ダーマーで終わる時代だ。ヴィクトリア朝時代のイギリスも同様に、シリアルキラーが大量に生まれた。また、ドイツではワイマール期（一九一八～三三年）――第一次世界大戦と第二次世界大戦のはざまの不運な共和制時代――にシリアルキラーがやたらと出現した。そこから生まれたのが、一九三一年に公開されたフリッツ・ラングの不朽の名作『M』に登場する架空の幼女殺し、ハンス・ベッケルトだ。

『M』の公開からさかのぼること一年弱、ベルリン警察のエルンスト・ゲンナート警部は、次々に人が殺されるかつてない新奇な暴力的現象を、「連続殺人（Serien möder）」という新しい言葉で表現した。そしてこのゲンナート警部こそが、『M』のローマン警部のモデルとなるのである。

『M』の冒頭、殺人鬼はすでに街に出没している。子どもたちは、「次にさらわれる子」を選ぶ遊戯をし、不安な親たちは学校へ子どもを迎えにいく。そんななか、謎の男がひとりの幼い少女に近づき、風船を買ってあげようと声をかけ、まもなくその少女が行方不明となる。少女が姿を消し、人々の動揺が強まったところで、犯人はさらなる犯行を予告する手紙を新聞各紙に送りつけた。ローマン警部率いるベルリン市警は犯人逮捕に乗り出し、釈放された元囚人たちの精神分析に加え、筆跡鑑定や指紋照合といった最新の科学的捜査を行なう。一方で、警察の取締りが強化され思うように悪事が働けなくなった犯罪組織のボスたちは、街じゅうの物乞いを監視役に使い、独自に犯人探しを始める。警察は犯人の住居を突き止めて有罪の証拠を発見し、部屋で犯人を待ち伏せる。そのころ犯人は、さらなる獲物を求めて街をさまよっていた。そのときある盲目の物乞いが、犯人の吹く独特な口笛に気づき仲間に知らせる。仲間は犯人を追いかけ、コートの背中に白いチョークで「M」の文字——Mörder（殺人犯）の印——をつける。その後まもなく、犯人は犯罪組織のボスたちに追いつめられ、連れ去られる。廃墟となった蒸留所で〝裁き〟にかけられた彼は、自分ではどうすることもできない、人を殺したい衝動を抑えられないのだと熱弁をふるって自己弁護し、自分たちも犯罪者のくせになぜ人を裁こうとするのかと反撃する。〝被告人〟は犯罪組織に殺されそうになるが、そこへ警察がやってきて裁判のまねごとをやめさせ、犯人と他の犯罪者たちを逮捕。殺人鬼ハンス・ベッケルトが本物の裁判で裁判官の前に立ち、子どもを殺された母親たちが傍聴席で涙を流すシーンで映画は終わる。

この映画よりも四年早く封切られたアルフレッド・ヒッチコックの『下宿人』と同様、『M』もまた、殺人者をただ冷酷な〝悪者〟として描くのではなく、性的殺人にまつわる心理的・社会的要因を掘り下げ、新境地を開いた。苦悩に苛まれる、一見恐ろしそうには見えないベビーフェイスの殺人者をみごと演じきったピーター・ローレは世界的スターとなり、『M』は名作映画として不動の地位を得た。

ハンス・ベッケルトの人物像には、ワイマール期に出現した六人のシリアルキラーが大なり小なり影響を与えている。ヨハン・メイヤー、フリードリヒ・シューマン、カール・グロスマン、フリッツ・ハールマン、カール・デンケ、そして最も大きな影響を与えたと思われる、「デュッセルドルフの吸血鬼」ペーター・キュルテンだ。


一九一八年三月、同胞たちがベルギーやフランス北部の塹壕から出られずにいたころ、ヨハン・メイヤーは最初の殺人を犯した。一八八六年に生まれ、貧しい母子家庭で育った彼の幼少期の大半は、施しを求めてドイツ西部をさまよい歩く放浪生活だった。採石場で働いていたときに爆薬がらみの事故で左腕のひじから先を失ってからは「切り株うで」とあだ名をつけられ、兵役にも不適格と見なされた彼は、障害ゆえに安定した職にもつけず、木の洞《うろ》をねぐらにしながら、生きるために密猟や盗みに手を染めていった。

そうしたハンディキャップを背負いながらも、メイヤーは友人や恋人をつくり、そうした関係を利用しては殺人をくり返したのである。一九一八年三月、ドイツ西部ラインラント地方のマイエン近郊の森で、彼は二三歳の元恋人マリア・ダームをカービンライフルで撃ち殺し、その一一カ月後には、二八歳のマリア・ファルクを射殺した。当時のドイツ人の多くがそうだったように、ファルクは工業都市ボンと田舎とを往来し、都会の製品と農産物などを交換して暮らしを立て、一方のメイヤーは密猟した野生動物の売買をしていた。彼の好ましくない過去を知ったマリアは関係を終わらせようとするが、不運にも、マスブルクとハウロートのあいだに位置する森で、頭に銃弾を受けて横たわった姿で発見されることになる。

同じ一九一九年の春に、メイヤーはライメラート＝ボース郊外のマツ林で、友人のニコラウス・シュラーとロレンツ・ロイターをライフルで射殺した。そのさい、死体の首を切り落として二人の頭部をすげ替えるという身の毛もよだつ小細工で警察の捜査を攪乱《かくらん》しようとしたと伝えられる。シュラーの体とロイターの頭部は、まもなく少年たちによってジュニパーの茂みで発見されたが、ロイターの首なし死体のほうはかなり時間がたってから、アルバッハタール自然公園のフランツェン風車から一キロほど北で発見された。

メイヤーの最後の犠牲者となったのは、恋人のカタリーナ・フォルスト、第一次世界大戦で夫を亡くした、三人の子をもつ三四歳の母親だった。ケルベルクの町でダンスを楽しむ二人の姿がときどき目撃され、カタリーナは犯罪者とは知らずにメイヤーをマネバッハ＝シケラスという小さな村にある自宅に住まわせ、メイヤーはそのお返しにシカなど野生動物の肉を提供していた。ところが、彼は凶暴な男だという噂がカタリーナの耳に入ったことを知ると、もう彼女を当てにはできない、消すしかないとメイヤーは判断する。そして一九一九年五月、ヤギを買いにいくという口実でカタリーナを町の外へ誘い出した彼は、背後から撃ち、イレリッヒ付近の低木の茂みに死体を隠した。
暴行、密猟、窃盗の前科をもつメイヤーは七月九日に警察の取り調べを受けるが、その後逃亡し、一九二二年八月一〇日、農場労働者として働いていたオイルゲムで旅行者によって発見された。そのときすでにラインラント南部では、メイヤーの名を聞いただけで誰もが震え上がるほどその名は知れ渡り、身柄には懸賞金がかけられていた。ところが無防備にも、彼は旅行者の一団に近づいてタバコをねだり、面が割れてしまったのだ。警察に引き渡されたメイヤーは、その後コブレンツの刑務所へ送られ、一九二三年二月七日、四件の殺人と一件の故殺《こさつ》（事前の計画性のない殺人）で有罪判決を受け、死刑を言い渡された。彼はかたくなに罪を認めようとしなかったが、処刑の数日前になって、「切り株うで」のヨハン・メイヤーはようやく口を割り、教誨師《きょうかいし》に罪を告白した。そして一九二三年一二月二九日、犯した罪を悔いる三七歳の男は、ケルン刑務所でギロチンにかけられた。

フリッツ・ラングの〝悪党ギャラリー〟を飾る二番目の殺人者は、フリードリヒ・シューマンだ。ベルリン西端の町シュパンダウで一八九三年に生まれたシューマンは、代々続く悪党一族の末裔だった。祖父は子どもへの性的いたずらの前科があり、父ヘルマンもまた、犯罪をくり返すアルコール依存症者だった。障がい者だったメイヤーとは違い、シューマンは第一次世界大戦で従軍し、射撃の名手として鉄十字勲章を授与されたが、それはなんとも不吉な皮肉だ。というのも、一六歳だった一九〇九年に、彼はシュパンダウの森で銃をおもちゃに遊んでいて、いとこの少女を誤って撃ち殺しているのだ。のちに彼はいとこの殺害を認めるが、うるさかったから殺したという、ただそれだけの理由だった。いとこを射殺して二年もたたないうちに、今度はシュパンダウの路上で女性を撃って持ち物を奪った。このとき彼が受けた実刑判決はわずか九カ月だった。

一九一七年の五月と七月に軍から休暇をもらい姿をくらましたシューマンは、ファルケンハーゲンで警備員一名と警官二名を射殺する。そして、ドイツ東部のこの小さな集落、なかでも森林地帯は、シューマンお気に入りの「猟場」となった。彼が好んで使った手口は、二人きりになれる場所を求めて木々のあいだに分け入るカップルを待ち伏せての不意打ちだった。恋人たちの小道《ラバーズ・レーン》をねらう殺人者の多くがそうだが、彼もまたカップルの男性のほうを無条件に殺したのち、女性をレイプして殺害した。「ファルケンハーゲン湖の大量殺人者」と呼ばれたシューマンは多くの点で場当たり的な犯罪者で、狩猟仲間の一行や森林労働者、ハイカー、車で通りかかった旅行者などを手当たり次第に餌食にした。

シューマンに終焉のきざしが見えはじめたのは、一九一九年八月一八日の午後八時、ファルケンハーゲンの森で森林管理人ヴィルヘルム・ニールボックに声をかけられたときだった。シューマンはニールボックの腹部を撃つが、屈強な五二歳の男は猟銃で反撃し、シューマンは肩に弾を受けて逃走した。だがニールボックは、病院のベッドで息をひきとる前に、自分を襲った男の特徴を「並みの身長で細身、髪はブロンド、灰緑色の服を着ていた」と伝えていた。二日後、シュパンダウの診療所で傷の治療を受けていたシューマンは逮捕され、一九二〇年七月五日から一三日にかけて、多数の罪状によりベルリンで裁判にかけられた。そして七月一三日、六件の殺人と一一件の殺人未遂、複数の窃盗で有罪となり、七つの死刑判決が下された。刑の執行を待つあいだ、シューマンは弁護士に、殺したのは全部で二五人だと打ち明けた。一九二一年八月二七日の早朝、「ファルケンハーゲン湖の大量殺人者」は静かにプレッツェンゼー刑務所の中庭へ進み、断頭台の露と消えた。

ワイマール期に登場した次なる殺人者カール・グロスマンは、おかした罪のみならず、死体処理方法のおぞましさでも有名だ。肉屋だったグロスマンは、ベルリンの終着駅であるシュレージエン駅（現在のベルリン東駅）でフードスタンドを営んでいた。スタンドは夜明けとともに開店し、夜遅くまで温かい肉料理を提供した。グロスマン（「大きな男」という意味）はその名のとおり天を衝く大男で、黒い口髭の下の歯のないすぼんだ口はめったに言葉を発することも笑うこともなかったが、気ぜわしく食事をとる客の多くは、どうせ店主など気に留めはしない。だが一九二二年の夏、引きつった目の無口な肉屋は、そんな客たちにとって死ぬまで忘れられない存在となるのだった。

商売人として割に羽振りの良かったグロスマンは、近所の人々に金を貸し、何人もの女性を家政婦として雇い、また娼婦たちの常連客でもあった。しかし、エリカというひときわ世慣れた娼婦が、グロスマンに気味の悪さを感じ、ランゲ通りに面したアパートの四階にある彼の部屋に入るのを拒んだと語った記録が残されている。見た目も悪く人好きのしない男だが、壊滅的な貧困の傷痕が残るベルリンの街では、そこそこ裕福である点でグロスマンは得をしていた。

ワイマール期、シュレージエン駅周辺は貧しく、犯罪の多発するエリアで、東側からやってきた渡り労働者であふれかえっていた。彼らの多くは働き口を求めて首都へ流れてきた移住者だが、皮肉にも、ベルリンは国内で最も失業率の高い場所のひとつだった。住民は地元警察に居住地を登録しなければならないが、こうした移住者の多くはそれを怠った。

ドイツでは売春が合法だったが、居住者同様に、娼婦はすべて政府に登録し、定期的に医者の診察を受けなければならなかった。この規則に従う者は「登録娼婦」となり、専門職の性労働者として扱われた。一方で、極度の貧困ゆえに、生きていくためだけに時々身を売らなければならない女性たちも、既婚未婚を問わず数多く存在した。それを職業にするつもりは毛頭なく、いちど登録娼婦になればその汚名が一生涯つきまとうとわかっているだけに、こうした臨時的な性労働者――「臨時娼婦」――もまた登録を怠った。つまりシュレージエン駅周辺には、警察と関わり合いになりたくない人々がかなりの割合でいたことになる。じつに、登録娼婦の五倍から一〇倍もの臨時娼婦がいたと推定されている。[1]

当時のジャーナリストで文化史研究家のハンス・オストワルドは、自身が暮らすベルリン周辺の状況を「シュレージエン駅のそばの薄汚いコッペン通りでは、やつれ果て、くたびれ果てた貧しい女たちが、頭を覆う帽子もかぶらず青い前掛け姿で夜ごとうろついており、とりわけ土曜の晩にはその数が増す。女たちは酔っ払って家路につく労働者をねらい、一マルクか二マルクでその身を売ろうとしているのだ」[2]と描写している。アンドレアス広場界隈もまた、娼婦と客が出会う場所として知られていた。厳しい経済状況は、食料や衣類を手に入れるためならグロスマンのような男と寝るのもいとわない女たちがいたことを意味する。

しかし、ルイゼンシュタット運河やエンゲルベッケン池に身元不明の女性のバラバラ死体がいくつも浮かびはじめると、おぞましい出来事には慣れっこなはずの街にも衝撃が走った。一九二一年八月、警察はベルリン市全域に殺人事件に関する通告書を貼り出した。そこには、犯人はシュレージエン駅周辺に住んでいるという推測情報も書かれていた。この時点で、グロスマンの隣人マンハイム・イツィッヒとその妻ヘレーネは、歯のない年老いた肉屋が犯人かもしれないと疑いを抱きはじめた。女性の悲鳴を聞き、排水管から赤い液体が流れ出てくるのを目撃し、夏じゅう隣の部屋から何かが腐ったような悪臭がして息がつまりそうだった夫婦は（鶏肉が腐ったのだとグロスマンは言った）、隣室のドアに小さな穴をあけて密かに探ることにした。さらにグロスマンが女性たちを手荒に扱うのを見た二人は、最近たてつづけに起きた「快楽殺人《セックス・マーダー》」は彼のしわざに違いないと、ますます確信を深めるのだった。

一九二一年八月二一日、近隣住民から、裸の女が悲鳴を上げながら窓から必死に合図しているとの通報を受け、警察がグロスマンのアパートに駆けつけた。部屋に踏みこむと、血まみれになった裸の肉屋が、寝台に横たわる女の全裸死体を見下ろしていた。グロスマンはその場で逮捕された。女性は刃物で何度も刺されたか、短い棍棒《こんぼう》のようなもので殴り殺されたかのいずれかで（情報源によって異なる）、体の一部が切断されていたとの説もある。悪趣味なことに、女性は解体前のブタのような形に縛り上げられていた。台所からは、いくつかのトレーに入れられたソーセージ用らしき人肉が見つかり、食器棚にはあやしい女ものの衣類が隠されていた。服のタグを見た捜査官たちは、行方不明者として届け出のあった女性たちのものだとすぐに気づく。いなくなった女性たちの多くが最後に目撃されたのは、シュレージエン駅だった。カール・グロスマンは警察本部へ連行され、逮捕の報が新聞社に伝わる前に、警官が終着駅へ急行しグロスマンのフードスタンドを押収した。

その後の展開については諸説あり、ある説によれば、グロスマンは数週間にわたり取り調べを受けたのち、ようやく三人の女性の殺害を白状した。当初、彼は女性たちが自分の金を盗もうとしているのに気づき、怒りを覚えて発作的に殺したと言い張り、遺体をバラバラにしたのも、捨てるためにそうしただけだと主張していたようだ。別の説では、四件の殺人を認めたとしている。

しかしグロスマンにとっては残念だが、ソーセージ用の人肉とサディスティックなレイプを裏付ける圧倒的証拠は、別のストーリーを物語っていた。現在では、最後の犠牲者はシアン化合物で気絶させられ性的暴行を受けたと断定されている。その女性の身元はすぐに判明した。マリア・テレサ・ニッチェ、三四歳。刑務所から釈放されたばかりで、その不安定な状況ゆえに、「ベルリンの屠殺人《とさつ》」にとって格好の標的となったのだ。

グロスマンの餌食となったのは、貧苦にあえぐ臨時娼婦だけではない。彼は終着駅のシュレージエン駅で四等列車から降りてくる移民の女性たちを待ち構えては、右も左もわからず戸惑い顔の女を見つけるとすぐに近づいていって、何かお困りですかと声をかけた。そして仕事を探していると女が言えば、それは奇遇だ、じつは家政婦を雇いたくて、ちょうど職業紹介所へ行くところだったと喜んでみせた。いったい何人の女性たちが、何も知らずこの罠にはまったのか――その数は、いまもわからない。

一九二二年七月二日、五八歳のカール・グロスマンの裁判がベルリンで始まり、三日間にわたり、命拾いした被害者たちが彼の罪を証言した。最後の犠牲者マリア・ニッチェのときと同様、グロスマンはある証人のコーヒーにも鎮静剤を入れていた。意識を取り戻したとき、女性はグロスマンのベッドに縛りつけられており、強烈な痛みを感じた。彼の部屋を訪れた別の女性は、力づくで押さえつけられたという。グロスマンは、公判中にいきなり笑い出したと伝えられる。そして七月五日の朝、彼は独房で首を吊り、人生の主導権をみずからの手に取り戻した。

いまにして思えば、カール・フリードリヒ・ヴィルヘルム・グロスマンは常人の皮をかぶった性的サイコパスだ。一八六三年一二月一三日に生まれたグロスマンは、ベルリンの北西約五〇キロに位置する駐屯の町ノイルッピンで育った。両親は肉屋を営み、彼も店の裏で肉の下処理をよく手伝っていた。父親はアル中で虐待癖があったと伝えられる。カール少年は肥満児で、性格の悪さで知られ、年下の少女たちを肉でおびきよせて性的いたずらをしたとの噂もある。また、ヤギなどの動物にも性的虐待を行なっていたと言われている。

一四歳まで学校に通ったのち、グロスマンは織物工場で二年間働き、その後ノイルッピンを離れ首都ベルリンへ移り住んだ。そこで職業を転々とし、一九歳で徴兵されるが、医学的理由——ヘルニア——で兵役を解かれ、ポンメルン、メックレンブルク、さらにバイエルン北部で農場労働者として働いた。案の定、動物との不自然な行為は田舎で過ごしたこの時期にも続いており、一八九六年にマンハイムで、ヒツジに対する獣姦で有罪判決を受けている。[3]その二年後には一〇歳の少女への性的暴行により、ニュルンベルクでふたたび有罪判決を受けた。しかし、長いあいだ刑務所にいたわけではなさそうだ。というのも、バイエルン北部のバイロイトにいた一八九九年、さらに二人の幼い少女に性的暴行を加えているからだ。その年に逮捕され地方裁判所に引き出された彼は、一五年の重労働刑に処せられた。[4]この判決が下ったあとまもなく、二人の犠牲者のうち年下のほうの少女が、受けた傷がもとで命を落とした。[5]

カール・グロスマンが刑務所から出たのは、第一次世界大戦の開戦前夜だった。皮肉にも、忌まわしい犯罪歴のおかげで、あの残虐な戦いに身を投じずにすんだのである。彼はベルリン西部にある市民農園内の小屋に移り住むが、一九一九年にそこを出てランゲ通りのアパートへ引っ越した。彼が娼婦や家政婦を乱暴に扱っているのを、隣人たちは重々承知していたが（壁越しに、女性たちの痛々しい悲鳴が聞こえてきた)、悲しいかな、ワイマール期のドイツでは家庭内暴力が黙認されていた。たまに平穏を乱された住人たちが見かねて介入しようとしても、不愛想な肉屋に「黙れ!」と言い返されるのがおちだった。[6]

一九二一年、グロスマンは酔った勢いで飲み仲間にこう語っている。「おれは仕事なんぞしない、人を殺して金を巻き上げるんだ。肉屋だから解体はお手のものだが、さばくのは牛じゃない、女だ。ぶつ切りにして焼くのさ。おれは馬の目を突き刺し、犬の目玉をナイフでえぐり出し、幼い子どもらを石で殴り殺す」[7]

カール・フリードリヒ・ヴィルヘルム・グロスマンが少なくとも三人の女性を殺したのは確かだが、警察の推定では、実際には二〇人から五〇人が殺害され、その多くが、彼がシュレージエン駅で腹を空かせた客に売ったソーセージになったと思われる。このような殺人鬼は彼が最後だろうか――いや、けっしてそうではない。

グロスマンの死から約二年後の一九二四年五月、ドイツ中部を流れるライネ川のほとりで遊んでいた子どもたちが若い男性の頭蓋骨を見つけ、警察へ届けた。当初、これは一度限りの奇異な出来事と思われたが、じつはくり返される不吉なパターンの前兆にすぎなかった。まもなく、さらにいくつもの頭蓋骨がライネ川の岸に打ち上げられた。そのどれもが、一一歳から二〇歳の若い男性のものだった。骨に残るナイフの跡は首が切断されたしるしであり、すでに警察が気づいていた、ある事実を裏付けていた――彼らは殺されたのだ。次に別の子どもたちが人骨のいっぱい詰まった袋を見つけるに及んで、ハノーファーの市民は自分たちで問題に対処しようと川床の捜索に乗り出した。その結果、バラバラにされた人体の一部《パーツ》が約五〇〇個も回収された。

この不気味なジグソーパズルを組み立てながら、人骨は少なくとも二二人の男性のものだと警察は断定した。大半が一〇代の少年だった。過去五年間、市内で若者の失踪が数多く報告されていた事実とも符合する。パズルの全体像が見えはじめたころ、ひとりの女性が警察署を訪れ、奇妙な苦情を訴えた。フリッツ・ハールマンという近所の肉屋からステーキ肉を買ったが、動物の肉ではないというのだ。それどころか、女性は人間の肉ではないかと疑っていた。通常ならば、警察はおかしな苦情だと取り合わなかったかもしれないが、首都からは「ベルリンの屠殺人」の話が伝わり、ライネ川でも不気味な発見があったため、真剣に受け止めることにした。グロスマンの事件にならってハールマンのアパートを捜索すると、失踪した少年たちの衣服が発見された。ハールマンは無実を訴えるが、その場で逮捕された。警察がその後ハールマンの部屋を念入りに調べ、あわせて彼の仲間の住居も捜索したところ、殺された少年たちとつながりのある身の回り品が複数の場所から発見された。ハールマンの若い恋人ハンス・グランスもまた、殺人容疑で逮捕された。

証拠を突きつけられ、一見品のよさそうなハールマンの化けの皮が剝がれた。彼は一九一八年から二四年にかけて数知れぬ少年たちを殺したと白状したが、その手口とは、（合意の有無にかかわらず）性交をし、そのあと相手を押さえつけて喉笛《のどぶえ》を噛み切るというものだった。少年たちが死んだあと、横たわる遺体をじっと見つめていると深い悲しみに襲われたというが、だからといって、死体を切り分けてその肉を売りさばくのをやめたわけではなかった。肉はたいてい細かく挽《ひ》いて馬肉や牛肉、豚肉と混ぜ、巧妙にごまかして売っていた。ひとり分を除き頭の骨はすべて粉砕したため、ライネ川で発見された頭蓋骨は自殺者か別の殺人者の餌食となった少年たちのものだろうとハールマンは主張し（彼が嘘をついていた可能性が高い）、事件はより奇怪な様相を帯びていった。ハールマンとグロスマンは互いの存在をまったく知らず、まして殺人をくり返していたことなど知る由もなかったが、ハールマンの事件にはグロスマンの事件と驚くほど似通った点がもうひとつある。彼もまた地元の駅で、困窮した少年たちに食事や宿を提供しようともちかけ、あるいはタバコをあげようと声をかけるなどして獲物を誘いこんでいたのだ。

ハールマンの生い立ちは、尋常とはほど遠い。一八七九年一〇月二五日、彼はハノーファーの裕福な家庭に生まれた。暴力的で女たらしの父親と甘すぎる母親をもつ、六人きょうだいの末っ子だ。八歳のときに男性教師に性的いたずらをされて以来、フリッツ少年はサディスティックな行動をとるようになり、姉たちを縛り上げたり、獲物を求めて夜間に通りをうろついたりした。彼の家族はおしなべて社会適応力に欠け、上の兄は一二歳の少女をレイプして投獄され、一方で姉たちの結婚生活は、離婚などめったになかった時代にもかかわらず、あっという間に破綻した。

ハールマンは一六歳で学校を卒業し、その直後から少年たちへの性的いたずらが始まった。ハノーファーを離れてノイブライザッハ（ヌフ＝ブリザック）の士官学校に入学するも、教練中に頭に大怪我を負って以来幻覚に悩まされ、癲癇《てんかん》と診断される。

故郷へ戻った彼は、まもなく子どもへの性的いたずらで逮捕され、精神病院に入れられた。病院の環境に恐れをなして何度か脱走をくり返したのち、ついにスイスに安らぎの場を見いだすが、結局はハノーファーの親元へ戻る。ドイツ人の女性と身を固めて子どもをもうけるよう両親に強く求められた彼は、しかるべくガールフレンドを妊娠させるが、もとより同性愛者であるため、当然ながら彼女への興味を失う。その女性は子どもを堕《お》ろすが、二人の友好関係はその後も続いたという。

ハールマンは一九〇〇年の秋に徴兵されたが、翌年には神経障害のために入院し、一九〇二年に医学的見地から兵役に不適格との判断がなされる。除隊となり年金の支給を受けながら普通の市民生活に戻った彼は、元ガールフレンドとともに魚屋を開くが失敗に終わっている。また、一九〇五年に初めて成人男性——年上の男性だった——と性的関係を結ぶも、楽しい経験ではなかったらしく、ほどなく二人は別れている。

ハールマンが年若い男性を自分のアパートに誘いこんでレイプするようになるのは、このころからだ。どういうわけか、彼は一方で警察に情報を提供するタレコミ屋となり、獲物の警戒心を緩めるのにたびたびその立場を利用した。犯行に及ぶ前にはよく、ねらった相手を警察署へ連行して、これ見よがしに尋問を行なったり、身分証明書の提示を求めたりした。まもなく彼の餌食となる若者たちのなかには、町の人々が彼を「ハールマン刑事」と呼ぶのを耳にした者もいたかもしれない。

性犯罪をくり返した結果、ハールマンは一九〇五年から一八年までの大半を獄中で過ごす。ようやく釈放されてハノーファーに戻った彼は、ひと間のアパートを借りてまたすぐに犯罪行為を再開し、軍からのわずかな年金では足りない分を窃盗で補った。若い男性をレイプするさい、ハールマンはけっして証拠物を残さなかった。当時彼はバイセクシャルの若い恋人ハンス・グランスと同棲中で、グランスも殺人に関与していた可能性がある。少なくとも、何も知らなかったとは信じがたい。ハールマンが逮捕されるとまもなくグランスも逮捕され、「ハノーファーの狼男」の悪意ある巻き添えを食って殺人罪で告発された。

一九二四年一二月四日に始まったフリッツ・ハールマンの裁判は二週間続き、彼は二四件の殺人で有罪判決を受け、斬首刑が宣告された。法廷で彼は次のように述べている。「私を死刑にしてくれ。望みはただひとつ、正義だ。気は確かだ。あまり待たせず、すぐに殺してくれ。この人生から、この苦しみから解放してほしい。減刑など求めないし、上訴もしない。あとひと晩だけ独房で楽しいひとときを過ごし、コーヒーとチーズと葉巻を味わったら、父への呪《のろ》いの言葉をとなえ、結婚式にでものぞむように処刑場へと向かおう」[8]。別の裁判で、ハンス・グランスは一件の殺人により死刑を宣告された。

ハールマンは当初、目前に迫る処刑に高揚したのか、「市場《いちば》で処刑されたい。墓石には必ず『大量殺人犯ハールマン、ここに眠る』と刻んでほしい」と希望していた。[9] しかしこの要求が却下され、処刑が刻一刻と迫ってくると態度を一変させ、全ドイツ国民を糾弾する怒りの手紙を書いて、こう脅しをかけた。「殺しても無駄だ、私はよみがえる――そうだ、お前たちのなかで永遠に生きつづけるのだ。いまやお前たちも人殺しだ。いいことを教えてやろう、ハンス・グランスは無実だ！ どうだ、良心が痛むか？」[10]

一九二五年四月一五日、ハノーファー刑務所でギロチンの刃が落とされたのち、フリッツ・ハールマンの頭部は分析のために保管された。その後の医学的検査により、彼の脳には頭蓋に押し付けられたような部分がいくつかあることが判明し、その原因が議論された。遺伝的な疾患なのか、幼少時に患った髄膜炎あるいは教練中に受けた頭部の怪我のせいなのか、それともそれらの要因が組み合わさって起きたものなのか。

ハールマンの手紙は、グランスをギロチンから救うのみならず、最終的には彼に自由を与えた。驚くべきことに、「性的倒錯者」として名が知れわたったにもかかわらず、グランスはなぜかナチスの迫害を受けることなく第三帝国時代を生きぬいたのである。


ワイマール期のドイツには不穏なほど多くの〝人肉を食う〟殺人鬼が出現したが、グロスマンやハールマンに先駆けて殺人者としてのキャリアをスタートさせ、彼らよりも長きにわたり逮捕をまぬがれ、二人合わせた犠牲者の数を超える人命を奪った可能性がある、ひときわ不名誉な地位にあるのが、「ジェンビッツェの食人鬼」と呼ばれたカール・デンケだ。だがどういうわけか、その生涯と犯罪についてはあまり知られておらず、むしろ「忘れ去られた食人鬼」という第二のニックネームで認知されているのが実状だ。

デンケは一八六〇年、当時のプロイセン王国で生まれた。若年期についてはほとんどわかっておらず、平穏な半生であったと思われる。一九〇〇年代の初め、髭を生やした独身男は――シレジア地方の町ジェンビッツェで、彼は人々から「パパ」の愛称で親しまれていた――賄《まかな》い付きの下宿屋を営み、近所の店に塩漬け肉を卸して生計を立てていた。彼はまた、地域の教会でオルガン奏者もつとめていた。そんなデンケにとって、完全犯罪が綻びはじめたのは、一九二四年一二月二一日の晩、ひとりの駆者《ぎょしゃ》が、とある下宿屋の一室から発する叫び声を聞いたときだった。駆者がその建物に入っていくと、若い男が両手で頭を抱え、よろめきながら廊下を歩いてきた。指のあいだから血が流れ出ている。駆者が駆け寄ろうとしたが、若者は床に倒れこんでしまった。けれども意識を失う前に、彼は「パパ・デンケに殴られた」と訴えた。

駅者は大急ぎで建物の外に出ると警察署に駆けこみ、目の前で起きた一部始終を語った。その後すぐに警官が下宿屋へ向かいデンケを逮捕した。捜査の結果、隠し場所からさまざまなスタイルやサイズの衣服が発見され（デンケに合うサイズのものはほとんどなかった）、さらに一二人の巡回セールスマンの身元を示す書類も見つかった。しかしそれらは最も無害な証拠物にすぎず、事件はその後、急展開を見せるのである。一冊の台帳を開いた警官たちは、下宿屋の客の名前と日付、さらに体重が記された一覧表を見て不審に思った。なぜ体重まで記録する必要があるのだろう——。

彼らを震撼させるその答えは、台所にあった。塩漬けの肉がいっぱい詰まった二つの巨大な桶と、脂《あぶら》と骨が入った大きな壺が見つかったのだ。中身は明らかに人間のものだ。それを見た瞬間、警官たちの脳裏にあらゆる恐ろしい可能性が浮かんだ。パパ・デンケは食人者なのか？　彼は客に人肉料理を出していたのか？　ジェンビツェの人々は、何も知らずに人間の肉を食べていたのか？　もしそうなら、何度そういうことがあったのか？　しかし、それらを問いただそうとしたときには、すでにカール・デンケは鉄格子にズボンのサスペンダーをかけて首を吊っていた。彼は墓場まで秘密を持っていってしまったのだ。

最終的に、シレジアの人々はパパ・デンケが一九二一年から二四年にかけて少なくとも三一人を殺害したことを突き止めたが、一九〇〇年初頭から殺人を行なっていた可能性もある。彼が標的にしたのは巡回セールスマンだけではなく、浮浪者や渡り労働者もまた餌食となった。六〇年後に犯罪学者スティーヴン・エッガー博士が使った空恐ろしい表現を借りるなら、「レス・デッド」——その死がさほど重要視されない人々——である。

『M』のハンス・ベッケルト像にインスピレーションを与えた最後の殺人者は、六人のモデルのなかでおそらく最も邪悪だ。一九一三年五月から一九三〇年にかけて、工業のさかんなラインラントの街を、ひとりの〝吸血鬼〟が密かに徘徊していた。当時観客を沸かせたドイツ表現主義ホラー映画の傑作『吸血鬼ノスフェラトゥ』に出てくるような醜悪な吸血鬼ではない。それどころか、ペーター・キュルテンというその男は、粋《いき》で品のある紳士だった。そして彼は、第一印象の良さがいかに大事かを知っていた。一九一三年に刑務所を出たあと、キュルテンは洋品店からピンストライプのダブルのスーツと中折れ帽《フェドーラ》を盗み、そのまま雑踏へまぎれこんだ。

その年の五月二五日、ケルン＝ミュールハイムの町の宿屋に盗みに入ったキュルテンが二階へのぼっていくと、九歳の少女クリスティーネ・クラインが眠っていた。キュルテンはのちに、そのときのことをこう振り返る。「一分半ばかり首を絞めた。子どもは目を覚ましてもがいたが、そのうちに意識がなくなり……私は小さいが切れ味のいいポケットナイフを持っていたため、子どもの頭を持ち上げて喉を切り裂き……すべては三分ほどで終わった。そのあと元通りドアに鍵をかけ、デュッセルドルフの家へ帰った」[11]。少女が埋葬されたあと、キュルテンは何度かこの町にやってきて墓を訪れている。七月に入ると、デュッセルドルフで一七歳のゲルトルート・フランケンの首を絞めて殺害し（その行為に、キュルテンは性的興奮を覚えたようだ）、七月一四日には、数知れぬ放火と窃盗の罪で獄中へ戻る。

一九二一年四月、キュルテンはふたたび自由の身となり、アルテンブルクへ移り住んだ。そこで殺人の前科をもつ元娼婦アウグステ・シャルフと出会って結婚し、ある工場の労働組合職員として働きはじめる。一九二五年、夫婦はデュッセルドルフへ転居するが、たぶらかした年若い女中を脅した罪で、また半年間刑務所で過ごすことになる。

キュルテンの殺人三昧《ざんまい》が本格的に始まったのは、一九二九年二月八日のことだった。彼はその日、八歳の少女ローザ・オーリゲルをハサミで一〇回以上刺し、そのあと衣服に灯油をかけてマッチで火をつけ死体を焼こうとするがうまくいかず、ほとんど燃えなかった亡骸《なきがら》を植え込みの陰に隠した。その四日後には、四五歳の機械工ルドルフ・シェールを夜道で襲い、めった刺しにした。殺された男は、地元のビアホールから千鳥足で帰宅する途中だった。翌朝、キュルテンは非常線が張られた殺害現場へ捜査のようすを見に戻り、そのさい彼は、殺人事件があったと電話で聞いてやってきたと説明し、ある刑事の疑念をかわしている。刑事はどうやら、キュルテンの静かで穏やかな声を聞き、そんな声の持ち主が忌まわしい犯罪をおかしたはずがないと思ったようだ。

その後の半年間で、キュルテンは女性を絞殺しようとして四度失敗するが、武器をふたたび鋭い刃物に変えた結果、ようやく殺害に成功する。八月一一日、彼は三日前に出会った若い独身女性マリア・ハーンと、デュッセルドルフ郊外のネアンデル谷の近くで待ち合わせた。一緒に何時間か過ごしたあと、彼はマリアを草地へ連れていき、ナイフで刺したのち首を絞めて殺害した。そして死体を麦畑に埋め、後日その即席の墓を見に戻ってきている。あるとき、彼は朽ちかけた死体を掘り起こして磔《はりつけ》のように木に釘で打ちつけようとするが、その試みは失敗に終わった。

八月二一日の早朝は、ひときわ残虐な闇と化した。キュルテンは、農産物品評会《カントリーフェア》から帰る途中の主婦の背中に短剣を突き立て、続いて八歳のアンナ・ゴルトハウゼンと三八歳のグスタフ・コーンブルムを刺した。そのすべてが、三〇分足らずのあいだに行なわれた。いずれも致命傷とはならなかったものの、この出来事は街全体にパニックを引き起こし、デュッセルドルフ警察は警備体制を強化した。

しかし、警察の最大限の努力にもかかわらず、三日後、今度は一四歳のルイーズ・レンツェンと五歳のゲルトルード・ハマヒャーが豆畑で襲われた。乳姉妹《ちきょうだい》の二人は、市場から家へ帰る途中だった。キュルテンは首を絞めて二人を気絶させたあと、喉を掻き切り、ルイーズの背中にナイフを四度突き立てた。

九月三〇日月曜日には、また別の新たな方法を試みている。一張羅に身を包んだ彼は、三一歳の女中イーダ・ロイターを、カフェへビールを飲みに行こうと誘い出した。そのあと二人でライン川までそぞろ歩き、キュルテンはそこでイーダの脳天をハンマーで何度も殴り、遺体に性的暴行を加えた。同様に一〇月一一日には、二二歳のエリザベート・ドリエルをハンマーで殴って気絶させ、レイプした。無残にも大怪我を負ったエリザベートは二度と意識を取り戻すことなく、翌朝息をひきとった。

ハンマーを使った攻撃は一九三〇年になってもしばらく続くが、命を奪うには至っていない。キュルテンに命を奪われた最後の犠牲者が出たのは、一九二九年一一月七日の夕暮れ時だった。自宅前の道で遊んでいた五歳の少女ゲルトルード・アルベルマンに近づいたキュルテンは、いいものを見せてあげようと声をかけ、少女の手をひいて連れ去った。そしてひと気のない場所にある工場へ到着すると、性的暴行を加えて首を絞め、そのあと胸と頭をナイフで三六回突き刺した。

ゲルトルートの遺体が発見される前、キュルテンは地元のある新聞社に宛てて、遺体のありかを明かす匿名の手紙を送った。そこには、マリア・ハーンの墓の場所を示す手描きの地図も添えられていた。一一月九日、五歳のゲルトレートは工場の壁の横のイラクサの茂みにうつぶせになった状態で発見され、一四日にはマリア・ハーンの亡骸《なきがら》が掘り出された。

「デュッセルドルフの切り裂き魔《リッパー》」（メディアがそう名づけた）の犯行は、いまやドイツの全国民を怯えさせ、ベルリン警察《アレクサンダープラッツ》（ドイツ版ロンドン警視庁《スコットランドヤード》）きっての敏腕警部エルンスト・ゲンナート率いる精鋭部隊も捜査に加わった。だが、新聞社への手紙は、キュルテンが衝動を抑えきれなくなり、自分から警察と関わりをもとうとしている最初の兆候だった。ゲンナート警部が捜査に時間をかけるまでもなく、犯人のほうがあっさりと事件を解決へ導いてくれた。

一九三〇年五月二一日水曜日、四六歳のペーター・キュルテンは、メットマンネル通り七一番地にある自宅アパートの共用玄関広間でマリア・ブドリーズの姿を見つけた。一週間前に、彼がレイプしようとした女性だ。いま、彼女のそばにはゲンナート警部がいた。思い返せば、ブドリーズを自分のアパートへ連れてきたのが最初のまちがいだった。二つ目のまちがいは、市内の別の場所で性的暴行を試みたこと。そして三つ目は、彼女の息の根を止めておかなかったことだ。キュルテンはそっとアパートを抜け出して妻アウグステの職場へ行くと、状況を説明し、いますぐアパートを出なければならない、「捕まれば一五年の強制労働はまぬがれないだろう」[12]と告げた。

街をひと晩さまよったのち、キュルテンは翌二二日木曜日の朝にこっそりアパートへ戻り、いくばくかの物を鞄に詰めこむと、借りておいたアドラー通りの部屋へ行き、その日はそこで寝て過ごした。

一九三〇年五月二三日金曜日、アウグステ・キュルテンの職場へ二人の刑事がやってきた。彼らはアウグステを伴って夫婦が暮らすアパートへ行き、家宅捜索を始めた。刑事たちが帰ってまもなく、ペーターが戻ってきた。部屋を捜索されたとアウグステが告げると、ペーターは一件の第二級犯罪——前年の夏におかした、二六歳の女中への強姦未遂——について打ち明けた。もし逮捕されれば、最低でも一〇年は収監されるだろうとペーターが言うと、アウグステは泣き出した。そうなれば二人の結婚生活が終わるだけでなく、食べていくのにも困り、飢え死にしてしまうかもしれない。二人が置かれた絶望的な状況に気づいた彼女は、一緒に死のうともちかけた。[13]

するとペーターは、もっといい方法があると言った。彼はアウグステに、自分が「デュッセルドルフの切り裂き魔」だと驚きの告白をし、逮捕につながる情報を提供した者にはかなりの謝礼金が与えられると告げた。きみに裏切られたなどとは思わない、それどころか、私を警察に引き渡せば世のため人のためになる、ペーターはそう妻を説得した。アウグステも最後には納得し、けっして自殺を図ったりはしないと夫に約束した。夫婦は翌日の午後三時に聖ロクス教会の外で会おうと決め、ペーターは妻に最後の別れを告げた。そして彼がアパートを出ると、アウグステは警察に通報した。

すべては計画どおりに運んだ。ペーター・キュルテンは一九三〇年五月二四日の午後に逮捕、収監された。そして、一九二九年から三〇年にかけて起きた「デュッセルドルフの切り裂き魔」による暴行事件のみならず、彼の犯行とは見なされていなかったそれ以前の事件——一九一三年のクリスティーネ・クラインとゲルトルート・フランケンの殺害、二〇数件もの放火、さらに優美な白鳥が殺された奇怪な事件——についても自白し、刑事たちを驚かせた。「私はよくホーフガルテン（宮廷の狩猟場だった大きな公園）を散歩していましたが、一九三〇年のある春の日、湖のほとりで一羽の美しい白鳥が眠っているのが見えました。私はその白鳥の喉を切り裂き、切り口からほとばしり出る真っ赤な血を飲んだのです」[14]。キュルテンは刑事たちに、子どものころから血を見ると性的な興奮を覚えたと語った。さらに、殺害した多くの犠牲者たちの血を飲んだ、とも[15]。このニュースが世間に伝わると、「デュッセルドルフの切り裂き魔」は、もうひとつの呼び名――「デュッセルドルフの吸血鬼」――に完全に置き換えられた。

一九三一年四月二二日、ペーター・キュルテンは九件の殺人で有罪判決を受け、ギロチンによる死刑を宣告された。ギロチンと聞いた瞬間、キュルテンは明らかに興奮を示し、監獄の医師にこう尋ねた。「この首が切り落とされたあとも、耳は聞こえますか？　せめてほんの一瞬でも、切り口から私の血が噴き出す音が聞けるでしょうか[16]」。処刑が一九三一年七月二日の静かな早朝に行なわれたことを、キュルテンは喜んだに違いない。

エルンスト・ゲンナート警部はのちに、独創的な著書『Die Düsseldorfer Sexualverbrechen（デュッセルドルフの性犯罪）』でこの事件について書いている。そしてこの本で、ペーター・キュルテンらによる新手の殺人をあらわす言葉――「連続殺人」――が誕生したのである。

『ロープ』（一九四八年）

ボビー・フランクス殺人事件

アルフレッド・ヒッチコック監督のこのサイコスリラー映画は、まるで舞台で繰り広げられる芝居を見ているような気分にさせる。すべてがリアルタイムで展開するからだ。それもそのはず、『ロープ』はイギリスの小説家で劇作家のパトリック・ハミルトンが一九二九年に発表した戯曲を映画化したものなのだ。ハミルトンにインスピレーションを与えたのは、そのちょうど五年前に起きた「世紀の犯罪」――二人の学生ネイサン・レオポルドとリチャード・ローブが引き起こした殺人事件だった。

アルフレッド・ヒッチコック初のカラー映画『ロープ』は、たったひとつの場面でストーリーが展開し、あたかも八〇分ワンカットで撮影されたかのような錯覚を生み出す点が特徴的だ。当然ながら、この作品は映画の編集と撮影法の両面で後世に影響を与えた。ところが、この傑作映画の興行収益はかろうじて採算がとれる程度であり、脚本家アーサー・ローレンツはその衝撃的結果について、それとなく暗示される主役の二人ブランドン・ショーとフィリップ・モーガンとの同性愛関係が、多くの人々に不快感を与えたことが原因だろうと述べている。

映画では、頭脳明晰な二人の青年ショーとモーガンが、かつて彼らの舎監であったルパート・カデルに教わった倫理思想の実践を思いつき、殺人によって自分たちの優越性を証明しようとする。二人はマンハッタンの高級アパートの最上階にある自分たちの部屋へ元クラスメートのデイヴィッド・ケントレイを誘いこみ、ロープで首を絞めて殺し、遺体を木製の収納箱《チェスト》に隠す。数分後、カデル、ケントレイの父親、ケントレイのガールフレンド、そのほかディナーに招かれた数名の客がやってきて、遺体を隠したチェストの上に料理が並べられる。ショーに促されるように、なぜか姿を見せないデイヴィッドのことが何度も話題にのぼり、殺人は芸術だという話がくり返されるうちに、カデルは疑念を抱きはじめる。見るからに不安げなようすのモーガンに、カデルは容赦なく質問を浴びせ、そのせいでモーガンは酒に逃げ場を求め、理性を失っていく。一方、ショーのほうは落ち着き払い、上機嫌でデイヴィッドのガールフレンドを別の男性客に引き合わせたりする。しかし、みずからの知性にうぬぼれ、その賢《さか》しさに足をすくわれた二人の残忍なゲームはついに白日のもとにさらされ、カデルにきっぱりと否定された二人のもとへ、警察車両が急ぎ向かう。

裕福な若き天才ネイサン・レオポルドとリチャード・ローブは、自分たちが「善悪を超越した」存在であることを証明するため、ボビー・フランクス少年の殺害を綿密に計画し実行に移した。一九二四年に起きた「世紀の犯罪」と呼ばれるこの殺人事件から直接インスピレーションを得た何本かの映画のなかで、『ロープ』は最初の、そして最良の作品である。

リチャード・ローブは火で、それがネイサン・レオポルドのガソリンに着火したと言えるだろう。シカゴの裕福な家庭で甘やかされて育ったレオポルドとローブが最初に出会ったのは幼少時代だが、真に親しくなったのは、二人がシカゴ大学に通っていた一九二〇年のことだった。いずれも金持ちの家に生まれ、ユダヤ人の血を引き、年もほぼ一緒（レオポルドは一九〇四年一一月一九日、ローブは一九〇五年六月一一日生まれ）なのに加え、二人とも知能指数が天才レベル、全世界で上位一パーセントに入る高さだった。けれども、それ以外ではまるで正反対で、レオポルドが理知的で隠遁《いんとん》的、スポーツ嫌いなのに対し、社交的でハンサムなローブは勉強には極力時間を割かず、むしろ飲酒や人との交流、体を動かすことを好んだ。ローブはたびたびセックスの手柄話をしていたが、実際にはセックスに関心のない、いまならばさしずめ「アセクシャル（無性愛者）」と呼ばれそうなタイプであり、むしろ犯罪をおかすことに刺激を感じていた。一方、レオポルドは犯罪には関心がなく、法を破る行為に興奮を覚えることも、逆に嫌悪感を抱くこともなかった。しかし彼は、ハンサムで魅力的なローブに強く惹かれていた。ローブは犯罪仲間を必要とし、レオポルドはローブとの親交と与えられる肉体に溺れ（ローブは無関心ながらもセックスに応じた）、二人のあいだに親密かつ致命的な絆が築かれた。

つねに知性が先に立つネイサン・レオポルドは犯罪に正当な知的根拠を求め、学問の殿堂ですぐにそれを見いだした。彼は大学で文学士号を取得するかたわら、実存主義をとなえたプロイセンの思想家フリードリヒ・ニーチェの著作に親しみ、とりわけ「超人」という概念に興味を覚えた。人類史上最も誤解され、最も悪用された概念のひとつである超人理論とは、複雑な倫理哲学にニーチェが与えた解決法だ。科学的方法、批判的思考、懐疑論の台頭によって、学者たちの世界観は不可知論的、無神論的になっていき、その流れは大衆にも浸透しつつあった。自分はれっきとしたキリスト教徒だと主張する人々でさえ、その日常生活で宗教が果たす役割は大幅に縮小し、いまや多くが宗教的枠組みの外で日々を送っていた。この趨勢について、ニーチェは次のように書いている。

「神は死んだ！　神は死んだままだ！　それも、おれたちが神を殺したのだ！　殺害者中の殺害者であるおれたちは、どうやって自分を慰めたらいいのだ？　……それをやれるだけの資格があるとされるには、おれたち自身が神々とならねばならないのではないか？」（ニーチェ全集8『悦ばしき知識』ちくま学芸文庫）[1]

「神は死んだ」のひと言で表現されることの多いこのパラグラフは、ときに傲慢な勝利宣言と誤解される。だがじつはニーチェは、熱のこもった情緒的な言葉を使うことで、この新事実が人類にとってどれだけ重要な意味をもつか、つまり神のいない世界とはどういうものかを伝えようとしたのだ。倫理とは神が与えるもので、その神がいないとすれば、倫理観とはたんなる個人的理念にすぎなくなるとニーチェは考えた。来たる二〇世紀に人類は否応なくこの現実（「虚無主義《ニヒリズム》」）に直面し、それに太刀打ちできず信仰という心地よい古巣に逃げこむか、もしくは「世俗の信条」を受け入れることになるだろうと。そしてこの予測は、ナチスと共産主義のイデオロギーの台頭によって実証された。ニヒリズムは概して、目的の欠如によって人々を疲弊させ、無力にさせた。真にニヒリズムに向き合える、つまり客観的な倫理観などないことを十分に受け入れられるのは、ひとにぎりの偉大な人間だけだとニーチェは考えた。彼らは独自の倫理と目的を生み出しつづけ、みずからの人生に体系と意味を与える。そしてニヒリズムの挑戦に打ち勝ち、「超人」となるだろうと。

知能指数が二一〇あったと伝えられるネイサン・レオポルドだが、彼はどうやらニーチェの思想を根本的に誤解していたか、たんに自身の偏った認識を正当化するためだけにそれを利用したと思われる。自分もローブも非常に成功した一族に生まれた無神論者であるうえに並外れた知性の持ち主であり、それはとりもなおさず、ニーチェが予見した「超人」であることを意味すると彼は考えたのだ。

犯罪をみずからの優越性を証明する手段と見なし、レオポルドはローブと一緒になって、彼らならばいくらでも買えるようなものを盗んだり、何かを破壊したりする些細な不法行為を行なっていたが、そのうちに二人の行為は放火へとエスカレートする。しかし彼らは、自分たちがおかした罪がまったくというほどメディアに報じられないことに落胆していた。ニーチェの著作では、他者からの評価はいらないと暗に示されているが、どうやら二人の〝天才〟には伝わらなかったらしい。じつはローブは、レオポルドがつねに哲学的にものを考えるのに閉口していたようだ。ローブは探偵小説の熱烈なファンで、一流の犯罪者になることそれ自体が正当な野心だと主張していた。ならば彼らはなぜ、さらなる正当化を必要としたのか？

二人は半年かけて、自分たちがありふれた倫理観を超越した天才的犯罪者であることを証明でき、なおかつ大々的に報じられることが確実な犯罪を計画した。裕福な家庭の少年を誘拐して身代金を要求し、そのあと自分たちの身元が割れないよう子どもを殺してしまうという計画だ。身代金が目当てではない——二人の境遇を考えれば、金は有り余るほどあった——ただスリルを味わうのが目的だった。

一九二四年五月二一日水曜日の午前中、ネイサン・レオポルドはシカゴ大学の授業に出席した。午前一一時、彼は法科大学院《ロー・スクール》の外でリチャード・ローブと会い、二人はそれぞれ自分の車へ向かった。えんじ色のウィリス・ナイトのスポーツカーに乗ったレオポルドが前を走り、母親の深緑色のキャデラックでローブがそのすぐあとを追う形で、レオポルドの自宅であるグリーンウッド・アベニュー四七五四番地の豪邸へ向かった。この二台の車の色が、のちに重要な意味をもつことになる。一一時半には自宅に到着し、レオポルドは家に入って必要な道具を集めた。瓶を二本（一本にはエーテル、もう一本には塩酸が入っていた）、さるぐつわ用の布、胴付長靴、ダクトテープ、鑿《のみ》、回転式拳銃《リボルバー》。彼は殺人道具一式を毛布に包み、車の後部座席に置いた。次に二人でミシガン・アベニューにあるレンタカー屋へ行き、ウィリス・ナイトを一台借りた。こちらは深緑色である。一二時半ごろにレオポルドの自宅へ戻った二人は、毛布に包んだ一式をレオポルドの車から借りた車に移す。そして出かける前、レオポルドは一家のお抱え運転手に、しばらく前からぼくの車のブレーキの調子が悪いので、今日はおそらく車を使わないから修理しておいてほしいと頼んだ。

その後、レオポルドとローブは誘拐する裕福な家庭の少年を探しに出発した。何時間か車で走りまわり、レオポルド自身も少年時代に通っていたエリス・アベニューにあるハーバード・スクールの古い校舎のまわりをのろのろと流したりしているうちに、二人は苛立ちを覚えはじめる。ターゲットにできそうな子どもはいくらでもいるのだが、連れ去るチャンスがいっこうに訪れないからだ。夕方の五時ごろになり、もうあきらめようかと思いはじめたとき、茶色い髪の少年がエリス・アベニューをひとりで歩いてくるのが見えた。一四歳くらいの少年で、近づいてくると、ローブは自分のまたいとこのボビー・フランクスだと気づいた。ボビーはローブの家の真向かいに住んでいて、前日には一緒にテニスまでしていた。ローブは内心、このいとこが嫌いだったため、彼を選ぶことに良心の呵責はなかった。二人は四八番ストリートでボビーに追いついた。

レオポルドが運転し、ロープが後部座席から少年に声をかけ、乗っていかないかと誘った。すると、もうすぐ家だから歩いていけるとボビーは答えた。それに対してロープは、きみがもっているテニスラケットのことを教えてほしい、自分も同じのを買いたいからと言った。これが功を奏し、ボビーはレオポルドの横の助手席に乗りこんできた。車が数回角を曲がったところで、ロープは前の席にいきなり手を伸ばし、左手でボビーの口をふさぐと、何が起きているのかを少年が悟る間もなく、その頭に鑿《のみ》を何度も突き立てた。ところが驚いたことに、ボビーはすぐには死ななかった。そこでロープはボビーを後部座席へ引っぱりこみ、口に布切れを押しこんでテープでふさいだ。すると少したって、ボビー・フランクスはようやく息絶えた。

レオポルドは市街地を離れ、インディアナ州ゲーリーへ向けて車を走らせた。ウルフ湖の近辺に死体を捨てる計画だった。鳥類学者で野鳥狩りもする彼は、そのあたりの湿地帯に詳しいのだ。夕暮れ時にそこへ到着した二人は、暗くなってから死体を隠すことにして、日が落ちるのを待つあいだ、近くの軽食堂でホットドッグとルートビールを買って腹ごしらえをした。地平線に日が沈むと、二人の自称「超人」はウルフ湖を見下ろす土手にレンタカーをとめ、血だらけになったボビーの死体を転がして毛布にのせた。それから二人で下の下水溝のところまで運び、地面に死体を置いて裸にすると、容易に身元が判明しないよう、レオポルドが塩酸をかけた。そのあと少し手こずりながらも、どうにか死体を下水溝へ押しこんだ。これで「完璧な殺人」をやり遂げたと思った二人は、土手の上の道へ戻り、シカゴへ引き返した。

街へ戻ると、レオポルドは身代金を要求する脅迫状を取り出した。数日前に、自分のポータブル・タイプライターで打っておいたものだ。ドラッグストアに置かれている電話帳でフランクス家の番号を調べ、切手を買い、午後一〇時を回ったころ、彼は脅迫状を封筒に入れ、「ジェイコブ・フランクス」と手早く宛名を書いた。そして五五番ストリートのポストにそれを投函した。

次に、二人は誰もいないローブの自宅へ向かい、ボビーの衣服を暖炉に放りこんで燃やした。毛布には血がたっぷりしみこんでいたため、とりあえず温室に隠しておくことにした。燃やそうとすれば、きっと家じゅうにいやなにおいが充満してしまうだろうと考えたからだ。この段階で、ボビーがはいていた白黒のチェック柄の靴下が片方ないことに気づくが、些細なミスだ、大したことはないと二人は自分に言い聞かせた。

その晩の悪行のしめくくりに、夜の一〇時三〇分、レオポルドとローブは四七番ストリートとウッドローン・アベニューの角にあるドラッグストア〈ウォルグリーン〉へ車で乗りつけ、店の裏手にある電話ボックスへ向かった。そして狭いボックスに無理やり二人で入り、レオポルドがフランクス家の番号を回した。メイドが出て、旦那様はいまお留守ですと答えると、ではフローラ夫人につないでくれとレオポルドは言い、電話に出たフローラ・フランクスに、周到に準備したせりふを語った。「こちらはジョンソン……おたくの息子を誘拐した。彼はここにいる。心配は無用、無事だ。この電話を逆探知しようなどと思わないように……。身代金が必要だ。要求額は明日知らせる。我々は誘拐犯で、これは真面目な取引だ。こちらの要求を拒んだり警察に通報したりすれば、息子を殺す」[2]

そのあと受話器を置き、二人はひと眠りしようと自宅へ向かった。すべてが計画どおりに運んだと思われた。朝になったら、レオポルドの家でレンタカーを徹底的に掃除し、そのあとフランクス家に二度目の脅迫電話をかける。

一九二四年五月二二日木曜日、午前八時、ジェイコブ・フランクスは不安を覚えながら自分宛の封書を開け、タイプで打たれた手紙を読んだ。

脅迫文

「すでに知っているはずだが、息子は我々が預かった。いまのところ無事でいると保証する。息子に危害を加えることはないので心配は無用。ただし、以下の指示に忠実に従うことが条件だ。さらなる指示は追って伝える。たとえわずかでも我々の指示に背けば、罰として息子の命を奪うことになる」[3]

手紙にはこのあと、誘拐犯からの三つの要求が記されていた。まず、けっして警察に通報しないこと。二つ目は、その日の正午までに身代金一万ドルを用意すること。すべて古い紙幣でそろえ、大型の葉箱に入れて紙と蝋でしっかりと封をすること。三つ目は、午後一時以降は自宅にいて、電話は使用せず、次なる指示を待つこと。手紙には「ジョージ・ジョンソン」[4]と署名されていた。

その朝、アメリカン・メーズ・プロダクツ社で働くトニー・ミンケは、インディアナ州との州境にほど近いペンシルベニア鉄道の線路沿いの道を、自宅へ向かって歩いていた。ふと左側にある溝を見下ろしたとき、下水溝から人間の足が突き出ているのが見えたため、そばまで行ってよく見てみると、一〇代の少年の全裸死体が汚泥のなかにうつぶせに横たわっていた。ミンケはすぐさま、近くにいた鉄道作業員たちに救援を求めた。男たちが鉄道の手動車《ハンドカー》まで死体を運ぶあいだ、信号整備士のポール・コーフは捜査の手がかりになりそうな衣服が捨てられていないか周囲を探していた。すると下水溝の横の堤防でべっ甲縁の眼鏡が見つかったので、それをポケットに入れ、急いでハンドカーのところへ戻った。

シカゴのフランクス家に遺体発見の知らせが届いたとき、家族はボビーのはずがないと真に受けなかった。なにしろボビーは誘拐犯に監禁されているのだし、眼鏡などかけたことがなかったからだ。しかし、一家の弁護士サミュエル・エトルソンは、ボビーのおじに当たるエドウィン・グレシャンに、サウス・ヒューストン・アベニュー一三三〇〇番地の死体公示所《モルグ》へ行って念のため確認してきてほしいと依頼し、おそらく違うだろうが、万が一ボビーであった場合には、居間にある内線電話にかけて、ただ「イエス」と言うよう指示をした。恐れていた電話は、まもなくかかってきた。身代金を払うチャンスは失われた。一四歳のボビー・フランクスは、すでに死んでいたのだ。

べっ甲縁の眼鏡が最強の手がかりであることに警察は気づいた。持ち主はレンズを買うのに処方箋が必要だったはずで、その眼鏡をあつらえた技師のもとには、おそらく顧客情報があると思われるからだ。シカゴの、ある眼鏡技師に問い合わせると、問題の眼鏡はよくある凸円柱レンズで、ごくありふれた問題、つまり乱視を矯正するものだとわかった。この種の眼鏡を所有しているシカゴ市民は何千人といるが、べっ甲製——厳密に言えば、ニューポート社のザイロナイト製——で特徴的な丁番《ヒンジ》のついたその四角いフレームはニューヨークのブルックリンで製造されたもので、シカゴではアルマー・コウ眼鏡店でしか扱っていなかった。

五月二九日木曜日までに、アルマー・コウ眼鏡店の店員たちは何千という処方ファイルを片っ端から調べ、問題の眼鏡と同じレンズとフレームの組み合わせを購入した顧客の名前をすべて書き出した。そしてその日の午後、警察はひとりの人物を割り出した——ネイサン・フロイデンソール・レオポルド・ジュニア。

じつはレオポルドはすでに、その四日前に事情聴取を受け、警察署第八管轄区のトーマス・ウルフ警部と面談していた。レオポルドがペンシルベニア鉄道の線路わきで鳥類学の授業を行なったとの情報を得たウルフ警部が、詳しい話を聞かせてほしいと頼んだのだ。そのときレオポルドは、たしかにそのあたりにはよく行くし、じつは五月一七日の土曜日にも仲間のジョージ・ルイスとウルフ湖へ野鳥狩りに行っていたと答えていた。

高級住宅街ケンウッドにある石造り三階建ての豪邸にシカゴ警察から三人の警官がやってきて、さらに詳しく事情を聴くため、一九歳の青年をホテル・ラサールへ連れていった。レオポルド家は裕福な名門一族であり、一家の末息子と殺人とを結びつける直接的な証拠がない以上は慎重に扱うべきだとの、州検事ロバート・クロウの判断によるものだった。ネイサン・レオポルドはホテルで、眼鏡はたしかスーツのポケットに入っているはずだから、家まで車で送っていただけるなら取ってきましょうとクロウ検事に言った。グリーンウッド・アベニュー四七五四番地の自分の部屋に戻ったレオポルドは、眼鏡ケースが空っぽなのに気づいた。彼はケースをポケットに入れると、警官たちとともに一階へ下り、ホテルへ引き返した。

レオポルドは五月二一日のアリバイを語ったが、それはローブと二人で念入りにつくりあげ、リハーサルしたものだった。午前中の授業に出席したあと、レオポルドはえんじ色のウィリス・ナイトのスポーツカーでローブを拾い、グリル料理の店で昼食をとって、それからシカゴのリンカーン・パークへ向かった。レオポルドはその一帯で目撃されたサギを探したが、ロープのほうは車に残り、一パイントのジンをたっぷり味わっていた。ロープの父親は熱心な絶対禁酒主義者なので、そのまま彼の自宅に戻るわけにはいかないと気づいた二人は、ココナッツ・グローブ・レストランへ行って夕食をとり、そのあと暇そうな女の子はいないかと探しながら六三番ストリートを何度か往復した。ようやく二人の女の子――メイとエドナ――と出会い、ジャクソン・パークへ行って車をとめ、一緒に酒を飲んだ。けれども女の子たちがセックスを拒んだため、レオポルドとロープは「歩いて帰ってくれ」と彼女たちを車から追い出した[5]、というストーリーだ。

レオポルドがクロウ検事をはぐらかして楽しんでいるあいだに、シカゴ警察の捜査員は手がかりを求め、彼の寝室と書斎を徹底的に捜索していた。そのさい彼らはハモンド社製のタイプライターを押収し、同時に共犯者かもしれない人物の名前が書かれた一通の手紙を発見した。あいまいな部分も多く、脅しつけたり、すねた感じになったり、かと思えばなだめるような調子になったり、たえずトーンが変わるその手紙は「ディック」という人物に宛てたもので、「ベイブ」と署名されていた。[6]

手紙からは、レオポルドが「ベイブ」であることがうかがえた。さらに、彼には同性の恋人がいて（男どうしのセックスと、「ぼくたちの切っても切れない絆《きずな》」について書かれていた）、その恋人が犯罪のパートナーでもあることが示唆されていた（「ベイブ」は「きみがおかした罪をあえて自分もおかし」、二人は「法的に同じ立場」にあると述べていた）。捜査陣はすぐに、「ディック」をレオポルドといつも一緒にいる親友のリチャード・ローブと特定した。彼らはさらに、レオポルドの所有物のなかに三二口径のレミントン拳銃を発見する。レオポルドは銃の所持許可を得ていないことから、手続き上、銃を所有しているのは違法だった。これでシカゴ警察は、レオポルドをしばらく拘留し、さらなる尋問を行なう大義名分を得た。

この新たな証拠を武器に、クロウ検事は尋問のためにリチャード・ローブを連行するよう警官たちを送りこみ、レオポルドを豪華なホテルから刑事裁判所の建物へ移した。銃の不法所持、ローブとのあやしげな結びつき、紛失が明らかな眼鏡。ネイサン・レオポルドがますます犯人らしく見えてきた。

レオポルドが裁判所に落ち着くと、クロウは死体発見現場の近くでポール・コーフが見つけたべっ甲縁の眼鏡を見せた。たしかに自分のものだとレオポルドは認めたが、完璧に筋の通った説明をした。彼は五月一七日にその一帯で野鳥狩りをしており、急いで線路を渡り土手を下って、下水溝から五、六メートル離れた場所までサギを追いかけていった。そのときに眼鏡がポケットから落ちたに違いないというのだ。もし裏付けが必要なら、狩り仲間のジョージ・ルイスに問い合わせてみてはどうかとレオポルドは言った。辻褄の合う話ではあったが、それでもクロウはまだ納得がいかなかった。四日間も土手に転がっていたなら泥だらけになっていたはずだが、眼鏡は驚くほどきれいな状態だった。もっと探りを入れようと、どこのポケットに入れていたのかとクロウは尋ねた。するとレオポルドは、たしか上着かベストの左の胸ポケットだったと思うと答えた。だが、レオポルドにはつまずいた記憶がなく、そもそもどうやってポケットから落ちたのかというさらなる問題が浮上した。

「上着の左の胸ポケットに眼鏡を入れて、走ったり身をかがめたりしてみてくれませんか。落ちるかどうか見てみましょう」[7] クロウはそう言って眼鏡を差し出した。レオポルドは言われたとおりに二度やってみたが、二度とも眼鏡が床に転げ落ちることはなかった。

そのころリチャード・ローブは別室にいて、レオポルドと全く同じアリバイを主張していた。しかし、二人が同性愛関係にあるとわかったことで、クロウは話に出てくるエドナとメイという女の子たちの存在そのものを疑っていた。レオポルドとローブは本当に女の子を探したりしたのだろうか。そうする理由などなかったはずだ、セックスなら二人ですればいいのだから。

それに、レオポルドと脅迫状とを結びつける証拠もあった。彼の筆跡がわかるものは容易に手に入り、ジェイコブ・フランクスに宛てた封筒の筆跡と一致した。さらに翌日の午後になって、レオポルドが法律の授業用にタイプした法律文書が発見され、それと脅迫状が同じタイプライターで打たれたものだと判明した。捜査官がふたたびレオポルドの自宅へ行き、アンダーウッド社製のポータブル・タイプライターを捜索した。質問を受けたメイドは、たしかにその手のタイプライターがあったと明かしている。彼女が最後にそれを見たのは、二週間前だった。

それらの新事実を武器に、州検事補ジョゼフ・サヴェッジは五月三〇日金曜日の午後六時半、ネイサン・レオポルドの尋問を再開した。彼の自宅で何度も目撃されていたポータブル・タイプライターについてサヴェッジが尋ねると、そういえば見たことがあるが、あれは自分のではなく、たしか大学の研究グループの誰かが置いていったものだとレオポルドは答えた。ところが、サヴェッジが学生たちひとりひとりに連絡をとると、ポータブル・タイプライターを所有していたことはないし、ましてグリーンウッド・アベニュー四七五四番地へ持ちこんだことなどないと全員が否定した。しかし彼らは、レオポルドの邸宅で一緒に勉強をしたときに、書斎でその手のタイプライターを見たのを覚えていた。ネイサン・レオポルドの包囲網は、急速に狭まりつつあった。

午後一〇時、ひとりの州検事補が、刑事裁判所内にある州検事室の外の椅子で辛抱強く待っている男の話を聞くことにした。ボビー・フランクス事件に関して重要な情報がある、と彼は主張していた。スヴェン・エングルンドと名乗るその男は、レオポルド家のお抱え運転手だった。彼は自信たっぷりに、ネイサン・レオポルドが五月二一日にボビー・フランクスを誘拐し殺害できたはずがない、なぜなら彼は自分の車を使えなかったからだと言った。その日の昼の一二時半、エングルンドはレオポルドがえんじ色のウィリス・ナイトで車寄せに入ってくるのを見た。その後ろを、リチャード・ローブが深緑色の車でついてきた。レオポルドはエングルンドのそばへやってきて、ここ何日かブレーキがキーキーと音をたてる、すぐには使わないから修理しておいてほしいと頼んだ。直しておきますとエングルンドは答え、レオポルドとローブはもう一台の車で出かけていった。エングルンドは午後いっぱいかけてブレーキを修理し、家族用のガレージに車を入れ、車は夜の一〇時半までそこにあった。

レオポルド一家は、忌まわしい犯罪が末息子のしわざではないことを示す有力な証拠がようやく得られたと大いに元気づいた。だがもちろん、息子が語ったアリバイの詳細については家族の誰も知らなかった。こうして、はからずも、スヴェン・エングルンドはネイサン・レオポルドの運命を決定づけたのである。クロウ検事は、いまや事件解決の鍵を握っていた。問題はどちらが先に口を割るかだ。レオポルドか、それともローブか。後者が消耗し苛立っているのを知っていたクロウは、そちらから始めることにした。

容疑者に向かってクロウはこう突きつけた。「五月二一日水曜日のことだが……きみたちはガレージへ、レオポルド家のガレージへ向かったね。そのときぎみは母親の車、あの緑色のキャデラックを、彼は赤い車を運転していた……そして彼の車を運転手に預け、きみの車に乗って出かけた。本当はそうじゃないのかね？」[8]
「違います」[9]と答えたロープは、見るからに動揺していた。
「運転手が車を預かって給油し、ブレーキに油をさして修理したのなら、しっかり記憶に残っているはずだ、そうだろう？」クロウは強く主張した。「たしかにそうだったと彼が言っているとしたら、それは嘘か、彼の勘違いだということかね？」[10]
「ええ」とロープ。「ぼくは、彼が嘘をついているか勘違いしていると思います」[11]
しかし、強烈な打撃を受けたロープはもう長くは抵抗できず、三〇分もたたないうちに、自称「一流の犯罪者」は行き詰まり、すべてを自供した。
ロープを片付けたクロウは、次にネイサン・レオポルドの取調室へ入っていった。静かに座ってタバコを吸っていた青年は、「もし仮に」金持ち一家の一員が殺人をおかしたとして、有罪になる可能性はどれくらいかと尋ねた。いまにわかる、とクロウは答えた。彼はボビー・フランクス殺害の罪でネイサン・レオポルドを告訴するつもりだった。最初のうち、レオポルドは見えすいたこけおどしだと言い返していたが、リチャード・ローブは罪を白状したぞと言われると、その自信は潮が引くように消え失せた。レオポルドが納得するように、クロウがロープから聞き出した細かい新情報を提示すると、レオポルドは「そうですか」と言った。「ディックが口を割るとは意外でした。彼なら何があろうと持ちこたえると思ったのに……わかりました、真相を話しましょう」[12]
レオポルドとロープの供述を聞いたあと、クロウ検事は二人の殺人犯に事件現場を案内させた。ボビー・フランクスを誘拐した場所からレオポルドがポータブル・タイプライターを捨てた川まで、実際の足取りに沿って現場を巡り、刑事たちがさらなる証拠を手に入れられるようにするための賢明な判断だった。そうすることで、二人の裕福な青年たちに警察が暴力等で自白を強要したと、あとになって誰も非難できないようにしたのだ。[13]

レオポルドとローブは、殺人は意図的におかしたもので、それは自分たちがニーチェの言う「超人」であり、ゆえに「善悪を超越した」存在だからだと主張したが、これが皮肉にも、彼らが善悪の概念を十分に認識しており、それを超越するためだけにボビー・フランクスを殺害したことを精神鑑定チームに公言する結果となった。彼らの代理人をつとめる敏腕弁護士クラレンス・ダロウは、これでは心神喪失による無罪を訴えるのは無理だという正当な判断を下した。さらに彼は、不利な証拠の量を考えれば、陪審員が依頼人を無罪とすることはないだろうと確信していた。レオポルドとローブには、殺人および誘拐の罪で絞首刑が言い渡されるだろう。だがダロウには、密かに用意している秘策があった。

一九二四年七月二一日月曜日、クラレンス・ダロウは法廷でキャヴァリー判事の前に立ち、被告人両名は「有罪」への主張変更を望んでいると告げた。「法は情状酌量のための証拠提出を認めております。よって裁判所の指示に従い、しかるべき時にこの二人の若者の精神状態に関する証拠を提出する許可をいただきたくお願い申し上げます。それにより、被告人がどの程度の責任能力を有しているか、また両名がいかに未熟であるかを示すとともに、有罪主張の事実をもって、さらなる情状酌量を求める次第です。その上で、本法廷に――本法廷の裁量のみに、運命を委ねることといたします」[14]

被告人が心神喪失による無罪の主張をしていない以上、精神衛生の専門家による証言は受け入れがたいとクロウ検事は異議を申し立てたが、キャヴァリー判事はそれを却下し、裁判は量刑手続きへと進んだ。一九二四年八月一日から一二日にかけて、ダロウは心理学者や精神科医を次々と証言台に立たせた。そして彼らは、レオポルドとローブが情緒的に未発達であるという共通認識から、両被告の脳に異常が存在するという点に至るまで、刑罰の軽減につながる証言を行なった。クロウはひどく憤慨し、最後の最後まで徹底的に抗戦した。

だが結局、その戦いは無駄だった。一九二四年九月一〇日、キャヴァリー判事は、精神衛生の専門家が双方の立場から証言を行なったが、一〇代の両被告に絞首刑を申し渡すことは差し控える、それはひとえに、正確には犯行当時被告がまだ一〇代であったためで、「全世界における刑法の進歩に従い、良識的人道に則った判断である」[15]と説明した。二人を絞首台へ送りこむ代わりに、キャヴァリー判事はネイサン・レオポルドとリチャード・ローブにボビー・フランクス殺害の罪でジョリエット刑務所での終身刑を申し渡し、さらに「身代金目的の誘拐」の罪で九九年を追加した。[16]

刑に服して一二年目、三〇歳になったリチャード・ローブは、一九三六年一月二八日、服役囚ジェームズ・デイにシャワー室で襲われた。カミソリで五八カ所を切りつけられたローブは、刑務所内の病院でその日のうちに死亡した。

驚いたことに、ネイサン・レオポルドは一九五八年三月に仮釈放された。プエルトリコのカスタニェル総合病院で医療技師の職を得、やがて結婚しプエルトリコに定住した彼は、プエルトリコ大学で修士号を取得、その後は同大学で教鞭をとりながらハンセン病の研究を行なった。レオポルドは心臓発作により一九七一年八月二九日に死去し、彼の角膜は適合者に提供された。移植を受けた相手は、一九二四年五月二一日にその目が何を見たかを知っていたのか――それは誰にもわからない。

『サイコ』（一九六〇年）『悪魔のいけにえ』（一九七四年）

エド・ゲインの犯罪

『サイコ』と『悪魔のいけにえ』は、ホラー映画界に戦慄の新時代を築いた。この二つの映画はスタイルもトーンも大きく異なるが、双方にインスピレーションを与えたのは同じ殺人者――「プレインフィールドの食屍鬼《グール》」こと、エドワード・セオドア・ゲインだ。

フリッツ・ラングの『M』やアルフレッド・ヒッチコックの『ロープ』は残虐な殺人に焦点を当てたサイコロジカル・スリラーだが、ヒッチコックの『サイコ』の公開によって、「スラッシャー」と呼ばれる新ジャンルが誕生したとされる。『サイコ』では、はりつめたシーンがしばらく続いたあと、狂気を帯びたノーマン・ベイツが不意にナイフで襲いかかり女性をめった刺しにして殺す。ただし、この映画はサイコロジカル・スリラーだと主張する評論家も多く、『サイコ』が最初のスラッシャー映画かどうかは異論があるかもしれないが、トビー・フーパー監督の『悪魔のいけにえ』が「誰もが認めるスラッシャー」なのはまちがいない。「スラッシャー第一号」の栄誉を『サイコ』と『悪魔のいけにえ』

のどちらに与えるかは別として、この二本の映画のモデルとなったのは、実在の殺人者エド・ゲインである。『悪魔のいけにえ』のオープニング・シーンを見れば、悪名高きエド・ゲインとのつながりは一目瞭然だ。主人公サリー・ハーデスティとその兄で車椅子に乗ったフランクリンは、友人たちと一緒に祖父が眠る墓地を訪れる。その一帯で墓荒らしが頻発しているというニュースをラジオで聞いたからだ。幸い墓は無事だったが、祖父が暮らしていた空き家に立ち寄った彼らは隣家に入りこんでしまい、ぶかっこうな大男に次々に惨殺される。その男は、人の皮でつくった仮面《マスク》をつけていることから「レザーフェイス」と呼ばれる食人鬼だった。その家には、人体の一部でつくった装飾品が飾られ、レザーフェイスは何種類ものマスクを所有していた。なかには口紅を塗った女性の顔もあり、彼は女物の服を着るときにそのマスクをつけるのだった。

エド・ゲインと『サイコ』のノーマン・ベイツとの関連性はもっと薄く、戦利品としての人体収集よりもむしろ、母親との不健全な関係のほうに焦点が当てられている。母親の人格になるとき、ベイツは母親の服とかつらを身につけるが、ゲインの有名な「ウーマン・スーツ」をまとうには至らない。母親の人格になったベイツは、女には近づくな、女はみな「淫売」だと自身に説教する。これはエド・ゲインの母オーガスタが信奉していた考えを元にしたものだが、エド・ゲインが実際に人格を解離させて自分自身と会話していた証拠はない。たしかに、ゲインもベイツも広い家にたったひとりで暮らしているが（そして二人とも、母親の部屋を手つかずの状態に保っている）、ベイツが所有地に建つモーテルを運営しているのに対し、ゲインは農場を離れて雑用を請け負っている。また、ゲインは母親に似た女性たちの死体を墓から掘り出したが、通説とは異なり、実際に母親の亡骸を掘り起こしてベイツのように家に置いてはいなかった。さらに、ゲインが母オーガスタを殺した証拠もない（しかし兄のヘンリーに関しては、彼に殺された可能性があると以前から考えられている）。それに対してノーマン・ベイツは、逮捕される一〇年前に、激しい嫉妬から母親とその恋人を殺害している。

ノーマン・ベイツもレザーフェイスも明らかにエド・ゲインをモデルとしたキャラクターではあるが、両者はゲインがもつ別々の側面を取り入れたもので、「ブレインフィールドの食屍鬼《グール》」の複雑な心理状態がそのまま反映されたわけではない。

一九〇六年八月二七日、エドワード・セオドア・ゲインは多くの障害を背負ってこの世に誕生した。先天性の腫瘍により左のまぶたは垂れ下がり、舌に損傷があるせいで、ある種の言葉がうまく発音できなかった。また、彼には吃音があったが、それは家庭で受けた精神的虐待によって悪化したか、そもそも虐待が原因で起きていた可能性もある。不運にも、エドは家庭でも学校でもひどい扱いを受けていたようだ。ゲイン一家はウィスコンシン州の小さな町ラクロスで暮らしていたが、極端に厳格な母オーガスタが、アルコール依存症の夫ジョージと二人の息子たちを強圧的に支配していた。農業も、皮なめしも、大工仕事もまともにできないジョージ・ゲインは慢性的な失業状態にあり、エドの兄ヘンリーが生まれてわずか一年あまりの一九〇二年二月以降、酒浸りの日々が続いていた。そのため家族を養わなければならなくなったオーガスタは、食料雑貨店で一日働いたあと、家に帰って料理や掃除をした。夫をたえず「役立たず」と愚弄しつづけたのは残酷だが、そう言いたくなるのもわかる状態だったようだ。熱狂的なほど信心深いオーガスタ・ゲインは、人口三万のラクロスの町をアメリカ北西部におけるゴモラ（悪徳の町）のようだと考え、一家そろって町を出る計画を練りはじめた。そして一九一四年、ラクロスの北東約一五〇キロ、プレインフィールド郊外にある広さ八〇ヘクタールほどの農場に引っ越した。敷地内にぽつんと建つ新居は、最も近い隣家からも一・五キロ以上離れたファームハウスだった。

身体的にも言葉の面でも問題を抱えるエドは、学校でほかの子どもたちから容赦ないいじめを受け、どこか覇気のない彼の態度がよけいに事態を悪化させた。教師たちでさえ、ひとりでクックックッと含み笑いをする垂れまぶたの少年にうす気味悪さを感じていたが、彼らのその感覚はまちがいではなかった。プレインフィールドへ引っ越す一年前、当時七歳のエドは、食用のブタの胴体から流れ出る血と臓物を見て性的な興奮を覚えていたらしい。[1]

学校に通い、たまにプレインフィールドへ買い物に行く以外、エドとヘンリーは農場の外の世界の〝不健全な影響〟から遮断されていた。わが子を物理的にも社会的にも孤立させたオーガスタ・ゲインは、息子たちに聖書の教えをたたきこみ、性欲と酒を悪魔の道具と糾弾した。エドはいつもおとなしく母親の言うことをきき、学校では女子生徒に近づかないようにしていた。それでもなお、オーガスタは体罰を用いて息子の成長を食い止めようとした。あるとき、エドが浴室で自慰をしているのを見たオーガスタは、これで男は堕落するんだと金切り声を上げながら、彼のペニスをちぎれるほどねじりあげたという。

母親に口うるさく言われながらも、エドはひとつのはけ口を見つけた。それは聖書ではなく、手垢で汚れたパルプ・マガジンのページにあった。彼のイマジネーションは、海賊や食人鬼、ポリネシアの首狩り族の幻影であふれかえり、それが孤独と苦痛を癒してくれた。エドは平凡な生徒で、人の上を行こうという気概などまるでなく、八年生を終えた一九二〇年に学校をやめている。

病気で寝たきりの状態が何年も続いたのち、父親のジョージ・ゲインが一九四〇年四月一日に心臓発作で亡くなった。ヘンリーとエドワードはそれまでも農業のほかに雑用を請け負い、長いあいだ一家を支えてきた。エドは大人よりも子ども相手のほうがよかったのか、よくベビーシッターも引き受けていた。兄弟は、誠実で信頼のおける働き者と評判だった。真珠湾攻撃直後の一九四一年一二月、エドはミルウォーキーの徴兵委員会に招集されたが、医療担当者は即座に、彼を兵役に不向きと判断し、「4F（不適格）」の判定とともにブレインフィールドへ送還した。このときのミルウォーキーが、エドがそれまでに行った最も遠い場所だった。

一方、四二歳になったヘンリー・ゲインは、独身のまま骨の折れる単調な仕事に明け暮れる日々に嫌気がさしていた。エドと一緒にいるとき、彼はときどき母親の悪口を言い、新たに自分の家族をもちたいと夢を語った。ヘンリーがその生活からどう逃げ出すつもりだったかはわからないが、ゲイン家の土地で野火が発生した一九四四年三月一六日、その計画は不意に頓挫した。落雷から放火まで、昔からさまざまな原因で野火は発生した。火を消し止めようと、エドとヘンリーはスコップを手に煙のなかへ駆けこんだ。エドによると、その後二人は離れ離れになり、互いを見失ってしまった。火が消えてもまだヘンリーは見つからず、家には電話がないため、エドは車を飛ばして警察に知らせに行った。警官とともに現場へ戻ったとき、彼はまっすぐ兄の遺体がある場所へ案内したと伝えられる。燃え残った遺体をざっと調べたところ、ヘンリーの頭皮に何カ所かすりむけた跡が見つかり、ヘンリーの死は火よりもむしろ殴打されたことが原因のように見えた。しかし尋問でのエドの話には説得力があり、五月一八日、郡の検視官は死因を「窒息」と記録した。地元警察はまたすぐに単調な日常業務に戻り、ヘンリーが短い棍棒《こんぼう》のようなもので殴られて意識を失い、その場に放置され煙を吸ったという由々しき可能性について真剣に検討した者はいなかったようだ。

こうして、三七歳のエドが母親をひとりで引き受けることになったが、オーガスタが年を重ねて丸くなることはけっしてなかった。崩れかけた家にぽつんとひとり残されたオーガスタは、生きている唯一の息子を異常なほど溺愛する一方で、彼の罪深さを腹立たしげに責めたてた。しかし、この情緒的近親相姦とも言うべき状態は、長くは続かなかった。オーガスタは脳卒中の発作を起こし、一命はとりとめたが体の自由をほぼ奪われたのだ。つねに忠実なエドは、手足となって母に仕えた。二人が最後のクリスマスをともに過ごしたあとの一九四五年一二月二九日、二度目の発作がオーガスタの命を奪った。

参列者もまばらな葬儀を終えたあと、プレインフィールドの農場へ戻ったエド・ゲインは、オーガスタの寝室の入口を板でふさぎ、そこを母親の聖堂とし、元のままの状態で永遠に封印した。家の外では、冬の冷たい風が吹いていた。エド・ゲインは生まれて初めて、完全にひとりぼっちになったのだ。

一九五七年一一月一六日土曜日、非常勤の保安官補フランク・ウォーデンは、ウィスコンシン州中央部の森で狩りをしていた。獲物にほとんど恵まれず、草地を覆う空がしだいに暗くなってきたころ、彼は〈フィリップス66〉のガソリンスタンドに立ち寄った。給油していると、スタンドの経営者バーナード・ムシンスキーがやってきて、金物店のようすがどうもおかしいと言った。フランクの母親が経営している店だ。バーナードはその日の早朝、金物店の配達用バンが勢いよく出ていくのを見たが、店のドアはロックされ、なかには誰もいなかったという。母親が店番をしている日だとわかっていたため、フランクは急いで町へ行き、本通りで一家が営む店の外に車をとめた。自分の鍵を使って店に入るが、母バーニス・ウォーデンの姿はなかった。さらに、レジスターが見当たらず、二二口径のライフル銃がラックからはずされてカウンターの上に置かれているのを見て、彼はひやりとした。そばには不凍液の領収書が一枚落ちていて、血痕が裏口まで点々と続き、外に出たところで途絶えていた。瞬時に、フランクの脳裏に垂れまぶたの孤独な男の姿が浮かんだ。このところ、エド・ゲインはちょくちょく店にやってきて、五七歳のバーニスをハンコックの近くにあるローラースケート場に行かないかと誘ったことさえあった。そういえば、とフランクは思い出す。前日にエドが不凍液の値段をききに店に立ち寄り、そのさいフランクに、今度はいつ狩りに行くのかと尋ねたのだった。

フランク・ウォーデンは、ウォートマにいる上司のアート・シュリー保安官に電話をかけ、保安官は主任保安官補のアーニー・フリッツを連れてすぐにプレインフィールドに駆けつけた。二人が金物店に入ってきたとき、フランクはそわそわと店内を行きつ戻りつしていた。母がさらわれた、連れ去ったのはエド・ゲインだと思う、と彼は言った。

住人が七〇〇人もいない小さな町で、彼らがゲインを見つけるのにそう時間はかからなかった。ダン・チェイス巡査と〝ポーク〟・スピーズ巡査補がファームハウスに乗りつけたとき、ゲインは不在でドアには鍵がかかっていた。隣のヒル家へ向かうと、エドが隣の息子ボブと一緒に自分の黒いセダンに乗り、ちょうどエンジンをかけているところだった。二人の警官は運転席側の窓に近づき、その日一日何をしていたかをエドに尋ねた。隠遁者は舌をもつれさせながら彼らを欺こうとするが、すぐにぼろが出た。

「誰かが、おれにぬれぎぬを着せたんだ」[2]と、エドは目をぱちぱちさせながら言った。

「なんのぬれぎぬだ?」

「そりゃあ、ウォーデンさんのことだよ」

「ウォーデンさんがどうした？」

「だって、死んだんだろう？」

「死んだ？　なぜ死んだと知っているんだ？」

「聞いたんだよ。あそこでいま聞いてきた」[3]そう言ってエドはヒル家のほうを指し示した。


チェイスとスピーズには、これだけで十分だった。彼らはバーニス・ウォーデン殺害容疑でエド・ゲインを逮捕してパトカーの後部座席に乗せ、身柄を確保した。

逮捕の知らせを受けたシュリー保安官は、グリーンレイク保安官事務所のロイド・シューフィースター警部とともに、午後八時にゲインの古びたファームハウスにやってきた。最も突破しやすい侵入口は〝サマー・キッチン〟――家の裏手の壁に連結して建てられた物置小屋――の入口だと判断した彼らは、ドアを蹴破ってなかに入った。屋内は真っ暗で、むかつくような悪臭が襲ってきた。ごみの山に懐中電灯の光を走らせながら部屋の奥へ進んでいったとき、シュリーは空中にぶら下がった、悪臭を放つずっしりと重たいものにぶつかった。一歩下がってその物体にライトを当てた彼は、恐怖におののいた。バーニス・ウォーデンの首なし全裸死体が、垂木《たるき》から逆さ吊りにされていたのだ。胸骨のあたりから腹部がギザギザに切り裂かれているが、したたる血やぶら下がる内臓はない。シカか何かのように、臓物を取り除かれた状態だった。[4]

シュリー保安官はどうにかこらえて外に出ると、胃の中身を雪の上に吐き出した。シューフィースター警部はパトカーへ急ぎ、身の毛もよだつ発見を無線で伝え、応援を要請した。だが彼らはこのとき、屋内へほんの少し踏みこんだだけだった。
　無線連絡を受け、保安官に保安官補、州警察の警官、犯罪学者らが徐々に集まってきて、当座の調査チームが結成された。当時、ワウシャラ郡の田舎にぽつんと建つ家の多くがそうだったように、ゲインのファームハウスにも電気は通っていなかった。つまり彼らは、灯油ランプと懐中電灯の明かりだけを頼りに、照らし出される数々の恐怖と遭遇しながら、真っ暗な領域へ分け入らなければならなかったのだ。サマー・キッチンを探索し、バーニス・ウォーデンの逆さ吊り死体を通過して奥へ進み、彼らはゲインの聖域へと入っていった。
　居住エリアに足を踏み入れた瞬間から、ゲインがやたらと物を貯めこんでいるのがわかった。紙箱や缶、ぼろ布、積み重ねた漫画本、腐りかけた食べ残しなどがそこらじゅうにあり、不快なものにつまずかずに歩くのが困難なばかりか、その臭気は耐えがたかった。チューインガムの噛みかすがいっぱい詰まったコーヒー缶、砂で満たされた洗面器、高価な骨董品のごとく棚にずらりと並べられた黄ばんだ入れ歯など、奇妙なものがたくさんあった。家のほとんどの場所が厚い埃に覆われていることから、エドはごく一部の部屋だけで暮らしていると思われた。すでに奇怪なものをさんざん目にしたあと、シューフィースター警部はキッチンのテーブルに置かれた変わった形の器を手に取り、よく見ようと光にかざしてみた。恐ろしいことに、それは頭頂部を切り落とした人間の頭蓋骨だった。だがそれは、エドが人骨を加工してこしらえた家財道具のごく一部にすぎず、ほかにも食器一式、さらにデコレーションとしてベッドの柱につけられた一対の頭蓋骨も見つかった。[5]
　エドは人骨をさまざまな用途に利用していたが、装飾品の材料として彼がそれ以上に好んだのは、女性の皮膚だった。数多くの奇怪な品々のなかに四脚の椅子があり、もともと籐細工だった座面は丁寧にはがされ、人間の皮膚で張り替えられていた。ほかにも人皮製のごみ箱やランプシェード、ブレスレット、トムトム（太鼓）、ナイフの鞘《さや》などもあった。不気味な作品をつくらせたら右に出る者のいない真の〝アーティスト〟であるゲインは、いくつもの乳首を丹念につなぎ合わせたベルトまでこしらえていた。だが最も衝撃的な作品はまちがいなく、なめした人皮でつくったベストとレギンスに、交換可能な一連のマスクからなる「ウーマン・スーツ」だ。ごったがえした物の山からは、中身がぎっしり入った、鼻や手足といった部位ごとに分けて入れる人体パーツ専用箱も見つかった。[6]

調理用コンロのそばにバーニス・ウォーデンの心臓が入ったビニール袋が置かれているのが発見され、もうひとつのおぞましい可能性が浮上した――人肉食《カニバリズム》だ。バーニスの内臓は新聞紙に包まれて、古い衣服のなかにしまいこまれていた。事件現場を撮影していたアラン・ウィリモフスキーがそのあと、サマー・キッチンにある二枚の汚れたマットレスのあいだに押しこまれた黄麻布《バーラップ》の袋から湯気が発しているのに気づき、なかからバーニスの頭部が発見された。エドはバーニスの左右の耳に折り曲げた釘を突き刺し、その釘に紐を結びつけていた。装飾品として壁に掛けようとしていたとしか思えない。

しかし、このバーニス・ウォーデンの頭部の発見は、二つ目の頭部の発見によってかすんでしまった。アーニー・フリッツ保安官補は、キッチンのドアの陰にあったかび臭い馬皮製のひざ掛けを拾い上げ、下に隠れていた大きな紙袋を引っぱり出した。なかには、藁《わら》のようにかさかさに乾いた髪の毛がまだついている干からびた人皮のマスクが入っていた。それを持ち上げて光にかざしたフリッツの耳に、捜査陣のひとりが発する驚愕の声が聞こえた。

「そ、それは、メアリー・ホーガンだ！」[7]

三年前の一九五四年一二月八日、プレインフィールドから一〇キロほど北に位置する町パイングローヴでドイツ居酒屋を経営する肉付きのいい五四歳の女店主が、忽然と店から姿を消した。ここへきて、ウィスコンシン州の人々は、たえずつきまとっていた謎の答えをついに見つけたことになる。しかし、メアリー・ホーガンの遺体の発見はさらなる問いをもたらした。犠牲者はいったい何人いるのか？

　警察による最初の正式な取り調べは、一一月一九日火曜日の午後一時四五分から七時二五分まで行なわれた。嘘発見器《ポリグラフ》を操作したのはジョー・ウィリモフスキー、事件現場を撮影したアランとは兄弟だ。エドは殺人について語りたがらず、はねつけるようにぶっきらぼうな答えしか返さなかったが、死体をどうしたかについては不気味なほどあけすけに語った。彼は墓を暴いたことを認め、亡くなって間もない年配女性の死体を手に入れ、切断して用途に合う形に整え、保存がきくよう皮膚に油を塗って処理したと語った。[8] そのアイデアの多くは、戦時中のナチスによる残虐行為――なかでも、「ブーヘンヴァルトの雌犬」と呼ばれた悪名高き女看守イルゼ・コッホがつくった人皮張りのインテリア装飾品――に関する雑誌記事から得たものだが、彼の頭蓋骨コレクションは少年時代に夢中になった首狩り族が起源であり、骨製の器はヴァイキングが頭蓋骨ではちみつ酒《ミード》を飲んでいたという言い伝えに着想を得てつくられたものだった。他者との交流が極端に限られていたため、エドのインスピレーションのかなりの部分はパルプ・マガジンが元となっていたようだ。彼も目にしたかもしれない記事のひとつに、デンマークの画家アイナー・ヴィーグナーに関するものがある。彼は一九二九年に性転換手術を受けて「リリー・エルベ」として生まれ変わり、世界に衝撃を与えた。

やがてエドは、死体の皮膚でつくったマスクに乳房付きベストやレギンス、その他のパーツを身につけ、女性になったような気分で古いファームハウスのまわりを歩きまわったことを告白した。たまに気分が高揚した晩には、「ウーマン・スーツ」をまとって外に出て、月明りを浴びながらはしゃぎまわることもあったという。[9]

情報源は定かでないが、ゲインの取り調べに同席した人物がマスコミに、エドは「男ではなく女に生まれたかった。彼は医学書を買って人体の構造を学び、性別を変えられないだろうかと考えた。性転換手術について問い合わせて、自分自身がその手術を受けようかとさえ思ったが、構想だけで何もしなかった[10]」と語っている。

一一月二五日月曜日の朝、地方検事アール・キリーン、シュリー保安官、フリッツ保安官補、その他八名のアシスタントが、スコップと、これから不快な作業をやり遂げるのだという固い決意とともにプレインフィールドの墓地へやってきた。エド・ゲインは、暴いた墓の名を九つ挙げたが、キリーンはとりあえずエレナー・アダムズとメイベル・エヴァーソンの墓のみを掘り起こすことにした。この時点で、エドの墓暴きの話を信じるべきかどうかは誰にもわからなかった。しかし、古いファームハウスには明らかに、身元が判明した二人の犠牲者だけでは説明がつかない数の人体パーツがあり、捜査上、彼の主張について調べる必要があった。昼の一二時半、キリーンたちはアダムズとエヴァーソンの墓を掘り起こし、いずれも棺がぱっくりと割られ、遺体の大半もしくはすべてが消えているのを確認した。キリーンは、墓地の古い鉄門の外にずらりと並ぶ報道陣のほうを向き、判明した結果を告げ、自分としては、ゲインの話の裏は取れたと思うと語った。[11]

その二日前の一一月二三日、エドワード・セオドア・ゲインはウォーパンの州立中央犯罪者精神病院に入院した。殺人罪で裁判を受ける能力があるかどうか、精神衛生の専門家チームの判定を受けるためだ。ゲインと何度か面談し検査を行なったのち、E・F・シューバート医師は彼の犯罪動機について次のように報告した。

「彼はかなり激しい口調で、もし近所の人々が自分にいくらかでも関心を示し訪ねてきてくれたなら、このような事件はけっして起きなかっただろうと述べた。……ホーガン夫人殺害の詳細は何ひとつ思い出せず……ウォーデン夫人の殺害に関しても、細部の記憶はほぼあいまいで……彼女の死は事故であり、銃が暴発したに違いないと彼は思っている。……面談では多くの時間をかけて、母親への感情について話し合われた。母親は非常に信仰の厚い女性で、彼は「なんにおいても立派だった」としか語らなかった。……母親の死後、周囲のものごとが非現実的に思え、亡くなってまもないあるとき、意志の力で母親をよみがえらせることができそうな気がしたという。また、死後一年ほどは、ときどき母親が話しかけてくる声が聞こえたとも語った。……彼は九つの墓を暴いたと言い、その理由を尋ねると、母を思い出す何かがほしかったのだと思うと答えた。彼はいっさいの死姦を否定し、その理由として「ひどいにおいがしたから」と述べている。……実際に意志の力で母親を生き返らせようと試みたが、うまくいかずがっかりしたと言った。また、それを試みるさい、掘り出した死体を使ったことも認めた。……」[12]

一二月一三日、R・ウォーミントン医師によって二度目の報告がなされた。

「患者は内向的で、風変わり、引っこみ思案な性格であり、他者と親しく付き合うことが苦手だった。……死体の使わなかった部分は燃やすか埋めたとし、食べてはいないと否定した。……（殺人の）動機はあいまいではっきりしないが、敵意、セックス、レプリカや永久保存できる死体の形で母親に代わるものを残したいという願望など、いくつかの要因が考えられる。彼は、死体は人形のようなものので、それがあることでいくらか気持ちが慰められたと語った。……」

一二月一八日、専門家委員会がゲインについて最終評価を行ない、統合失調症が善悪の判断や自身の行動がもたらす影響を認識する能力を妨げていると判定。よって、エド・ゲインは殺人罪で裁判を受けるには不適格であり、裁判所への出廷が可能と見なされる日まで精神病院に収容するべきとの判断がなされた。

一九五八年三月二〇日木曜日、空き家となっていたゲインの古いファームハウスで原因不明の火災が発生し、家は灰と化した。この奇妙な悲報を聞いた彼は、「かえって良かった」[13]と、ただ肩をすくめるだけだった。

一九六八年一一月七日、エドワード・セオドア・ゲインはようやく、バーニス・ウォーデン殺害の罪で裁判を受けることが可能と判断された。結果的に、ロバート・H・ゴルマー判事は心神喪失による無罪の判決を下し、ゲインはふたたび州立中央病院へ戻された。一九八四年七月二六日、呼吸不全により、エド・ゲインは七八歳で世を去った。

『フレンジー』(一九七二年)

ジョン・クリスティとネヴィル・ヒースの犯罪
ハマースミス裸体殺人事件

アルフレッド・ヒッチコック監督の『フレンジー』は、ひとりの好色なシリアルキラーの姿を描き出した。その殺しの道具とは、男性が身につけるごくありふれたもの――ネクタイだ。この映画では、殺人をダークコメディーとして描いているが、モデルとなった実在の殺人者たちにはコメディー的要素など微塵《みじん》もない。サディスティックで巧妙なその殺人者とは、ジョン・クリスティ、ネヴィル・ヒース、そして正体不明の殺人鬼、人呼んで「ジャック・ザ・ストリッパー(剥ぎ取りジャック)」だ。

殺人スリラー映画への復帰作となった『フレンジー』で、ヒッチコックは批評家たちの賞賛を取り戻し、一二〇〇万ドルの興行成績を上げた。制作費二〇〇万ドル、一九七二年に公開されたこのカラー映画は、ヒッチコックの映画人生で最後のイギリス映画であり、過去に手がけた『下宿人』の最後のシーン、ロンドンの女性たちを餌食にする正体不明の快楽殺人犯が出没しているところからストーリーが始まる。

オープニング・シーンでは、テムズ川のほとりに集まった人々が「またネクタイ殺人が起きた！」と息を飲み、若い女性の裸の絞殺死体が映し出される。パブでは、「ネクタイ・キラー」について論じる医者が、ヒッチコックは自身の得意分野をおろそかにしていると言わんばかりに、「なにしろクリスティ以来、極上の快楽殺人シリーズにお目にかかっていないからな！」と語る。

殺人犯の正体――青物商のボブ・ラスク――は映画が始まって三〇分もしないうちに明かされるが、容疑をかけられるのは彼の友人ディック・ブレイニーだ。酒に溺れる血の気の多い男ディックは、別れた妻ブレンダが経営する恋人紹介所を訪ねる。だが、ドアは施錠されノックしても誰も答えないためその場を離れるが、ちょうど建物から出たところを、昼食から戻ってきたブレンダの秘書に目撃される。オフィスに入り、ブレンダ・ブレイニーが絞殺されているのを発見した秘書は、激しやすいディックが犯人だと思いこむ。それは警察も同じだった。かくして逃亡者となったディック・ブレイニーは旧友のボブ・ラスクに助けを求める。ところがラスクは、助けるどころかディックの荷物に証拠物を仕込んで警察に通報したため、ディックは逮捕され、裁判で有罪となり刑務所へ入れられる。ブレンダを殺したのは青物商のラスクだと知っているディックは刑務所から脱出し、ラスクを殺すつもりで彼のアパートへ向かう。ところが、部屋のベッドに横たわっていたのは、ラスクが殺したばかりの女性だった。ラスクを疑い調査を進めていたティモシー・オックスフォード警部がアパートに踏みこむと、そこには女性の死体を見下ろすディック・ブレイニーがいた。と、そのとき、ラスクが大きなトランクを運んで部屋に飛びこんでくる。もはや逃げ場のないラスクに警部が言う。「ミスター・ラスク、あなたはネクタイをしめていませんね」

『フレンジー』で語られるのは実在しないロンドンの快楽殺人犯と犠牲者の物語だが、じつはロンドン史上最も悪名高い三つの連続殺人事件を融合させたものなのだ。一九四九年、ジョン・レジナルド・ハリディ・クリスティは同じアパートに住むティモシー・エヴァンスの妻を殺害し、夫に罪をかぶせた。明らかに『フレンジー』のディック・ブレイニーのモデルであるエヴァンスは金欠病の大酒飲みで、すぐにかっとなる性格のせいで、よけいに罪を着せられていくのだった。「やったのはクリスティだ!」とエヴァンスは終始無実を訴えつづけたが、有罪を宣告され、一九五〇年に絞首刑に処せられた。殺人犯ボブ・ラスクを演じた俳優のバリー・フォスターは、役づくりのために、イギリスの魅力的なサディストとして知られるネヴィル・ヒースに関する二冊の本を読んでおいてほしいとヒッチコックに求められたと語っている。また、テムズ川に浮かぶ裸の絞殺死体の映像は、一九六四年八月のハンナ・テールフォード殺しに始まり、一九六五年一月一一日のブリジェット・オハラ殺しで幕を閉じた、いまなお未解決の「ハマースミス裸体殺人事件」をベースにしている。

ロンドンのノッティングヒル地区にある、シラミだらけのスラム街リリントン・プレイス。その一〇番地に建つアパートの狭苦しい最上階(三階)の部屋で、ティモシー(ティム)・エヴァンスと新婚の妻ベリルは、つらい日々を送っていた。ほとんど読み書きもできないウェールズ生まれのティムは、分不相応の相手と結婚したというひけめをつねに抱きながら、配達用バンの運転手として一日に一二時間働き生計を立てていた。ベリルは美人だが、家事や料理がまるでだめだった。幼少期に母親を亡くした彼女は、当時は主婦の基本的な務めとされていたものを身につけるどころか、教わったことすらなかったからだ。ティムの母親トマシーナと姉のアイリーンがちょくちょく立ち寄って手伝っていたが、改善する気さえなさそうなベリルに苛立ちを覚えるようになり、二人はストレートなもの言いで、ティムに懸念を伝えた。それでなくても悩みだらけの状態だった彼は、家庭内のごたごたから逃れるために、お気に入りの二つのパブ、〈KPH（ケンジントン・パーク・ホテル）〉と〈エルジン〉に入り浸るようになった。

一九四八年一〇月にベリルが最初の子どもジェラルディーンを産むと、不幸にも、家庭内の緊張はますます高まった。ティムとベリルは娘の誕生に大喜びしたが、食料を与えなければならない口がひとつ増えたことで、ティムのストレスも増大した。さらに悪いことに、ベリルは良き母親とはほど遠く、毎週土曜日の午前中、アイリーンがジェラルディーンを実家の母親のところへ連れていき、きれいに体を洗って着替えをさせていた。本来ならば母親が注意深く赤ん坊の衛生管理をするべきだが、ベリルは明らかにそれができず、そのことがまた愚痴としてティムに跳ね返ってきた。

父親のいない家庭で、学習障害があっても治療も受けられず、慢性的な健康問題で入院までしながら育ったティムは、克服不能とも思える数々の困難を乗り越えてささやかな家族を築き、一家の暮らしを守っていた。ところが不運にも、そうした努力も短気な性格のせいで台無しになった。さらに彼のアルコール好きがその気性に拍車をかけた。ティムとベリルはほぼひっきりなしに大声で言い争い、しかもリリントン・プレイス一〇番地の壁や床は紙のように薄かったようだ。建物の一階には、一見害のなさそうな年配の男が住んでいて、夫婦喧嘩の声にたえず耳を傾けていた。ジョン・レジナルド・ハリディ・クリスティ——彼を知る人たちは、「レジ」と呼んでいた。

はげた頭に眼鏡のクリスティはヨークシャー育ちで、妻エセルとともに一九三七年からリリントン・プレイス一〇番地で暮らしていた。見るからに神経質そうな男で、ささやくような声しか出せないのは、第一次世界大戦中にマスタードガスにさらされたせいだ。彼が声を発するのは、誰かの噂話をするときと、近所に西インド諸島出身者が増えてきたことへの不満を述べるときくらいなもので、自宅の裏庭に二人の女性の死体が埋まっていることを、彼は誰にも語らなかった。

一九四九年の秋、また妊娠したと気づいたベリル・エヴァンスは、薬を飲んで流産させようとしたが、二度試みて二度とも失敗すると、中絶するつもりだとティムに告げた。厳格なカトリック教徒であるティムは、それに猛反対した。イギリスでは一九六八年まで中絶が違法とされていたため、ベリルはもぐりの中絶医に頼るほかない。それは命さえ落としかねない危険な方法だった。困り果て、ティムとベリルが親切そうな〝クリスティさん〟に相談すると、クリスティは、自分は戦前に医学の訓練を受けたことがあり、何度か妊娠中絶にも成功していると言った。しかし彼は、道義的に知らせておくべきだと思ったのか、処置を受けた患者の約一〇パーセントが死亡したと告げた。ベリルは中絶すると言って譲らず、一階に住む隣人はその処置を任せるのに最適な人物だった。ティムはぎりぎりまで抵抗したが、ベリルは一一月七日月曜の晩、あなたがなんと言おうと、翌朝クリスティさんに処置をしてもらうと宣言した。二人は激しく言い争い、ティムは家を飛び出し、悲嘆をまぎらすためにＫＰＨへ向かった。

翌日の朝六時にティムが目を覚ますと、横で寝ていたベリルが、クリスティさんに準備ができたと伝えてほしいと言った。ベリルはさらに、あなたが行かないなら自分で行くからいいと言い添えた。もうどうしようもないとあきらめたティモシー・エヴァンスは、出かける途中で妻の言葉をクリスティに伝え、早朝のひんやりと冷たい空気のなかへ踏み出し、配達用バンへと向かった。

夕方六時、リリントン・プレイス一〇番地へ帰宅したティムをクリスティが階段の下で待っていて、一緒に部屋まで行きましょうとついてきた。ドアを閉めたあと、クリスティはティムに、「悪いお知らせがあります。うまくいきませんでした」[1]と告げた。寝室のカーテンが引かれ、キルトで覆われた人体らしきものがあった。キルトをめくると、ブラウスとスカートを身につけた生気のないベリルの姿があらわれた。体のあちらこちらから、血が少しずつ流れ出ている。すぐそばにあるベビーベッドでは、赤ん坊のジェラルディーンがすやすやと眠っていた。処置の途中でベリルの腹部が炎症を起こし、毒が回ってしまったのだとクリスティは説明した。妻の遺体が発見されればクリスティが深刻な法的問題に直面するとティムにはわかっていたため、クリスティが死体を預かって空き部屋に保管し、そのあと近くの排水溝に捨てることに同意した。誰にも怪しまれないように、明日の朝は普段どおり配達の仕事に出かけるのが大事だ、ジェラルディーンのことは自分とエセルとで見ているから、とクリスティは言った。

一九四九年一一月九日水曜日、ティムが仕事に出かける前に、イースト・アクトンに住む知人夫婦がジェラルディーンの面倒を見てくれるはずだとクリスティは言った。そしてその晩、ティムが仕事から帰ると、例の夫婦がジェラルディーンを迎えに明日の朝九時にやってくるから、支度をさせて荷物をまとめておくようにと告げた。ティムは言われたとおりにし、木曜の夕方に仕事から戻ったときには、すでにジェラルディーンはいなくなっていた。クリスティはベリルの遺体を排水溝に隠したと説明し、できるだけ早く街を出たほうがいいとティムを促し、赤ん坊の食事椅子と乳母車はイースト・アクトンへ運んでおくと約束した。ベリルの家族や友人からいろいろ訊かれることを見越して、二人はベリルが赤ん坊を連れてブライトンへ行き、向こうで暮らしているという話をでっちあげた。

家財道具を売り払い、ティモシー・エヴァンスは現金四〇ポンドを手に一一月一四日に夜行列車でウェールズへ向かい、先祖代々の故郷メルシル・ベールで、父方のおば夫婦の家に滞在した。

そのうちに、ティムの母トマシーナ、姉のアイリーン、異父妹のメアリーがそれぞれリリントン・プレイス一〇番地を訪ねるが、玄関にあらわれるのは決まってクリスティだった。彼は、ティムはブリストルへ、ベリルとジェラルディーンはブライトンへ行ったと言い、訪問者を建物に入れようとしない。メアリーがクリスティの話の矛盾に気づき問いつめると、普段はおとなしい男が怒りだし、脅すような態度をとった。

ブライトンにいるベリルの父親と連絡をとり、娘とは会っていないと聞いたトマシーナは、ティムのおばに手紙を書いた。「そちらでティムがどのような嘘を語っているか知りませんが、私は何も事情を知らず、三週間も会っていません。……どこへ行っても悪評ばかり、どこへ行っても、やつに貸した金を返してくれと言われます。それがわが子だとは、なんとも恥かしい話です」[2] おばがその手紙を読み聞かせると、ティムはついに耐えきれなくなった。一一月三〇日水曜日、彼はメルシル・ベールの警察署へ出頭し、「すべてお話しします。私は妻を殺し……排水溝へ捨てました」[3] と自白した。

続いて、ティムは次のように供述した。ベリルは自分で妊娠中絶を試みたが、それに失敗すると、死んでやると脅しをかけてきた。そのときティムはカフェで偶然ある男と出会い、なんという成分かはわからないが、流産を引き起こす薬が入っているという瓶をもらった。ところがそれを飲むと、ベリルは突然死んでしまった。そこでティムは妻の遺体をマンホールの蓋の下に隠し、ジェラルディーンを預かってくれる人を見つけ、仕事を辞めて家財道具を売り、姿をくらました、と。

メルシル・ベール警察からロンドンへ報告がいき、ノッティングヒル警察は警官を派遣し、排水溝の捜索を行なった。屈強な男が三人がかりでマンホールの蓋を持ち上げたが、排水溝を調べても何も見つからなかった。それを聞いたティムは、最初の供述は「クリスティという名の男を守るためのものだった」[4]と言い、第二の供述を行なった。クリスティは自身が説明したとおりの方法でベリルの遺体を処理しなかったのではないかと疑念を抱いたティムは、記憶をたどり、自分が認識している本当の話——すなわち、クリスティが中絶に失敗した話を語った。

そのころ、エヴァンスのアパートに踏みこんだノッティングヒル警察は、盗まれたブリーフケースを発見した。中には、最近起きたあるバラバラ殺人事件に関する新聞の切り抜きがいっぱい詰まっていた。いまにして思えばそれは明らかに、ティムに罪をかぶせるためにクリスティが仕込んでおいたものだ。しかし、これでティモシー・エヴァンスを窃盗容疑で起訴できる証拠がそろったと、ロンドン警視庁の二人の刑事が彼を逮捕しにメルシル・ベールへやってきた。クリスティも尋問を受けたが、すべてを否定した。さらに彼は、上の階の夫婦はいつも大声で喧嘩をしていて、ベリルがかつて自分の妻に、いつかティムに殺されそうで怖いと打ち明けたと語った。妻のエセル・クリスティも、夫の話を全面的に裏付けた。

とはいえ、謎は残る。ベリルと赤ん坊のジェラルディーンはどこにいるのか？　その晩、リリントン・プレイス一〇番地をくまなく捜索した警察は、隣接する洗濯場を調べることにした。そこは建築業者が入り最近改装されたばかりだった。懐中電灯を照らし暗い屋内を調べていた警官たちは、積み重ねた板の下に何やら大きな物体が隠されているのに気づいた。がらくたを取り除いてみると、ベリル・エヴァンスとジェラルディーンの遺体があらわれ——赤ん坊の首には、男物のネクタイがきつく巻かれていた。検死の結果、いずれも首を縛られたことによる窒息死と判明した。ベリルの性器は激しく損傷していたが、それは中絶を試みた跡だった。

ロンドンでは、ジェニングズ警部から遺体の発見を知らされたティモシー・エヴァンスが一二月二日にノッティングヒル警察署で三度目の供述を行ない、殺害を告白した。ここで忘れてはならないのが、彼には学習障害があり読み書きもろくにできなかったことと、まだ一歳二カ月の幼い娘の死を知らされた直後であったことだ。彼はこのとき、激しい罪悪感を覚えていた可能性が高い。作家のニール・ルートが指摘しているように、どうやらエヴァンスの告白は正確に記述されたわけではないらしい。というのも、供述書類には「incurring（被る《こうむ》）」等、彼の乏しい語彙に含まれていたとは思えない言葉が記載されているからだ。またエヴァンスはのちに、供述がすでに判明した事実と合致するよう、取調官から必要な情報を吹きこまれたとも述べている。

一九五〇年一月一一日、ティモシー・エヴァンスは娘を殺害した容疑でロンドンの中央刑事裁判所《オールドベイリー》で裁判にかけられたが、裁判官はベリル・エヴァンス殺害の証拠も本件の証拠に含めることを許可した。ティムの弁護士は真犯人がジョン・クリスティである点に焦点を当て、無罪を主張した。証人台に立ったクリスティはティムを絞首台へ送りこもうともくろみ、自身の深刻な健康状態や、第一次世界大戦中に従軍し、予備警察の特別警官の任務を果たしていたことをそれとなく強調し、法廷に集まった人々の心証を良くしようとした。しかしエヴァンスの弁護士は、クリスティに自身の犯罪歴を無理やり認めさせた。その犯罪とはたとえば、一九二三年の金銭搾取、一九二四年の窃盗、一九三三年の自動車窃盗、そして一九二九年の暴力犯罪だ。弁護士はなぜ、最後の犯罪がどのような性質のものであったかをもっと強調しなかったのだろうか。なにしろ〝立派な〟クリスティ氏は、ある女性をクリケットのバットで滅多打ちにしたのだから。

ティモシー・エヴァンスは証人台でうまく証言できず、一九五〇年一月一三日、わずか四〇分の審理ののち、陪審員は幼い娘の殺害で彼を有罪と判断。エヴァンスは絞首刑を宣告された。治安判事裁判所で標準的な医学的問診が行なわれ、絞首刑が適切と判断されたのち、発言を許されたエヴァンスは、「やったのはクリスティです」[5]と述べた。

一九五〇年三月九日の午前、ペントンヴィル刑務所において、死刑執行人アルバート・ピアポイントがティモシー・エヴァンスの絞首刑を執行した。その五カ月後、リリントン・プレイス一〇番地の所有者が、ジャマイカ人移民チャールズ・ブラウンに建物を売却した。ブラウンは二階と三階の部屋を同郷の仲間たちに賃貸したのだが、これがクリスティにとって悔やんでも悔やみきれない出来事となった。

一九五三年三月二〇日、ジョン・クリスティは自分の部屋を若い夫婦に七ポンド一三シリングで違法に又貸しし、受け取った現金を手にロンドンの街へ消え、二度と戻ってこなかった。この時点で、近所の人々はクリスティ夫人の姿を何カ月も目にしていなかった。チャールズ・ブラウンは又貸しされた夫婦に入居は違法だと告げ、文句があればクリスティに言ってもらわなければならないと説明した。クリスティが出ていったあと、家主は三階の住人ベレスフォード・ブラウンに、空いているクリスティの部屋のキッチンを使う許可を与えた。そして三月二四日、そのキッチンを改装し新たに棚をつくっていたベレスフォードは、戸棚の陰に壁紙が貼り直された部分があるのを発見する。恐ろしいことに、彼はそのあとすぐ、壁紙が貼られていたのは壁ではなく、三人の女性の腐乱死体が入った秘密のアルコーブであることを知るのである。

警察はその住所をすぐに認識し、敷地内の徹底的な捜索を開始した。建物の正面側にある居間の床板が何枚かゆるんでいるのに気づき剥がしてみると、全裸に近い状態で毛布にくるまれたエセル・クリスティの死体があらわれた。病理学者フランシス・キャンプス博士は、四人はいずれも絞殺されたものと即座に断定。エセルは死後およそ一四週間、アルコーブで発見された三人の女性はそれよりもあとに殺害されていた。数人の女性の陰毛が入ったタバコ缶も発見された。裏庭からさらに二人の女性の白骨死体が掘り起こされたころには、クリスティの名前と似顔絵は紙面を飾り、ロンドンじゅうに広まっていた。

クリスティは三月三一日に、パトロール中の警官に逮捕された。見つかったとき、彼はテムズ川の南岸、パトニー橋の近くでじっと川を見つめていた。病的な虚言癖をもつクリスティは、最後に殺された犠牲者たちとエヴァンス母子の身に何が起きたのかについて矛盾する話をごまんと並べた。結果的に、クリスティは妻を除く女性たち全員を気絶させてレイプし、そのあと絞殺していたことが明るみに出た。さらに屍姦行為にも及んでいたと広く信じられている。おもな犠牲者は、二一歳のルース・フュルスト（一九四三年に殺害）、ミュリエル・イーディ三一歳（一九四四年）、キャスリーン・マローニー二六歳（一九五三年）、リタ・ネルソン二四歳（一九五三年）、ヘクトリナ・マクレナン二七歳（一九五三年）。

一九五三年六月二五日木曜日、ジョン・レジナルド・ハリディ・クリスティは妻エセル・クリスティ殺しで有罪判決を受け、七月一五日、三年前のティモシー・エヴァンスと同じ絞首台で、同じ死刑執行人アルバート・ピアポイントによって処刑された。一九六六年一〇月、ティモシー・エヴァンスは王室による恩赦を受け、イギリス内務省は二〇〇三年一月、彼の妹アイリーンと異母妹メアリーに誤審の賠償金を支払った。

魅力的な若い女性を殺害するという共通の性癖を除けば、ネヴィル・ジョージ・クリーヴリー・ヒースは、多くの点でジョン・クリスティと正反対だ。背が高くがっしりとした体格、割れた顎にブロンドのくせ毛のハンサムな元英国空軍パイロットは、カリスマ的な自信をにじませ、つねに人々の注目を集めていた。彼はいつでもナチス時代のドイツ空軍《ルフトバーフェ》に挑んだ武勇伝を披露し、なかにはそれを眉唾だと思う者もいたが、あえて何も言わず聞き流していた。いま考えれば、この颯爽としたヒースという男は、人を引きつける強力な魅力をもつサイコパスだとわかる。

一九四六年六月二〇日の午後、ヒースはロンドンのフリート街にある〈ザ・ファルスタッフ〉というパブで飲んでいた。大衆作家や新聞記者、それに類する人々がよく出入りする店だ。黄土色のジャケットに英国空軍のネクタイ、グレーのフランネルのズボンできめた人気のパイロットは、くるくると巻いた札（合計三〇ポンド）を資金に盛大に飲んでいた。その金は、翌朝デイリーメール紙の記者を乗せてコペンハーゲンへ飛ぶ約束で、前金として受け取ったものだ。じつはヒースは飛行機をもっていないが——ついでに言えば、パイロット免許ももっていない——彼には相手をうまく言いくるめて何かをさせたり、逆に思いとどまらせたりする不思議な才覚があった。
一パイントのビールを飲み干すと、ヒースは聴衆に別れを告げ、幼なじみのレスリー・テリーと待ち合わせているメイフェアへ向かった。二人はパブをはしごし、ある店ではありったけの酒を飲みつくした。テリーはのちに、ヒースがビールを二四杯飲んだと主張しているが、その偉業を実際にその目で見たのか、信憑性の低いヒースの言葉を鵜呑みにしたのかはわからない。二人は徐々に、ナイツブリッジにあるパブ〈トレヴァー・アームズ〉のほうへ近づいていった。ヒースはその店で、ひとりの女性を待たせていた。

三二歳のマージェリー・ガードナーは、戦後のロンドンよりもむしろ、ワイマール期ドイツの淫らな風潮や、活気あふれる六〇年代にサンフランシスコで生まれたフリーセックス文化に共感を覚えたことだろう。若く魅力的なこの女性は、シェフィールドに夫を残し、夜の社交生活《ナイトライフ》[6]を求めてやってきたロンドンの街で、みずからの自由奔放な魂がついに開花するのを感じていた。アーティストへの野望を抱くマージェリーは（小説を半分書きかけ、エキストラとして何本かの映画に出演していた）、イングランド北部の工業都市で単調な家事にいそしむ生活には不向きだった。ロンドンへ来てから、何人かの相手と軽い気持ちで関係を結び、魅力的なヒースとは四月に初めて出会った。付き合いはじめてすぐに、二人は共通の趣味であるSMプレー的セックスを楽しむようになったようだ。[7]

ナイツブリッジ・ハイ・ロードとチャールズ・ストリートの角にあるパブに到着すると、もう用済みだとばかりにテリーを店に置き去りにし、ヒースはミセス・ガードナーとのデートに出かけた。〈ノルマンディー〉で食事をしたあと、二人は〈パナマ・クラブ〉に場所を変え、ダンスをしたり酒を飲んだりしながら真夜中まで過ごし、タクシーでノッティングヒルのペンブリッジ・コート・ホテルへ向かった。夜間スタッフがいなかったため、ヒースは自分の鍵を使ってホテルに入り、酔いどれカップルはよろめきながら部屋にたどりついた。部屋に入ると、マージェリーは裸でベッドにうつぶせになり、ヒースは彼女にさるぐつわをはめて両手と両足首を縛り上げた。それから彼はスーツケースに手を入れ、乗馬用の鞭を取り出した。[8]

翌日の午後二時半、客室係のメイドが四号室に入り、ベッドに横たわる女性の全裸死体を発見した。背中は傷だらけで、髪の毛は血で固まっていた。ホテルの経営者ミセス・ワイアットは、〝ヒース中佐〟がいつも遅くまで寝ているのを知っており、そろそろ下りてくるころだろうと思っていた。ひどく取り乱したメイドに呼ばれて彼の部屋へ行ったミセス・ワイアットは、明かりをつけ、血に染まったシーツと縛られた死体をひと目見た瞬間、危うく吐きそうになった。[9]

部屋に置かれていた戦時身分証明書から、捜査陣はすぐに被害者の身元を特定したが、彼女がどの程度の残虐行為に耐えたのかは、イギリス随一の病理学者キース・シンプソン教授が検死結果をまとめた文書によって初めて明らかになった。マージェリー・ガードナーは、午前〇時から一時のあいだに窒息により死亡。死に至るまでに、一連の〝むごたらしい〟傷を負っていた。[10] ひし形に交差した裂傷が計一七カ所、内訳は臀部および背中に九カ所、胸、乳房、腹部に六カ所、顔面および目に二カ所。いずれも鞭状のものでついた傷だ。犯人は、乳房を食いちぎらんばかりに何度も噛んでいた。ひときわ恐ろしいのが、膣に残る長さ一八センチもの傷で、火かき棒を押しこまれてできたものと思われた。さらに、顔と喉にはひどい痣ができている。マージェリー・ガードナーがさるぐつわを噛まされていた形跡があるが、枕に顔を強く押しつけられ窒息死した可能性が高いとシンプソン教授は結論づけている。[11]
このときすでに、ネヴィル・ヒースはヴィクトリア駅から列車に乗り、風情のある海辺の町ワージングへ向かっていた。オーシャン・ホテルにチェックインした彼は、また別の恋人イヴォンヌ・シモンズに電話をかけ、二人は落ち合い昼食をとった。翌朝、マージェリー・ガードナー殺害のショッキングなニュースがデイリーメール紙で報じられた。何も知らないシモンズはふたたびヒースと会うが、このときヒースは、殺人に自分も間接的に関与していると彼女に打ち明ける。ジャックという見知らぬ男に、女友達との密会にホテルの部屋を使わせてもらえないかと頼まれたのだとヒースは語った。気のいいヒースは、親切にもその頼みをきいてやった。そして翌日、ロンドン警視庁のバレットという警部補にマージェリーの遺体を見せられたが、あれは変質者のむごたらしいしわざだった、とヒースは言った。彼は無分別にも、ガードナーの秘部から火かき棒が突き出ていたことまでシモンズに話し、あれが死因に違いないと語った。
あくる日、事件がイギリスじゅうの新聞で報じられ一気に広まると、シモンズは両親に会って助言を求めた。その後、彼女がヒースに電話をかけ、彼が殺人に関わっていることを親が案じていると伝えると、いますぐ車でロンドンへ戻り捜査に協力するとヒースは約束した。[12]
ところが、その言葉とは裏腹に、彼はボーンマス行きの列車に乗った。その日の晩に到着すると、駅の手荷物預り所に革のトランクを預け、引換券を受け取った。そのあと〝ルパート・ブルック空軍大佐〟という華々しい偽名を使い、ヒースは豪華なトラード・ロイヤル・ホテルの七一号室、オーシャンビューの部屋にチェックインするが、自殺を考えていたのか、四日後にはガスストーブのある八一号室へ移っている。とはいえ、目立たないようにおとなしくしているどころか、いつものように人を魅了し、同宿の客たちに声をかけ、ホテルのバーで酒を飲み、ときにはダンスに出かけていった。いま思えば、こうした行動には明らかにサイコパス特有の向こう見ずな虚勢があらわれている。新聞にはまだ容疑者の顔写真が掲載されていなかったため、イギリスじゅうの目がネヴィル・ジョージ・クリーヴリー・ヒースに向いているあいだに、〝ブルック〟は自由にパーティーや社交を楽しむことができたのだ。

七月三日水曜日の午後二時半、ヒースは遊歩道で二一歳のドーリーン・マーシャルと出会い、持ち前の魅力でくどき落とし、午後三時四五分に一緒に宿泊先のトラード・ロイヤルへ行きお茶を飲んだ。ドーリーンはヒースと過ごすひとときを楽しんだに違いなく、夕食の誘いにも応じている。夜の八時一五分にタクシーでトラード・ロイヤルへやってきたドーリーンは、黒いドレスにラクダの毛《キャメルヘア》のコートをまとい、模造真珠のネックレスをつけていた。食事が終わると、二人はラウンジへ、さらにライティングルームへ移動し、ヒースが親しくなったボーイの給仕でビール、ブランデー、ジンと杯を重ねた。ある時点で、そのボーイはドーリーンの動揺したようすに気づく。彼女は宿泊客のひとりにタクシーを呼んでほしいと頼んだが、ヒースがすぐに横から口を挟み、宿泊先のノーフォーク・ホテルへは自分が送っていくと言った。二人がトラード・ロイヤルを出たのはちょうど午前〇時を回ったころで、ヒースはボーイに「三〇分後には戻る」と告げた。

するとドーリーンが即座に、「いいえ、一五分後よ」[13]と打ち消した。

午前四時半になっても〝ルパート・ブルック〟が戻ってこないので、おかしいと思った夜勤のボーイは客室へ行ってドアをそっとノックするが、返事はない。そこで静かにドアノブを回し室内をのぞいてみると、男はベッドに大の字になって深い眠りに落ちていた。ドアの前に置かれた靴が、なぜか砂まみれになっていた。
翌日の昼近く、〝空軍大佐〟は颯爽と部屋から下りてきて、前の晩の愉快ないたずらについて、ホテルの従業員たちに面白おかしく語りだした。夜勤のボーイをかついでやろうと、彼ははしごをのぼって二階の窓から部屋に入ったのだという。[14]
二日後、ノーフォークの支配人がトラード・ロイヤルに電話をかけ、ミドルセックス州ピナーから来たドーリーン・マーシャルという客が七月三日の水曜日から行方不明になっていると伝えた。その若い女性は、トラード・ロイヤルの宿泊客と食事をすると話しており、心配になった支配人はすでに警察に通報していた。トラード・ロイヤルの支配人が周囲に聞いてまわったところ、ノーフォークの客が姿を消した晩、〝ルパート・ブルック〟がそれらしき女性をもてなしていたことがすぐにわかった。そこで勇猛な空軍大佐にドーリーン・マーシャルについて尋ねると、「まさか。あのお嬢さんのことはしばらく前から知っていますが、ピナーの人じゃありませんよ！」[15]と〝ブルック〟は答えた。支配人はその言葉を信じたが、ボーンマス警察へ出向き、失踪に関与しているという疑いを晴らしたほうがいいでしょうと勧め、ぜひそうすると〝ブルック〟は応じた。
ネヴィル・ヒースは、午後三時半にボーンマス警察のサター刑事に電話をかけた。このとき彼は、言葉巧みに捜査網を逃れられる自信があったのかもしれない。図に乗ったヒースは、二時間後に署まで来てドーリーン・マーシャルの写真を確認してほしいという求めに応じ、のこのこ出かけていった。サター刑事に写真を見せられた彼は、夕食をともにしたのはこの女性にまちがいないと認めざるを得なかったが（否定するには目撃者が多すぎた）、彼女が恋人であるアメリカの軍人と一緒にこの町を去ると言っていたという情報を提供した。

まんまと警察を欺いたと自信満々に警察署を出ようとしたとき、行方不明の女性が年配の男性と連れ立って入ってくるのを見て、ヒースは幽霊のように真っ青になった。サター刑事は、その反応を見逃さなかった。[16] 刑事が〝ルパート・ブルック〟にマーシャルの父と姉を紹介すると（姉はドーリーンに驚くほど似ていた）、ヒースはすぐに落ち着きを取り戻し、首に巻いていたパイロットスカーフを緩めた。サターはそのとき、彼の首にある二本の深い引っかき傷に気づいた。冷徹な刑事は、容疑者がマーシャル親子に魅力をふりまいているあいだに、指名手配者の写真が載った小冊子をそっとめくった。〝ルパート・ブルック〟と気味が悪いほど似ているネヴィル・ヒースという名の逃亡者の写真に行き着いたとき、サターは尋問のベテランであるゲイツ警部補が戻ってくるまで引き留めておこうと決め、もう少し署内にとどまり証人陳述書を書くことを〝ブルック〟に了承させた。午後六時半にあらわれたゲイツ警部補は、容疑者と話をしたあと、〝ブルック〟を拘留しさらなる尋問を行なうと告げた。シャツ一枚でやってきたヒースは、夜になり寒くなってきたのでトラード・ロイヤルに戻って黄土色のスポーツジャケットを取ってきてもいいかと尋ねた。代わりに取りにいったゲイツ警部補は、ジャケットのポケットからボーンマスとロンドン間の切符のほか、問題の夜にドーリーンがつけていたネックレスと一致する模造真珠をひと粒見つけた。だが最も重要なのは、ヒースが六月二三日にボーンマス西駅の手荷物預り所で受け取った引換券を見つけたことだ。

捜査陣がすぐにヒースのトランクを引き取り開けてみると、十字模様の編み目に乾いた血がこびりついた革の乗馬鞭、血の染みがついた二枚のスカーフのほか、「ヒース」と縫い取りのある多数の衣類が入っていた。トラード・ロイヤルの八一号室ではさらに、固く結んだ血染めのハンカチが見つかり、なかにはドーリーン・マーシャルの髪の毛が二本入っていた。証拠を突きつけられたヒースはついに犯行を認め、ロンドンから来た捜査陣にマージェリー・ガードナー殺害容疑で身柄を拘束された。

七月八日の午後八時、トラード・ロイヤル・ホテルから一・五キロほど離れた、木々の生い茂る小渓谷ブランクサム・デーン・チャイン付近でスパニエル犬を散歩させていた女性が、シャクナゲの茂みに隠されたドーリーン・マーシャルの全裸死体を発見した。遺体を覆い隠すように、ドーリーン自身の衣服と折った枝がかぶせてあった。病理学者は、頸部を二度切りつけられたことによる死亡と断定、両手には防御創と見られる複数の切り傷があった。ドーリーンの体は切り裂かれ――ありがたいことに、切り裂かれたのは死後だ――膣には見慣れない物体が挿入されていた。[17]

ヒースは淡々と二件の殺人を認め、女性を鞭で打つと性的喜びを感じるのだと精神科医に告白したが、結局はマージェリー・ガードナー殺害について無罪を主張した。

ガードナー殺しの裁判は、中央刑事裁判所《オールドベイリー》にて一九四六年九月二四日木曜日に始まった。ハンサムな被告人の目に留まりたいと望む熱烈な女性ファンが、傍聴席に押しかけた。[18] 三日後、一時間の審理ののち陪審員は有罪の評決を下し、モリス判事が絞首刑を申し渡したときも、ヒースはまったく動じなかった。死刑執行を待つあいだ、彼は母親に何通もの手紙を書き送ったが、最後の一通にはこう書かれていた。「まあ、これまでの人生、さほど悪いものではありませんでした。……ぼくが逝っても悲しまないでください……それから、喪服など着ないでください[19]」

一〇月一六日、処刑の数分前に一杯のウィスキーを勧められたヒースは、「できればダブルで」[20]と気の利いた答えを返した。その後、彼は平然と絞首台へのぼり、「さっさと済ませてしまいましょう」[21]と言った。数分後、彼は死んだ。有名な死刑執行人アルバート・ピアポイントはのちに、自分が処刑したなかでヒースは最もハンサムな男だったと述べている。

一九六四年二月から翌六五年二月にかけて、テムズ川もしくはその北岸付近、西はブレントフォードから東はウェスト・ケンジントンに至るエリアで、ロンドンの六人の売春婦の死体が発見された。犠牲者はみな白人で、年齢は二一歳から三〇歳、全裸またはそれに近い状態だった。マスコミが「ジャック・ザ・ストリッパー（剥ぎ取りジャック）」と名づけた犯人は——ロンドンきっての娼婦殺しジャック・ザ・リッパー（切り裂きジャック）にちなんだ、じつにセンセーショナルなオマージュだ——どうやら一九六五年に殺人から足を洗ったらしく、法の裁きを受けることはなかった。だがその後、一〇人を超える容疑者が浮かび上がった。

一九六四年二月二日、ロンドン・コリンティアン・セーリング・クラブのメンバーたちが、ハマースミス付近のテムズ川で小型ヨット《ディンギー》四〇隻を出走させる準備を進めていたとき、ハロルドとジョージのケイポン兄弟が女性の全裸死体を見つけた。死体は、埠頭に平底ボートをつなぐチェーンの下に引っかかっていた。[22]五〇人を超えるヨット愛好家がいっせいに水面下をのぞきこみ、叫び声を上げた。見物人が九九九番に通報し、ロンドン警視庁のテムズ川管轄署から、フランク・リッジ警部補と病理学者のティアー博士を含む一行がすぐに駆けつけた。捜査陣はタールを塗った防水布を使って濁った水から死体をすくい上げ、川岸に横たえた。身長一五八センチほど、肩まである茶色の髪の女性で、足首にストッキングが巻かれている以外は一糸まとわぬ姿、口には破れた下着が押しこまれていた。皮膚のふやけ具合から、四八時間ないし七二時間水に浸っていたと思われた。その後の検死により溺死と判定されたが、不思議なことに、縛られた跡や暴力の形跡は何ひとつなかった。警察が亡くなった女性の顔写真を公表してまもなく、身元が判明した。ハンナ・テールフォード三〇歳、ノーサンブリア出身の売春婦兼ポルノモデルだ。パープルハート（バルビツールとアンフェタミンの混合錠剤）中毒の薬物常用者として知られ、最近になって恋人と三歳になる娘を残して失踪し、死体が発見される二日前の晩、水上警察船のプロペラに巻きついた彼女の青いコートがウォータールー橋付近で発見されていた。[23]

　四月八日、テムズ水上警察の警官が、コーニー・リーチの階段状になった川辺で、ごみにまぎれてうつぶせに浮かぶ別の女性の全裸死体を発見した。女性の身元はすぐに、二六歳の売春婦アイリーン・シャーロット・ロックウッドと判明。性交前に客が体を洗っているあいだに財布を盗んで逃げる騙しの手口をくり返していたことから、暴力の餌食になるリスクが高かった可能性がある。[24]現に、彼女と仲の良かったヴィッキー・ペンダーという二二歳の売春婦は、やはり同じ手口を使っており、アイリーンよりも先にフィンズベリー・パークの自宅アパートで絞殺されているのが発見された。ハンナ・テールフォードと同様、アイリーンも秘密の乱交パーティーに参加し、さまざまな相手と写真を撮っていたと伝えられる。おそらく、客との写真を脅迫の道具に使っていたのだろう。ハンナ・テールフォードも同じことをしていたと噂されたが、真偽のほどはわからない。[25]

　アイリーンもまた溺死で、死後に船のプロペラでついたと思われる胸の深い切り傷を除けば、やはり損傷がまったくない点が特徴的だ。殺害された時点で、彼女は妊娠四カ月半だった。

四月二四日、テムズ川の約一・五キロ北、ブレントフォードにあるビーチャム運動場の整備員助手が、敷地内で女性の全裸死体を見つけたと警察に通報した。女性はごみの山の上にうつぶせに倒れ、黒い髪はビートルズ風に短くカットされていた。ごみ捨て場へ続くブロック敷きの道には、タイヤの跡が残っていた。この三人目の犠牲者は、特に不可解な点が多い。病理学者の見立てでは、死後少なくとも四八時間たっているが、遺体がそこに置かれていたのはひと晩だけだと思われるからだ。それ以前からあったなら、もっと早く見つかっていたはずだ。今回は暴力の痕跡もあり、何かで首をねじり上げて絞殺されていたが、衣服はどこにも見当たらない。指紋から、殺されたのは二二歳のヘレン・バーセルミーと判明した。スコットランド生まれの売春婦で、ロンドンにいる西インド諸島出身の黒人コミュニティーと交流し、おもに彼らを顧客にしていた。[26]

ヘレン・バーセルミーが最後に目撃されたのは、ウェストボーン・パーク・ロードにある〈ザ・ジャズ・クラブ〉を出てきたときで、ハイネックのセーターにタイトスカート、茶色いコートを着て、黒い革のブーツを履いていた。クラブにいたある男性にハンドバッグを見ていてほしいと頼んで出ていったことから、戻ってくるつもりだったと思われる。彼女を絞殺した犯人は、このあとに服を脱がせたことになる。遺体を念入りに調べた結果、ロンドン警視庁はここで初めて、事件解決につながりそうな驚きの手がかりを発見する。犠牲者の皮膚に、黒、オレンジ、黄色、緑色の微細なペンキの粒子が付着していたのだ。つまり犯人は塗装の仕事にたずさわっているか、塗装が行なわれる場所に出入りしていたということだ。しかし、この有力な仮説にはひとつ大きな問題があった。複数の色のペンキが確認されたということは、さまざまなタイプの塗装作業が行なわれる作業場と思われるが、そこに死体が一定期間置かれていたとするなら、人が立ち入らない場所でなければならない。

「ジャック・ザ・ストリッパー」が次の犠牲者を襲ったのは、三ヵ月後のことだった。七月一四日の早朝五時半、寝室の窓から外を見ていた夫婦が、三〇歳のスコットランド人娼婦メアリー・フレミングの絞殺死体を発見した。夫婦はガレージの前庭でタイヤがキーッときしむ音を聞いていつもより三時間早く目覚めたが、朝日が昇るまでは何も見えなかった。メアリーの遺体は、両脚を組み上体を前に倒した状態で見つかった。体に付着していたペンキと埃の化学的特徴が、ヘレン・バーセルミーのものと一致した。組成をさらに分析した検査官は、犯人が遺体を車の補修塗装を行なう建物のなかへ――もしくは、そのすぐそばへ――運んだ可能性があると結論づけた。[27] 不思議なことに、病理学者は死因を特定できず、遺体にはいかなる切り傷も擦過傷もなかった。それでも地道な聞き込み捜査を続けた警察は、チズウィック・ハイ・ロードの裏手にある作業場で夜勤をしていた数人の塗装工が、車のドアが二度バタン、バタンと閉まるような音を聞いたという情報を得た。なんの音だろうと思い、窓の曇りガラス越しに外をのぞくと、車の横に人が立っているのがぼんやりと見えた。すると、見られたと思い慌てたのか、その男は急いで運転席に戻り、猛スピードで走り去ったという。[28]

次の犠牲者フランシス・ブラウン（別名マーガレット・マゴーワン）の遺体は、一一月二五日まで発見されずにいた。その日、民間防衛組織の副弁護士デニス・サットンは、ケンジントン地区の民間防衛センター前の街路に置かれたごみ箱の蓋がなくなっているのに気づいた。彼はその後、ホーントン・ストリート沿いにある駐車場の裏の草むらのなかで、瓦礫や木材、雑草を積み上げた山の上にその蓋が置かれているのを見つけた。持ち上げてみると、ごみの下から女性の腐乱死体があらわれた。死体をそこに遺棄した人物は、多くの人でにぎわうハイ・ストリートから一〇〇メートル足らずの場所でそれをやってのけたことになる。背丈はせいぜい一五二、三センチ、グラスゴー生まれのフランシスは、首を絞められ殺害されていた。捜査の観点から言えば、彼女は最も興味深い犠牲者だったかもしれない。一九六一年に起きた政界のセックス・スキャンダル「プロヒューモ事件」で数々の罪に問われていた被告人スティーヴン・ウォードの容疑を晴らしたのは、彼女の証言だったからだ。ほかにもこのスキャンダルとわずかに関わりのある者が数名いたことから、殺された女性たちはみな政治的暗殺のターゲットになったのだという誤った仮説も浮上した。[29] フランシスは、犯人らしき人物の目撃証言が得られた唯一の犠牲者だ。一〇月二二日木曜日、彼女と売春婦仲間のベリルは二人で飲みに出かけ、ポートベロー・ロードで客を探すことにした。二台の車が路肩にとまり、一方がフランシスを、もう一方がベリルを求めた。二台が一緒に動いてくれるなら行くと告げると、それでいいと男たちが応じたので、フランシスとベリルはそれぞれの車に乗りこんだ。ところが、ベリルが乗った車の男はまもなく、フランセシが乗った車を見失ってしまう。ベリルと客は〝取引〟を済ませ、男はあらかじめ決めてあった場所まで彼女を無事に送り届けた。だがフランシスは戻ってこなかった。

　フランシスを乗せた男について、ベリルは次のように語った。「背丈は一七二、三センチ、年は三〇から三二といったところね。がっしりして、丸顔で耳が大きく、髪は茶色。ロンドン訛《なま》りがあって、シープスキンのジャケットを着てたわ。車はグレーのゼファー。だけど、シェパーズ・ブッシュのあたりで見失っちゃったの。マーガレットはきっと、あの晩に死んだんだと思う。だって、終わったらクラブで落ち合う約束だったのに、来なかったんだもの」[30]。ベリルはその後、容疑者の似顔絵作成のために警察に協力し、客どうしは知り合いだったと思うと述べている。

アゲイト・ロードで車に乗りこむところを目撃されたのを最後に、アイルランド生まれの二七歳の売春婦ブリジェット・オハラは一九六五年一月一一日に消息を絶った。それから一カ月以上たった二月一六日、電気工のレン・ビーチャムが作業場所のヒーロン・トレーディング・エステートへ向かう途中、ふと草むらに目をやると、赤いペディキュアを塗った左右のつま先が突き出ているのが見えた。こうして、ブリジェットはようやく発見された。全裸で、喉には手で絞められてできた擦過傷が残っていた。他の犠牲者たちの多くもそうだったが、ブリジェットもまた身長一五八センチ弱と小柄で、黒っぽい髪をショートカットにしていた。確認された六人目の――そしてどうやら最後の――犠牲者であるブリジェットの遺体にも、「ジャック・ザ・ストリッパー」の犯行を物語るペンキが点々と付着していた[31]。

一九五九年にチズウィックで二一歳のエリザベス・フィッグが絞殺された事件、さらに一九六三年の秋に二二歳のグウィネス・リースがモートレイクで絞殺された事件の犯人も「ジャック・ザ・ストリッパー」だとする歴史家や犯罪学者は多い。しかし、公式に警察によって確認された犠牲者は、一九六四年から六五年にかけて殺害された六人である。ボクシングチャンピオンのフレディ・ミルズ（一九六五年七月に自殺）からロンドン警視庁の警官に至るまで、数多くの容疑者が捜査線上に浮かび上がった。最後に浮上したのは、一九四八年から亡くなる一九七一年までロンドンのハマースミス地区で暮らしていた、ウェールズ出身の連続殺人犯ハロルド・ジョーンズだった。しかし現時点で、「ジャック・ザ・ストリッパー」の正体は謎のままだ――。

『エクソシスト』（一九七三年）

悪魔にとりつかれた「ローランド・ドー」

一九四九年に密かに行なわれたカトリックの悪魔祓い《エクソシズム》を題材にしたウィリアム・フリードキン監督の超常現象ホラー映画『エクソシスト』は、一部の観客に深刻な影響を及ぼした。そこから、この映画によって引き起こされた顕著な精神的苦痛をあらわす新たな精神医学用語――「シネマティック・ニューロシス（映画神経症）」――が誕生した。

アメリカ全土の映画館にとって、ウィリアム・フリードキン監督の『エクソシスト』は前代未聞の映画だった。なにしろ、吐き気をもよおす観客が続出したのだ。そのため、チケットと一緒に「嘔吐袋」を渡す、あるいは客が卒倒した場合に備え、この映画を上映することをあらかじめ救急車に通知しておく劇場もあった。ひどく下品な言葉や、ねじ曲げられた体、吐き出される体液、（ときに赤裸々な）未成年者の性的描写などが、観客のそうした反応を引き出す大きな要因となったが、その一方で、急速に文化が変化する時代背景のなか、『エクソシスト』は観客の目の前に、これまでに見たこともない神聖への冒涜を突きつけた。

ストーリーは、ウィジャボードで遊んだあと邪悪な何かにとりつかれた一二歳の少女リーガン・マクニールをめぐって展開する。彼女にとりついた何者かは古代シュメールの悪霊《デーモン》らしいが、折に触れて「我こそは悪魔《デヴィル》だ」と主張する。従来の科学的方法や心理学的方法が役に立たなかったとき、リーガンの母親クリス・マクニールはカトリック教会に助けを求め、そこでデミアン・カラス神父と出会う。若き精神科医でもある彼は先ごろ母親を亡くし、その動揺から信仰心の危機を感じていた。最初は懐疑的だったカラスだが、リーガンの腹部に浮き出た「Help Me（助けて）」の傷文字を見て思い直す。自分ひとりで悪魔祓いをするには経験不足だと考えたカラスは、憑依物との戦いに何度も勝ったことのあるランカスター・メリン神父の力を借りるが、悪魔祓いの最中にメリンは心臓発作を起こして死んでしまう。激しい怒りにかられたカラスは、リーガンの代わりに私にとりつけと、みずからの体を悪魔に差し出す。悪魔がわが身を支配しはじめたと見るや、カラスは寝室の窓に突進して勢いよく身を投じる。こうして彼は、みずからと悪魔の運命を封印したのだった。

フリードキンのこの映画の原作は、ウィリアム・ピーター・ブラッティによる同名の小説だ。ブラッティの『エクソシスト』は、一九四九年四月に密かに行なわれた悪魔祓いから多くの題材を得ている。悪魔祓いを受けたのは、「ローランド・ドー」という仮名でのみ知られる一〇代の少年だった。

ローランド・ドー（仮名）は一九三五年、首都ワシントン郊外のメリーランド州コテージシティで、政府職員の父チャールズ（仮名）と母グラディス（仮名）のあいだに生まれた。家には母方の祖母もいたが、ひとりっ子のローランドは、おばのハティー（仮名）がたびたび訪れるのを楽しみにしていた。

ボードゲームが好きなローランドに、ハティーは心霊術に使うウィジャボードの使いかたを教えた。セントルイス出身の心霊主義者《スピリチュアリスト》で死後の世界を信じる彼女は、死者の霊との交信にかなりの時間を費やし、交霊術のやりかたをローランドにも伝授していた。[1]

一九四九年一月一五日土曜日、一三歳のローランドが祖母と家にいたとき、祖母の部屋から水がしたたるような音が聞こえてきた。なんの音だろうと首をかしげる二人は、壁に飾られたキリストの絵が揺れているのに気づく。その後も不思議な現象が続き、そのうちにローランドの両親が帰ってきて、今度は全員が、何かを引っかくような、ちょうど釘で木をこするような音を聞いた。床下にネズミがいるのだろうと思い、音のことは気にせず寝ることにした。ところが毒餌を仕掛けても音がやまないので、チャールズが床板と壁板をはがしてみたが無駄だった。そのちょうど一週間後にハティーが急死し、悲しみに暮れるローランドは、大好きな「ハティーおばさん」と交信したいと頻繁にウィジャボードを使うようになった。グラディスも祖母もローランドのこの新たな趣味をさほど気にかけず、いつのまにか引っかく音も聞こえなくなっていたので、一家はほっとした。やっかいなネズミがついに死んだと思ったのだ。

ところが、そうではなかったことがまもなく明らかになる。音はやんだのではなく、形を変えただけだった。自分の部屋でベッドを整えているときに、ローランドはさまざまな音を聞くようになる。最初は、きしきしと靴音をたてて誰かがベッドのまわりを歩いているような音だった。そのうちに音は大きくなり、まるで太鼓でも叩くように足を踏み鳴らす音に変わっていった。[2] 母親と祖母もその音を聞いている。ある日、音の正体を見極めようと、三人でローランドのベッドに横たわり、グラディスが大声で

「もしかして、ハティーなの？　もしハティーなら三回ノックして」[3]と言った。すると圧迫するような波が三度やってきて、三人の体を通り抜けて床にズシンと響いた。試しに、グラディスがハティーに「四回ノックして」と告げると、今度もまたそのとおりになった。次に、マットレスの奥から引っかくような奇妙な音が聞こえてきたかと思うと、マットレスが激しく揺れだし、かけてあったカバーの一枚がベッドから浮き、誰かが手で持っているように端がめくれ上がった。

　それから三週間にわたり、マットレスの引っかき音は毎晩続いた。そんなある日、ローランドが通う学校で彼の机が滑るように動きだし、教室が騒然となる出来事があった。一方、ドー一家の自宅でも、物が部屋のなかを飛びまわったり、本が床に落ちたり、ローランドの衣類がキッチンの床に散らばっていたり、さまざまな現象が起きていた。ぼくがやったんじゃないとローランドは否定した。ずっしりと重たいアームチェアーが突然宙に浮いて逆さになり、腰かけていたローランドが床に投げ出されるのを目の当たりにした家族は、その言葉を信じざるを得なかった。[4]

　ローランドのいたずらではないかと誰かに言われるたびに彼の心は乱れ、クラスのなぶりものになるのがいやで学校へ行かなくなってしまった。両親は一般医や精神科医、精神分析医に相談したが、医師たちはローランドになんら異常な点を見いだせなかった。そこでドー夫妻は、所属するルーテル教会のシュルツェ牧師に相談し、騒動の原因はおばのハティーかもしれないと告げた。動く家具や振動するベッド、飛ぶ食器など、牧師もその目で不可思議な現象を目撃している。じつは彼は、ローランドが家族をからかっているのではないかと疑っていたのだが、そのことは誰にも言わなかった。

　ある晩、ローランドの寝室から発する悲鳴を聞いて駆けつけた家族の目の前で、重い化粧だんす《ドレッサー》がドアのほうへ滑りだし、出口をふさいだ。それから引き出しがひとつずつ開閉しはじめた。この出来事のあと、ドー家に降りかかった苦難の噂が小さな町全体に広まっていった。

ローランドは何かにとりつかれたのだろうかと家族が話し合うのを聞いたシュルツェ牧師は、祈祷と日曜の聖餐式への出席を勧めた。牧師はその晩ローランドを自宅へ泊めたが、それは彼に気分転換をさせ、家族に休息を与えるためだった。祈りの言葉をとなえ、ローランドとシュルツェ牧師は同じ部屋でそれぞれのベッドに入った。だが午前〇時ごろにローランドのベッドが揺れだし、牧師は驚いて目を覚ました。ローランドも目覚めてはいたが、身じろぎもせず横たわっていた。シュルツェは動揺しながらもローランドを階下へ連れていき、温かいココアを飲ませて落ち着かせた。そのあと寝室へ戻り、少年を心地よい椅子に座らせ、明かりはつけたままにしておいた。ローランドは抱えた両ひざに顎を乗せ、椅子の上に足を置き、トランス状態に入っているようすだった。するとそのとき、恐ろしいことに、椅子が後ろの壁に向かってゆっくりと動きだし、ひとりでに傾いて少年を床に投げ出した。どうすればいいかわからず、シュルツェは床に二枚の毛布を敷き、ローランドの体を包んだ。午前三時、ふたたび目を覚ました彼は、少年が毛布もろとも床を滑るように移動してベッドの下へ入りこむのを目撃する。牧師はローランドに向かって「やめなさい」と声を張り上げるが、ぼくが動かしているんじゃないと少年は答えた。そのときローランドの体が持ち上がり、マットレスの下のスプリングに何度もぶつかった。牧師は必死でローランドをベッドの下から引きずり出すが、その顔は擦り傷や切り傷だらけで、ほぼ茫然自失の状態だった。[5]

いまやシュルツェ牧師も、この一三歳の少年が得体のしれない強大な力にとりつかれている可能性を真剣に考えざるを得なかった。昼間はいたって普通に見えるローランドだが、彼の夜は恐怖に満ちていた。腕に、脚に、そして胴体の部分にも、爪で引っかいたような線が出現し、それはふぞろいなアルファベット文字のように見えた。まるで何者かがコミュニケーションをとろうとしているかのようだ。

他の多くのキリスト教宗派とは異なり、カトリック教会では、悪魔の憑依はたしかに存在し、悪魔祓いによってのみ救済できるとされている。じつはプロテスタントによる宗教改革以前には、キリスト教世界全体で、悪魔やその能力が人間の体に宿ると信じられ、悪魔を追い払う具体的な方法まで伝えられていた。聖書によれば、イエス自身もたびたび悪魔祓いを行なったとされるが、ルーテル派を含むプロテスタント教会はのちに、たんにイエスが土着の民俗信仰に合わせて行なった行為だと位置付けている。カトリック教会は憑依の存在を信じているが、実際に助言を求められたケースは歴史上ごくまれだ。ローランド・ドーの両親はルーテル教会に所属していたが、息子のケースはまちがいなく悪魔憑《つ》きだと感じていた。カトリックの司祭に相談すべき時が来ていた。

チャールズ・ドーは地元のカトリック教会に電話をかけ、次の日に訪ねていった。チャールズがE・アルバート・ヒューズ神父にあらためてローランドのことを語ると、大らかで人好きのする二九歳の若き神父は、自身の力がまったく及ばない領域の問題だと悟った。彼にできるのはせいぜい、祈りを捧げ、聖水で清め、ろうそくをともすよう勧めるくらいだった。翌朝、グラディスが電話で、聖水をまいてろうそくに火をともしたが、芯に火をつけたとたん天井まで炎が上がり、火を消さざるを得なかったと報告した。あとで見ると、聖水の入った瓶が粉々に割れていた。ヒューズ神父は、もう一度やってみるよう助言した。グラディスはふたたび電話をかけたが、神父に説明する間もなく、ドー家の電話台がひとりでに砕け散り、その音に二人は度肝を抜かれた。若き神父は首都ワシントンの大司教パトリック・A・オーボイル師に連絡し、状況を報告した。こうしてヒューズ神父に悪魔祓いを行なう許可が下りたが、なにしろ彼には初めてのことで、十分な心構えもできていなかった。[6]

一九四九年二月下旬から三月上旬にかけて、ローランドは密かにジョージタウン病院へ入院した。地元の大学ともつながりのあるカトリック系の病院だ。これから悪魔祓いが行なわれると知っている女子修道院長は、記録はいっさい残してはならないと厳重に指示を出した。ローランドはベッドに縛りつけられ、ヒューズ神父が悪魔祓いの祈祷を始めた。だがまもなく、神父は苦痛の叫びを上げた。ローランドがほじくり出しておいたベッドのスプリングで腕を切り裂かれたのだ。儀式は終わった。ヒューズ神父はその後も他の教会で仕事を続けたが、二度と元のようには腕が使えず、このときの経験に終生苦しめられたと伝えられる。[7]

ローランドが退院したあと、箝口令《かんこうれい》の甲斐もなく悪魔祓いの噂は広まり、人々は彼とその家族を警戒しはじめた。ドー一家はいまの生活に見切りをつけて町を出ていくべきか話し合いを始めていたが、ローランドの悲鳴を聞いて母親がトイレに駆けつけたとき、その決断は早まった。少年の胸には、血のにじむ文字で「LOUIS」という名が、腰には「SATURDAY」と刻まれていた。[8]

三月五日土曜日、ローランドと両親は列車に乗ってミズーリ州セントルイス（St. Louis）へ向かった。そこには、チャールズとグラディス双方の身内がいる。二日後、ローランドのおじの家のキッチンテーブルに一同が集まり、手作りのウィジャボードが用意された。そこにいる全員が、すべての問題の原因は「ハティーおばさん」にあると確信していた。このとき、ハティー自身がそうだと認めるかのように、彼らの目の前で、ずっしりと重たいベッドが部屋を横切るように動いたという。その晩、ローランドが眠るマットレスから引っかくような音がするのを家族は耳にしている。地域を担当するルーテル教会の牧師は関わり合いになるのを拒み、シュルツェ牧師と同様、カトリック教会の介在を求めるよう勧めた。しかしローランドの両親はふたたび悪魔祓いを試す気にはなれず、いまだ問題の根源はハティーだと信じていた。ただ、ハティーがなぜ自分たちを苦しめようとするのかはわからなかった。やがて、ローランドが泊まるたびに身内の家でも恐ろしい出来事が起きはじめ、チャールズとグラディスはイエズス会の司祭に協力を求めるしかないと決意する。

一家が紹介されたのは、セントルイス大学で教育学部長をつとめる四三歳のレイモンド・ビショップ神父だった。学部のほかのメンバーとも話し合い、ローランドには悪魔がとりついていると確信したビショップ神父は、学長のレイナート神父に協力を求めた。レイナート神父は性急に事を進めるのをためらい、この件についてみずから調査するようビショップ神父に依頼した。

三月九日、ビショップ神父はチャールズ、グラディス、ローランドが滞在している家に車でやってきた。一家はそれまでの出来事をすべて語り、神父の問いにも答えたが、失敗に終わった悪魔祓いとメリーランドのヒューズ神父が負った怪我のことは伏せていた。ビショップ神父はローランドに会い、軽い悪魔祓いを行なった。聖水をまいて各部屋に祝祷を捧げる、人よりもむしろその場所に対するものだった。

ローランドがベッドへ行ったあと、ビショップ神父が帰り支度をしていると、少年の悲鳴が聞こえたため、家族は慌てて二階へ駆けのぼった。そしてその場にいた全員が、ローランドのマットレスが約一五分間にわたり前後に動くのを目撃した。その間、一三歳の少年は微動だにせず横たわっていた。ビショップ神父がベッドに十字架の形に聖水をまくと動きがやんだが、神父が部屋を出るとまたすぐに動きだした。ローランドが苦痛の叫びを上げたので、母親がパジャマの上着をめくってみると、腹部にジグザグの赤いひっかき傷がついていた。

翌日、ビショップ神父は友人のウィリアム・バウダーン神父に相談した。聖フランシスコ・ザビエル教会の主任司祭をつとめる五二歳のバウダーンは、黒髪で体格のいいチェーンスモーカーだ。彼もドー一家を訪れ、不可解かつ厄介な現象を目撃する。二人の神父は、ローランドが精神を病み、セントルイスでの出来事を引き起こした可能性はないか検討するかたわら、悪魔祓いと三段階の悪魔憑き——侵入、憑依、支配——に関する文献を調べはじめた。最初の二段階についてはすでに確認したので、ローランドが〝支配〟される前に悪魔祓い師《エクソシスト》を見つけようと二人は誓った。三月一四日、バウダーンは大司教区の教会を統括するリッター大司教に手紙を書いて大まかに事情を説明し、悪魔祓いの許可を求め、エクソシストの任命を依頼した。大司教はバウダーンがまったくの無資格者だと知りつつ、結果的に彼を悪魔祓いの実行役に選んだ。[9]

三月一六日、バウダーン神父はミサを行ない、罪を告白し、ほぼ一日じゅう祈りを捧げたのち、二六歳のイエズス会神学生ウォルター・ハローランが運転する車で、ビショップ神父とともに悪魔祓いが行なわれる家へ向かった。リッター大司教には秘密裏に行なうよう命じられていたが、今後同じような状況に直面した人が参考にできるよう、バウダーンはビショップに日々の出来事を記録させたいと考えた。二人の神父はそれぞれ、四〇〇ページからなる儀式書『ローマン・リチュアル』を持参した。そこには従うべき二一のステップが記されていた。主要な祈祷文は、「Praecipio（余は命じる）」、「Exorcizo te（汝を追放する）」、「Adjuro te（余は汝に厳命する）」[10]の三つだ。

バウダーンを先頭に一列に並んでローランドの部屋へ入り、すぐあとにグラディスとおじ夫婦も続いた。二人の神父がベッドの左右にひざまずき、聖水を振りかけた。神学生のハローランはベッドの足元にひざまずくよう指示された。ローランドを含む全員が祈りを捧げ、バウダーンが「諸聖人の連祷」をとなえはじめたとたん、マットレスが揺れだした。祈祷は二時間続き、最後に「アーメン」ととなえると、バウダーンは立ち上がって「Praecipio tibi！（余は汝に命じる！）」と高らかに告げた。[11]彼が「dominus（主）」や「deus（神）」という言葉を発するたびにローランドは苦悶の叫びを上げ、体には新たな引っかき傷が出現した。ある時点でローランドの胸に「H-E-L-L（地獄）」の文字があらわれたが、少年自身に読ませるためか、文字は逆さだった。さらに腹部に「G-O」、脚に「X」の文字もあらわれた。バウダーンが言葉を発しつづけるとローランドはのたうちまわり、枕やベッドのヘッドボードを叩き、目を閉じたまま訳《わけ》のわからない言葉を口走った。続いてバウダーンが聖水を浴びせると、ローランドは驚いて目を覚ました。そして、地面にあいた煮えたぎる深い穴の上で、門をくぐろうとする彼を邪魔する強力な赤い悪魔と戦った夢について語った。[12]

バウダーンとビショップ、ハローランの三人は朝の五時までその場で祈りつづけ、そのころにはローランドもふたたび深い眠りに落ちていた。疲れ果てた三人が部屋を出ようと立ち上がったとき、少年が急に起き上がり、きつく目を閉じたまま『スワニー川』を歌いだした。ぞっとするような歪《ひず》んだ声で、両腕はリズムに合わない調子でぶらぶらと揺れている。次の瞬間、歌が急に『オール・マン・リヴァー』に変わった。こんな状態の少年を残しては帰れないと、三人は午前七時半までその場にとどまった。悪魔祓いについて秘密厳守を誓った三人のイエズス会士は、誰からも疑念を抱かれないよう、寝不足を押していつもどおりの日課をこなさなければならなかった。どのような力が働いているにせよ、自分たちにわざと休養を与えまいとしているのではないかと彼らは思った。三人はいまや、聖なる消耗戦の渦中にいた。

夜間の悪魔祓いはさらに四日続き、ローランドの行動は最初の晩とほぼ同じではあったが、より激しいものへとエスカレートした。彼はむき出した歯をカチカチと鳴らし、集まった人々の顔に唾を吐き、誰かが押さえつけようとすれば、その手に噛みついた。さらにラテン語の祈りの最中には、言葉の意味を理解できたはずがないのに、重要な部分で放尿した。威嚇するような野太い低音から、耳に突き刺さるような高音まで、声色はたえず変化し、合間に血の凍るような笑い声が混じる。歌のレパートリーには『美しく青きドナウ』と『丘の上に十字架立つ』[13]が加わり、彼が放つ冒涜的な言葉のあまりの不快さに、神父たちはあえて記録にとどめなかった。

ほとんど効果がないと見たバウダーン神父は、少年をカトリックに改宗させるべき時が来たと考え、司祭館にローランドと父親のための部屋を用意した。バウダーンはさらにもうひとり、ウィリアム・ヴァン・ルー神父を加え、全員でベッドを囲んだ。バウダーンが「諸聖人の連祷」をとなえはじめると、ローランドは暴言を吐き、必死に押さえつけようとする三人に唾を吐きかけ、蹴りつけた。扱いが乱暴すぎるとヴァン・ルーに指摘され、若きイエズス会士ハローランは少年の腕から手を離すが、そのせいで鼻を骨折する羽目になり、続いてヴァン・ルーの鼻も同じ運命をたどった。少年の拳を押さえつけなから、ローランドがずっと目を閉じたまま攻撃していたことに彼らは気づいた。その晩、ローランドはバウダーンを容赦なく罵倒し、笑いながら「いま地獄にいる……お前が見えるぞ。お前は地獄にいる。いまは一九五七年だ」[14]と言った。バウダーンは一瞬ひるむが、またすぐに祈りを再開した。イエズス会士が力を合わせ何日も祈祷を続けたが、改宗も悪魔祓いもうまくいかず、三月二六日土曜日、ローランドはセントルイスのおじの家に戻った。

数日のあいだは嘘のように平穏だった。ところが木曜日の晩、ローランドは足が痛いと二階から下りてきて、みんなで部屋へ来てほしいと言った。全員が見守るなか、ローランドがベッドに腰かけ、シーツを指でなぞるような仕草をすると、ベッドが振動しはじめた。彼は口から発する言葉を文字にして、指でシーツに書いているのだった。ローランドのいとこのエリザベスが、意味不明な言葉を可能なかぎり書き取った。

「私は一〇日間とどまるが、四日後には帰る。もし【ローランドが】とどまれば（昼食に行った）もしお前がとどまりカトリック教徒になれば、それは近寄らないだろう。【ガートルード】神は一〇日になった四日後に連れ去るだろう神は強大になりつつあり私は最後の日に目の前のビショップ神父に印を残す——私をつぶそうとする者はみな恐ろしい死を迎えるだろう」[15]

グラディスがバウダーン神父に電話でこの出来事を知らせると、彼は午前一時にヴァン・ルー神父とともにやってきた。バウダーンが祈りの言葉をとなえている途中で、ローランドは鉛筆がほしいと言い、大判の紙を何枚も広げて何やら訳のわからないものを書きはじめた。バウダーンは、自分がミスを犯したと気づいた。ローランドが儀式の流れをさえぎるのを許し、主導権を与えてしまったからだ。ビショップ神父はバウダーンの指示で一部始終を日記に書き留めていたが、そこにはローランドが書いたものも記録されていた。大半は意味不明な言葉で、奇妙な絵もいくつかあった。そうしたスケッチのひとつに、ビショップは激しい衝撃を受けた。それは、人間の顔の横に「死んだ司教」と書かれた絵だった。[16]バウダーンも同様に、「お前が私を信じないならば、ローランドは永遠に苦しむだろう」という言葉に当惑した。[17]そして彼は、ローランドをカトリックへ改宗させるよう、もう一度試してみようと決意する。洗礼式は早ければ早いほうがいい。そこで、四月一日がその日に選ばれた。

四月一日の午後七時半、ドー一家はカレッジ教会へ向けて車で出発した。準備を整えて教会の入口で待っていたバウダーン神父は、車内で大混乱が生じていたとは知る由もなかった。ローランドがハンドルを奪い家族もろとも街灯の柱に突っこもうとしたのだ。幸い、すんでのところでおじが急ブレーキをかけ、事なきを得た。車が教会の前にとまったとき、バウダーンは父親とおじが二人がかりで、ずたずたに裂けたスーツを着たローランドをひきずり出すのを見た。少年は唾を吐きかけ、毒づき、声を上げて笑っていた。バウダーンは教会ではなく隣接する司祭館へ案内すると、水差しに入った冷水をローランドの顔にかけて静かにさせ、二階へ引きずっていった。本来ならば教会の聖水盤で洗礼を行なう予定だったが、バウダーンは急きょ寝室で儀式を開始し、ローランドはそれを逃れようと必死にもがいた。悪魔との関係を断つかという問いに、ローランドは三度目でようやく「悪魔とそのすべての所業と関係を断つ」[18]と答えた。儀式は四時間続き、そのあとでいつもの悪魔祓いの祈祷が行なわれた。そして夜の一一時半、ローランドと父親は落ち着いて眠りについた。

ところが、翌四月二日に事態は悪い方向へ進みはじめる。目覚めてすぐ、ローランドは陶器のたらいと天井の照明器具を粉々に破壊した。バウダーンはビショップ神父と三八歳のイエズス会士ジョン・オフレアティ神父の協力を得て聖体拝領を執り行うことにしたが、ローランドはホスチア（聖体のウエハース）を吐き出した。五度試み、三人の神父がロザリオの祈りを最後までとなえ終えたとき、ローランドはようやくウエハースを飲みこみ、こうして彼の初めての聖体拝領は完了した。

しかし残念ながら、その効果はほとんど見られず、ローランドは帰宅途中にまたしても運転手に襲いかかろうとした。悪魔憑きとおぼしき行動がさらに続いたため、彼は数日後にセントルイス南部にあるイエズス会系のアレキシアン・ブラザーズ病院の精神病棟に収容されたが、状況は改善しなかった。復活祭の日曜日、ローランドはひときわ狂暴化し、病院の修道士《ブラザー》たちを攻撃したため、彼らはどうにか少年をベッドに縛りつけてバウダーン神父を呼んだ。悪魔祓いの祈祷が行なわれるあいだ、ローランドは野太い声を発して冒涜的な言葉を吐き、殺してやると神父たちを脅した。彼らはこの新たな現象を「悪魔の声」[19]と名づけた。

あくる月曜日、バウダーンたちはふたたび悪魔との聖戦に挑んだが、部屋が急激に寒くなり、バウダーンはオーバーコートを着ずにはいられなかった。一方でローランドの顔は極端にねじ曲がり、もはや別人にしか見えなかった。続いて行われた混沌たる悪魔祓いで、神父たちはローランドに「霊的聖体拝領を受けたい」と言わせることにどうにか成功するが、「悪魔の声」は彼らに、「それでは不十分だ。彼はもうひと言、ちょっとした言葉を言わなければならない。重要な言葉だ。だが彼は、けっしてその言葉を言わないだろう。……私はいつも彼のなかにいる。いつも大きな力をもつとは限らないが、私は彼のなかにいる。彼はけっしてその言葉を口にしないだろう」[20]と告げた。そのあとローランドが急に歌いだし、今度もまた戦いに敗れた神父たちは部屋を出た。

四月一八日、バウダーン神父はあることに気づいた。いつだったか悪魔が、ラテン語には応答しない、とりついている相手が話す言語しか使わないからだと言ったことがある。バウダーンはビショップとオフレアティを呼び、夜の七時に一緒にローランドの寝室へ行ってほしいと頼んだ。いつもどおりラテン語で祈りをとなえたあと、バウダーンはローランドに「英語で答えてもいいよ」と言った。そして少年の体の上で何度も十字を切ったあと、その手に十字架を握らせた。すると少年は腕をばたばたと振りまわし、十字架を床に投げつけたが、二人の神父が彼を押さえつけた。静かになったローランドはラテン語について尋ね、オフレアティが彼に、「ヘイル・メアリー」(聖母マリアへの祈り)はラテン語で「アヴェ・マリア」と言うんだよと教え、一五分後にはローランドもその言葉を言えるようになった。カトリックの読本をめくっていたローランドが急にそれを自分の頭にのせると、本は部屋の反対側まで飛んでいき壁にぶつかった。午後九時半、ローランドはロザリオの祈りをとなえてもいいか、応唱してくれるかと尋ね、三人の神父は同意し、ロザリオを渡した。ローランドは十字架を握り、「使徒信条」をとなえはじめた。途中で口ごもるがすぐに促され、先を続ける。少年は指導を求め、霊的聖体拝領を受けたいと言ったが、そのあと急に、首にかけたメダイユが焼けるように熱いと訴え、眠っているような状態におちいってしまった。[21]

夜の一〇時四五分、バウダーンが最後の「アーメン」を言い終えたとき、ローランドがそれまで聞いたことのない声を発した。深く豊かなその声は、はっきりと響き渡った。「悪魔よ！　悪魔よ！　私は聖ミカエルだ。ドミヌス（主）の名において、悪魔と邪悪なる聖霊たちに命じる。その体から出てゆけ。いますぐに！　さあ！　すぐに出てゆけ！」[22]そのときバウダーンは気づいた。ローランドはけっして口にしないだろうと悪魔が言った言葉とは、「ドミヌス」に違いない。そのあと八分間にわたり、少年は叫び声を上げながらベッドの上で身をよじり、のたうちまわっていたが、やがて静かに「いなくなった！」[23]とささやいた。ローランドは目を開けてまわりにいる全員を見まわし、気分がすっきりしたと言った。その部屋にいる誰もが同じように感じていた。ついに悪魔は去ったのだ。

ひざまずいていた神父たちは立ち上がり、泣きながら抱擁したが、バウダーンの顔にまだ笑みが浮かんでいないことにオフレアティは気づく。ローランドは、自分が見たすばらしい夢の話をした。まばゆい光のなかに立つ美しい姿が見えた。それはおそらく天使で、鎖帷子《かたびら》のような白い服を着て、光り輝く剣を持ち、その先端を悪魔や悪霊たちがいる地面の穴に向けていた。悪魔が地底から押し寄せ天使に挑みかかろうとすると、天使はローランドに微笑みかけ、ふたたび悪魔のほうを見て「ドミヌス」と告げた。[24]すると一瞬にして、悪魔と悪霊は穴のなかへ消え去った。穴の入口の格子には、「SPITE（悪意）」と書かれていた。そのときローランドは、腹の奥で何かがプツンと切れるのを感じ、その瞬間、不思議な現象が起きはじめた一月一五日以降は味わったことのない幸福感を覚えたという。

翌朝、目を覚ましたローランドはミサと聖体拝領を受け、ホスチアを素直に受け入れた。そのあと病室に戻って眠り、目覚めたとき、立ち上がって目をこすりながら、「ここはどこ？　何があったの？」と尋ねた。[25]ちょうどそのとき、大きな音が病院じゅうに響きわたり、その場にいた全員が聞いたと伝えられる。神父たちがローランドの部屋に駆けつけるあいだも、その音は続いていた。バウダーンにとって、それは待ちわびた〝しるし〟だった。これでようやく終わったのだ。

ローランドが退院したあと、彼がいた病室は封鎖され、二度と開けてはならないと指示が下された[26]。のちに、この病院は取り壊される。イエズス会にもまた、悪魔祓いとそれにまつわる出来事をけっして口外してはならないと箝口令《かんこうれい》が敷かれた。

四〇年以上にわたり秘密はほぼ保たれたが、わずかに漏れ出た断片的な話をヒントに書かれたのが、ウィリアム・ピーター・ブラッティの一九七一年の小説『エクソシスト』で、その二年後に映画化された。そして一九九三年、トーマス・B・アレンの『Possessed（悪魔憑き）』でついに事の詳細が公《おおやけ》になった。この本はレイモンド・ビショップ神父がつけていた日記を元にしたものだが、かなり懐疑的に受け止められ、特にメリーランド州の歴史学者マーク・オプサスニックから酷評された。「ローランド・ドー」の幼少期を知る一〇〇人以上に取材したオプサスニックは、ローランドがとんでもないいたずらで好きで、手の込んだ悪だくみでほかの子どもたちを——さらに自分の母親までも——怖がらせて喜んでいたことを知った。あるクラスメートは、ローランドがもうひとりの少年とどちらが遠くまで唾を飛ばせるかを競い合い、約三メートル先まで正確に唾を飛ばす超人的なわざを身につけたことを思い出した。もし彼がその特異な才能をイエズス会の司祭たちに対して用いたならば、彼らは悪魔にしかできない離れ業と結論づけたかもしれない。ローランドの親友のひとりは、ブレードンズバーグ中学校で一九四八年に起きたある出来事を覚えていた。それは、ローランドが自分の机をものすごい速さで振動させたというものだ。教師にやめなさいと注意されたローランドは、自分は何もしていないと答え、教室から追い出された。当然ながら、彼は学校嫌いだったと記録されている。

また、ローランドが長く伸ばした爪で自分の体に文字を書くのを目撃した司祭も何人かいた。だがどうやら、それは警戒信号とはならず、悪魔憑きの兆候のひとつと解釈されたようだ。じつを言えば、リッター大司教から最初に調査を任されたイエズス会士——哲学の教授——は、悪魔憑きの説を一蹴し、報告された現象はすべて自然の法則に沿って説明できると結論づけていたのだった。歴史学者のマーク・オプサスニックは、二〇〇〇年に行なった調査の最終報告書で、ローランドについて次のように述べている。

「事実は、彼が過保護な母親と鈍感な父親に甘やかされて育った情緒不安定なひとりっ子であったことを示している。私には、のけ者にされた少年が何がなんでもブレードンズバーグ中学校から逃れたい一心でとった行動に思える。彼は注目を浴びたかった。また、住んでいる土地を離れてセントルイスへ行きたかった。そのために怒りを爆発させた。彼は自作自演のゲームを始め、その努力が実り、何人もの司祭を……過分な愛情を注いでくれる司祭たちを味方につけた」[27]

『ジョーズ』（一九七五年）
ジャージー海岸サメ襲撃事件
USSインディアナポリス号沈没事件
フランク・マンダスの生涯

一九七五年に公開されたスティーヴン・スピルバーグ監督の大ヒット映画『ジョーズ』は、サメがもたらす目に見えない不安と恐怖で観客を震撼させ、莫大な興行収益を上げた。その六〇年前に、アメリカ大西洋岸の町が実際に人食いザメに苦しめられていた事実を知っていたら、観客はより大きな恐怖を味わったかもしれない。

『ジョーズ』は、恐怖のシナリオと秀逸な演技、最新鋭の撮影・編集技術、さらにジョン・ウィリアムズによる象徴的なサウンドトラックとが組み合わさって生まれた、緊張感あふれるホラー映画だ。ロイ・シャイダー、リチャード・ドレイファス、ロバート・ショウが主役を演じるこの映画の舞台は、アメリカ北東部ニューイングランド地方の海辺のリゾート地、アミティ・アイランドだ。そこでは、七月四日の独立記念日の週末を前に、続々とやってくる夏の観光客を迎える準備が進められていた。そんななか、海岸で手足が切断された若い女性の死体が発見された。サメに襲われたに違いないと判断した警察署長マーティン・ブロディは海水浴場の閉鎖を求めるが、観光業への影響を恐れる市長は反対し、ボートでの事故死だと押し切る。だがまもなく二件目の襲撃事件が起き、町の人々もついに、人肉の味を知ったサメが自分たちの海岸を餌場にしていると認めざるを得なくなる。サメに詳しい海洋学者マット・フーパーも同意見だった。サメに懸賞金がかけられ、地元の漁師たちがこぞって捕獲に乗り出す。プロのシャークハンターを名乗るクイントという男が捕獲を請け負うと申し出るものの、求める報酬の額が高すぎると拒絶される。まもなくイタチザメが捕獲されるが、それは問題のサメではない、人を襲ったのは「グレート・ホワイト」すなわちホオジロザメだとフーパーは主張する。それを裏付けるようにさらなる攻撃が続き、サメは入江にまで入りこみ、ひとりの男性を餌食にした。

この事態に、市はついにクイントを雇うことを決定。クイント、海洋学者のフーパー、警察署長のブロディの三人が、クイントの船でサメ狩りに出発する。クイントは、浮き代わりの樽をロープでくくりつけた銛《もり》をサメに撃ちこもうとする。サメを疲弊させ、海中深くもぐれないようにするためだ。だが、サメの体当たりで船のエンジンが故障し、形勢が逆転する。船を修理し、クイントはふたたび挑戦するが、サメの力で船は後ろへ引っぱられた。そのうちに船が沈みはじめ、クイントはサメにむさぼり食われ、フーパーはサメよけの檻に入ったまま海底に取り残される。ひとり残ったブロディは、沈みかけた船の残骸にしがみつきながら、圧縮空気の入ったタンクをどうにかサメの口に押しこむことに成功。それを銃で撃つとタンクが爆発し、サメはバラバラになって飛び散った。そこへフーパーが浮上し、二人はアミティ・アイランドへ向けて泳ぎだす。

『ジョーズ』の原作は、アメリカの作家ピーター・ベンチリーの小説だ。彼は数々の情報を元にこの小説を書いたが、とりわけ大きなヒントとなったのは、一九一六年にジャージー海岸で起きたサメ襲撃事件だ。その夏、一匹もしくは複数の人食いザメが出没し、多くの人々が襲われ命を落とした。サメとの意地をかけた戦いに挑むタフな海の男クイント船長は、著者自身も面識のある伝説のシャークハンター、フランク・マンダスがモデルだ。小説の映画化に際し、スティーヴン・スピルバーグは数々の変更を加えているが、そのひとつが、クイントを一九四五年のUSSインディアナポリス号沈没後に起きた凄惨なサメの襲撃を生き延びた人物として描いている点だ。

二五歳のチャールズ・ヴァンサントは、すべてを手に入れた人生を送っているかに見えた。長身、浅黒い肌に黒い髪、ハンサムな〝ヴァン〟は、アメリカ屈指の伝統ある名家の子息だ。一九一四年にペンシルベニア大学を卒業後、フィラデルフィアの証券会社〈フォルウェル・ブラザーズ〉に就職、天性の魅力で職場でも多くの友人に恵まれ、女性たちのあこがれの的だった。

フィラデルフィアの住人の多くが望むように、一九一六年の独立記念日の週末には、ヴァンもまた街を離れて太陽と波を満喫したかった。幸い、新たに運行が始まったフィラデルフィアとビーチ・ヘイブンを結ぶ特急列車に乗れば、ニュージャージー州沖にある人気のリゾート島まで二時間弱で行ける。七月一日の土曜日、ヴァンは父親で医師のユージーン・L・ヴァンサントと二人の妹ユージニアとルイーズと列車で落ち合い、一家はちょうど夕方五時過ぎにビーチ・ヘイブンに到着した。夕食前にどうしてもひと泳ぎしたかったヴァンは、海辺の遊歩道《ボードウォーク》まで行ってみないかとルイーズを誘い、二人で行くことになった。海沿いのセンター・ストリートに着くと、ヴァンはずらりと並ぶ脱衣所のひとつに入り水着に着替えた。

ビーチの砂を踏みしめながら、一匹のチェサピーク・ベイ・レトリーバーが水際までついてきたのを見て、ヴァンは微笑んだ。監視員《ライフガード》のアレグザンダー・オット（オリンピックの水泳競技で、アメリカ代表チームのひとりだった）に手を振ると、相手も手を振り返した。ヴァンは浅瀬に入り、レトリーバーと一緒に水しぶきを上げながら少し遊んだあと、白波を越えて泳ぎだし、胸まで水に浸かりながら犬のほうを振り返り、こっちへおいでと呼んだ。[1]

そのころ砂浜では、日光浴をしていた数人が、何やら大きな黒い物体が海面すれすれに移動していくのに気づいた。と、黒いひれが水からあらわれ、ヴァンがいる方向へ猛スピードで向かっていった。人々は彼に知らせようと声を張り上げるが、ヴァンは彼らが何を言っているのかわからないようすだった。そのとき、犬を呼ぶ彼の声が鋭い悲鳴に変わった。ヴァンは死に物狂いで浜のほうへ泳ぎだすが、あと五〇メートル足らずのところで甲高い叫び声を上げて激しくもがきだし、周囲の水が一気に赤く染まった。アレグザンダー・オットが弾かれたように駆け出し、海に入ってヴァンの胴体をとらえ、腰の深さの水域まで引き戻したが、サメはまだヴァンの脚に食らいついていた。町の住人ジョン・エヴァートンとシェリダン・テイラーが駆け寄ってオットに手を貸した。サメは腹が砂に触れたとたん脚を放し、水の深いところへ消えていった。こうして、三人の男たちはようやくヴァンを浜に引き上げることができた。ルイーズ・ヴァンサントは、脚をもぎとられた兄の体を見下ろした。砂の上に血がどくどくと噴き出している。オットが手早く水着で止血帯をこしらえ、引き裂かれた肉にきつく巻きつけた。

チャールズ・ヴァンサントの左腿《もも》は骨がむき出しになり、右腿にも大きな裂傷ができていた。父親が二人の医師の手を借りてイングルサイド・ホテルへ運ぶが、午後六時四五分、チャールズは息をひきとった。彼の死によって、アメリカ東部の歴史には、サメの襲撃による死亡事故の記録が初めて刻まれた。目撃した人々は、サメの体長は三メートル弱、重さは二〇〇キロ以上、色は灰色がかった青もしくは黒で三角の背びれがあったと証言した。[2]

死者が出たうえ、漁師たちからも沖を泳ぐ大型ザメの目撃情報が寄せられたにもかかわらず、海水浴場は閉鎖されなかった。観光収入は市の経済にとって不可欠であり、とりわけ一九一六年の夏には記録的な収益が見込まれていた。人々の不安をやわらげようと、イングルサイド・ホテルの経営者ロバート・イングルは海岸から九〇メートルほどの地点に、ビーチ全体を囲うように金網を張った。[3]だが残念ながら、そこ以外のビーチの多くは無防備なままだった。

ビーチ・ヘイブンの北およそ七〇キロ、海辺の町スプリング・レイクにある豪華なエセックス&サセックス（E&S）ホテルにとって、実入りのよい夏だった。裕福な客たちの荷物を部屋へ運ぶベルボーイのひとりチャールズ・ブルーダーは、スイス生まれの二八歳、このホテルで人気の従業員だ。彼は最近カリフォルニアを訪れ、そこでサメに遭遇したのだが、そのさいサメは面白いほど臆病な生き物だと知った。そのため、チャールズ・ヴァンサントがサメに襲われて死んだというニュースを、彼は懐疑的に受け止めていた。

七月六日の木曜日は焼けつくような猛暑日で、ブルーダーも仲の良いエレベーターボーイのヘンリー・ノーランも汗だくになっていた。午後一時四五分に昼休みが始まると、二人は体を冷やしに海へ向かった。遊歩道を渡った先の浜辺は、水着やかわいいサンドレス姿の女性たちでいっぱいだった。

水着に着替えに〈サウス・エンド・パビリオン〉の脱衣所の近くまで来たとき、ノーランがくすくす笑いながら、「黒いスイムタイツをはいて水にもぐって、きれいなお嬢さんたちの前にいきなり浮上したらどうなるかな？　海の怪物か、少なくとも本物のモビーディックがあらわれたと思うだろうな」[4]と言った。仕事を失いたくないなら、宿泊客専用のビーチには近づかないほうがいいぞ、とブルーダーは答えた。[5] E&Sホテルには、スタッフは客と交流してはならないという厳格なルールがあった。そのときノーランは、ホテルに滞在中の社交界の花形モナ・チャイルズ夫人が、プライベートバルコニーに立ってオペラグラスを目に当てているのに気づいた。夫人はビーチの先の海をじっと見ていた。「きみの言うとおりだよ、チャールズ」とノーランは言った。「従業員用エリア以外で泳いだりしたら、チャイルズ夫人の肚《はら》ひとつでぼくはクビだ[6]」

ブルーダーとノーランが数人の仲間とともに海に入ったのが、午後二時一五分。南風が吹いて海水が冷え、いくらもたたないうちにノーランと他の数人は寒くなり、岸へ戻ってタオルで体を拭いた。泳ぎがかなり得意なブルーダーは寒いのには慣れっこで、ここぞとばかり安全区域の先まで泳いでいった。そして海岸から一二〇メートルほど遠ざかったところで、叫び声を上げはじめた。

波間に何やら赤いものが浮かんでいるのを見つけた女性が、カヌーが転覆したのだと思いライフガードのジョージ・ホワイトとクリス・アンダーソンに知らせた。どちらもその日はカヌーを見た覚えがなく、その赤いものは血に囲まれたスイマーだとすぐに気づいた。二人は救命ボートに乗りこんでオールを握り、現場に向かって全速力で漕ぎだした。そのころ浜辺にいる人々は、苦しみもがくスイマーが空中に放り上げられ、食いちぎられて切り株のようになった右脚から血が噴き出すさまを怯えながら見つめていた。彼がふたたび着水すると、サメはそちらへ突進し、今度は左脚を食いちぎった。ライフガードがチャールズ・ブルーダーのもとへ到着したとき、彼はすでに血の気を失い、顔がかろうじて水面から見え隠れしていた。「サメに噛まれた！　脚をやられた！」[7]ブルーダーはやっとのことで言葉を発した。ライフガードのホワイトが彼の腕をつかんでボートに引き上げたが、それは思ったよりも容易だった。ブルーダーの両脚は食いちぎられ、下半分がほとんどなくなっていたからだ。ボートに引き上げられてまもなく、チャールズ・ブルーダーは死んだ。

　部屋のバルコニーから恐怖の顛末を見ていたモナ・チャイルズは、急いでホテルの電話交換台へ行き、海沿いのすべてのホテルに「海から出るように！」[8]と伝えるようオペレーターに求めた。

　地元の医師ジョン・コーネルとウィリアム・トラウトが海岸に到着すると、E&Sホテルの支配人は、チャールズ・ブルーダーはもう死んでしまったので、気を失いかけた女性や砂浜で嘔吐している女性が何十人もいるから、そちらの手当てをお願いしますと告げた。E&Sホテルに滞在していたウィリアム・シャウフラーという医師がブルーダーの遺体を調べたところ、右脚の脛骨（むこうずね）が完全に切断され、ずたずたに裂けた筋肉だけが残っていた。左脚も同様に食いちぎられていたが、こちらは足首に近い位置で、突き出た骨だけが残っていた。左腿の肉が大きくえぐり取られ、右腹部にはリンゴ大の穴があいていた。死因は、脚の複数の動脈が切断されたことによる出血性ショックだった。一夜にして、アメリカじゅうがサメ襲撃の恐怖にさらされた。ジャージー海岸沖で起きた、二人の強健な青年のむごたらしい死は、人々に海水浴を躊躇させるのに十分だった。

七月八日土曜日、アメリカ自然史博物館とブルックリン美術館の科学者グループ——フレデリック・オーガスタス・ルーカス、ジョン・トレッドウェル・ニコルズ、ロバート・クッシュマン・マーフィー——は国民に向けて、サメに体を八つ裂きにされる可能性はきわめて低いと断言した。しかしその一方で、今回のような事態は予想だにしなかったと彼らは認めている。魚類学者のニコルズは、ネットを張った遊泳エリアから出なければ、サメに襲われる心配はほとんどないと請け合った。ところが、その後事態は思いもよらない方向へ進むのである。

ニュージャージー州マタワンは、海辺のにぎやかな観光地とは異なり、いかにもアメリカの小さな町といった風情だ。スプリング・レイクの北西約三〇キロ、ニューヨーク州との州境にほど近い、ラリタン湾から三キロほど内陸に位置する町だ。そこで黙々と農業や工業にいそしむ一二〇〇人の住人たちは、凶暴な人食いザメに関する不穏な記事にもほとんど無関心だった。レファーツ湖とマタワン湖を源流に大西洋へ流れこむマタワン川は、正式には潮の干満の影響を受ける「感潮河川」だ。この川は何百年にもわたり交通に使われてきたが、一九一六年七月一二日のような出来事はそれまで一度もなかった。

その日はねばつくように暑い一日で、マタワンの少年たちは川に入り、思い思いのスポットで涼をとっていた。午後一時二〇分ごろ、近くのキーポートで釣りをしていた元船乗りのトーマス・コットレル船長は、釣果《ちょうか》がないまま、すごすごと帰る途中だった。路面電車用の跳ね橋を渡ったとき、ふと眼下の川を見ると、見覚えのある形のもの——長さ二・五メートルほどの濃い灰色のもの——が、潮の流れに乗って上流へ移動しているのが見えた。わが目を疑いながら、跳ね橋の修復作業をしている作業員たちのほうを振り返ると、その表情から、彼らもやはりサメを見たのだとすぐにわかった。マタワンの人々に知らせなければと、コットレルは電話がある橋の管理事務所へ走った。ところが、誰も話を真に受けないどころか、あからさまに彼を嘲笑した。町の警察署長が経営する床屋の常連客のひとりは、「サメよりも、川で水浴びをしているゾウを見る確率のほうがまだ高い」[9]と言った。

それでもあきらめず、コットレル船長は一台のモーターボートを見つけ、川で泳ぐ人々に迫りくる危険を知らせるため、スピードを上げて上流へ向かった。本通りに到着するとボートを係留し、さっきその目で何を見たかを伝えるため、急いでマタワンの市街地へ入っていった。しかしその努力も、さらなる嘲笑を買うばかりだった。

残酷な運命のいたずらで、コットレルがワイコフ桟橋を通過したわずか数秒後、少年たちがそこへ日課の水浴びにやってきた。レスター・スティルウェル、アルバート・オハラ、ジョニー・カータン、そしてアンソニー・バブリン——いずれも一一歳か一二歳の少年だ。午後二時ごろ、全員が裸になり、泳ぐのにちょうどいい深い水域に入っていった。岸に最も近いところで泳いでいたアルバートが、何かざらざらするものが脚をかすめていくのを感じた。下を見ると、濁った水のなかに巨大な魚の尾が見えた。ちょうどそのとき、ジョニーは「風雨にさらされた古い板」[10]のようなものが水面を漂っているのを見た。

「ちょっと見て！　ほら、浮かぶよ！」[11]と、深いところにいたレスター・スティルウェルが大声でみんなに呼びかけた。

と、そのとき、「板」の背びれと尾びれがあらわれ、まっすぐレスターのほうへ向かっていった。水しぶきが上がり、悲鳴が響き、レスターの体がぐいと引っぱられた。白い歯の生えたサメの口が友をとらえて閉じるのを、少年たちは恐怖に怯えながら見つめていた。レスターはつかの間もがいていたが、茶色い水が真っ赤に染まり、彼の姿は水面下に消えた。

服を着る間も惜しみ、少年たちは一目散に町へ駆け出した。レスターを助けなければならない、それしか頭になかった。

「サメだ！　サメだ！　レスターがサメにつかまった！」[12]そう叫びながら、少年たちは本通りを走っていった。

二四歳になるワトソン・〝スタンリー〟・フィッシャーが営むドライクリーニング店の前を彼らが駆けぬけたとき、窓の外をのぞいたスタンリーの恋人メアリー・アンダーソンは、少年たちがすっ裸で、心底怯えているのに気づいた。スタンリーは「サメだ！」という叫びをどう解釈すればいいかわからなかったが、レスターに癲癇《てんかん》があるのを知っていたため、何か問題が起きたのだろうと思った。店の出口へ向かうスタンリーに、そういえばコットレル船長もサメに気をつけるようにと言っていたわ、とメアリーは伝えた。

するとスタンリーは、「このあたりでサメだって？　まさか！」と言った。「レスターは引きつけを起こしたんだ。すぐに行ってあげないと死んでしまう」[13]

本通りに出たとき、スタンリーは友人のレッド・バールーとアーサー・スミスの姿を見つけ、いますぐワイコフ桟橋まで一緒に行ってくれと頼んだ。三人が川へ駆けつけると、川の水が血で赤く染まっていた。レスターの姿が消えてからすでに三〇分ほど経過しているため、残念だが、生きて呼吸をしている少年ではなく遺体を見つけて引き上げることになるだろう、彼らはそう覚悟していた。

三人は川にボートを押し出して乗りこみ、長い竿で深みを探りはじめた。このころには、マタワンの住民の大半が川の堤防を囲み、捜索のようすを眺めていた。ボートに乗ったままではレスターを見つけられないと、三人は素早く水着に着替えて川に飛びこんだ。水に入ってまもなく、アーサーはざらざらした何かに腹をこすられた気がして、下を見ると血が出ていた。レスターの遺体はきっと川底のいちばん深いところにはまりこんでいるのだとスタンリーは思ったが、ほかの二人が捜索を切り上げると言うので、彼も一緒に引き上げようとしたとき、堤防に立つ、気も狂わんばかりに取り乱したレスターの両親の姿が目に入り、スタンリーは捜索を続けることにした。深く息を吸って水にもぐると、レスターの青ざめた遺体が黒っぽい丸太のようなものに引っかかっているのが見えた。少年の体をつかんで水面まで引き上げ、ぬかるんだ川岸に上がろうとしたそのとき、短剣のような歯が脚に深く食いこんだ。「噛まれた！」スタンリーは声を上げ、レスターの遺体をつかんでいた手を離した。「サメに噛まれた！」[14]

屈強な青年は、自分に食らいついた敵を足で蹴り、拳で抗うが、無駄だった。彼は水中に二度引きずりこまれ、そのたびに抗戦し浮かび上がった。保安官補のアーサー・ヴァン・バスカークが参戦し、オールでサメを激しく叩きつけると、サメはようやくスタンリーを放し、怯えながら見ていた人々は彼にロープを投げた。モーターボートの力を借り、スタンリー・フィッシャーは残った力をふりしぼって川岸にたどりつき、桟橋に横たわった。ジョージ・C・レイノルズ医師が、スタンリーの右腿に大きく口を開けた四五センチに及ぶ深い切傷を診察したところ、約四・五キロ分の肉が失われていた。[15]さらなる失血を防ぐため、医師は応急処置として傷口の上部を止血帯で縛ったが、スタンリーは持ちこたえられそうになかった。この状態で車に乗せてでこぼこ道を走るのは危険すぎるため、列車の到着を待って病院へ運ぶしかないだろう。そのころトーマス・コットレル船長は、ふたたびボートで川をパトロールし、泳いでいる人々に「巨大な《モンスター》サメが出たぞ」と警告を発していた。

ワイコフ桟橋から一キロ弱離れたレンガ工場〈ニュージャージー・クレイ・カンパニー〉の埠頭で、ニューヨークから来たマイケル・ダンとジョゼフ・ダンの兄弟が、マタワンに住む一六歳の友人ジェリー・ホリハンと川遊びをしていた。スティルウェルとフィッシャーがサメに襲われて三〇分が経過したころ、少年たちは遠くのほうで誰かが大声で警告を発しているのを聞いたが、聞き取れたのは「サメ」という言葉だけだった。ジェリーとマイケルがはしご段をのぼり埠頭に立ったちょうどそのとき、三メートルほど先の水面でジョゼフの頭が浮いたり沈んだりしているのが見えた。まるで何かが彼を水のなかに引きずりこもうとしているかのようだ。そのとき、ジョゼフのまわりの水が一気に血で染まった。ジェリーとマイケルはしっかりと腕を組むと、マイケルが水に飛びこみ、一二歳の弟の手をつかんだ。二人はみごとジョゼフをサメから引き離すことができたが、その過程で疲れ果ててしまった。幸い、レンガ工場の管理者ロバート・スレスが、三五歳の漁師ジェイコブ・レファーツを連れて救助にやってきた。レファーツは川へ飛びこみ、ジョゼフが埠頭のはしごにたどりつけるよう手を貸した。彼らが一番下のはしご段のそばで待っていると、コットレル船長のモーターボートが唸りを上げて近づいてきた。みんなで力を合わせて、怪我を負ったジョゼフと兄のマイケルをボートに乗せ、コットレルは全速力でワイコフ桟橋へ引き返した。

桟橋へ着くとすぐに、ジョゼフ・ダンは近くの鞄工場へ運びこまれ、キーポートのH・S・クーリー医師の診察を受けた。クーリー医師は、ジョゼフの怪我はスタンリーほど重症ではなく、約三〇キロ離れたニュー・ブランズウィックのセント・ピーターズ病院まで車で安全に搬送できると判断した。病院へ到着し、手を借りて車から降りるジョゼフに、ある記者が大胆な質問をした。「ジャージーの人食いザメに噛まれた感想は？　何があったんです？」[16]

「ぼくは埠頭のはしごから三メートルくらいのところにいて、下を見たら、何か黒っぽいものが見えたんだ」とジョゼフは答えた。「そうしたら急にぐいと引っぱられて、まるで大きなハサミがぼくの脚をとらえて下に引きずりこもうとしているような感じだった。脚がなくなったかと思った！　きっと、あのまま飲みこまれていたかもしれない」[17]

R・J・フォーキンガム医師が診察した結果、少年のふくらはぎの筋肉には重度の裂傷が複数あり、足首の骨も何本か噛み切られていた。[18]

そのころマタワンでは、午後五時六分発の列車が到着し、スタンリー・フィッシャーはモンマス・メモリアル病院へ運ばれた。彼は午後五時半に手術室に入るが、残念ながら午後六時三五分に息をひきとった。出張外科医のエドウィン・フィールド医師によれば、若き英雄は最後に、「先生、ぼくは川底であの子を見つけました。そしてレスターをサメから引き離したんです。とにかく、なすべき務めは果たせました」[19]という言葉を残して亡くなった。

七月一四日の早朝、雨の降るなか、ずたずたに損傷したレスター・スティルウェルの遺体がようやく水面に浮かび上がった。監察医は、次のように記録している。

「少年の左足首は食いちぎられ、左の臀部から膝まではずたずたに切りさいなまれ、左腹部が裂開、はみ出た内臓が引き裂かれた状態。腸はほぼ根こそぎ引きちぎられている。右臀部、右胸筋、左肩、その他肉の多い部分はすべて食い尽くされ、右の臀部と大腿部のあいだの肉は原形をとどめない。顔は無傷[20]」
　同じ日の朝、動物の調教師で剥製《はくせい》師でもある四五歳のマイケル・シュレイザーは、友人のジョン・マーフィーとモーターボートに飛び乗り、ラリタン湾を目指しニュージャージー州サウスアンボイを出発した。マタワンでサメ襲撃事件が三件発生したとのニュースがアメリカ北東部で広く報じられてから、復讐心に燃える多くのアメリカ人が、言わば「一斉サメ狩り」に乗り出していた。シュレイザーとマーフィーは、マタワンの住人たちが川に集まり、ダイナマイトを投げ入れたり銃口を向けたりしていると いう記事を読み、その光景をぜひ見てみたくなった。サンディー・フック湾の近くで、二人は朝食用に少し魚をつかまえたいと思い、船尾から地引網を垂らした。マタワン川の河口からちょうど三キロほどの水域にさしかかったとき、ボートが不意にがくんと揺れ、エンジンが停止した。シュレイザーがボートの側面から身を乗り出して見てみると、網に黒い尾びれが引っかかっていた。
「大変だ、サメをつかまえたぞ！」[21]
　だがむしろ、「サメが彼らをつかまえた」と言ったほうが正確だったかもしれない。サメに後方へ引っぱられ、船首が水面から持ち上がって船尾が波をかぶった。折れたオールをさっとつかむと、シュレイザーはサメの頭から鼻、えらのあたりをひたすら殴りつづけた。もがき暴れるうちにサメはますます網に巻きこまれ、シュレイザーの殴打を受けやすくなっていった。勇敢な調教師がついにサメの息の根を止めると、二人は大型ボートに手を振って合図をし、その船の助けを得ながらサメを引いてサウスアンボイへ戻った。こんなサメにはお目にかかったことがない、と船乗りたちは口をそろえて言った。サメはひときわ大きく、がっしりとしていた。サメを浜に寝かせると、シュレイザーは切れ味のいいナイフを取り出し、息を飲む見物人たちの前で腹を裂いた。それから平然と臓器をひとつひとつ取り出していき、最後に胃の中身を調べると、七キロ近い肉と骨が入っていた。その場に立ち会った二人の医師が、即座に人間のものだと確認した。[22]

シュレイザーは、サメをニューヨークに持ち帰った。剥製にして、新聞社〈ブロンクス・ホーム・ニュース〉のオフィスに展示するつもりだった。その一方で、彼はサメの消化器内にあった骨を「(サメは)くすんだ濃いブルーで腹は白。口は、開けたときに人間の頭がちょうど入る大きさ。四列に歯が生えている。体長約二・三メートル、体重約一六〇キロ」[23]という説明を添えて、ブルックリン美術館のフレデリック・ルーカス博士に送った。受け取った博士は、見つかった骨は前腕の「左橈骨《とうこつ》と尺骨《しゃっこつ》の一部、および左前肋骨の一本で、すべて人間のものである」[24]と断定した。

魚類学者のジョン・トレッドウェル・ニコルズ博士はのちに、そのサメを若いホオジロザメ、すなわち「グレート・ホワイト」と特定した。はたしてシュレイザーが捕らえたサメが「ジャージーの人食いザメ」であったのかどうかについてはその後も激しい議論が続くが、その一帯でさらなるサメ襲撃事件が起きていないのは事実だ。一九一六年七月の出来事はサメに対する認識を一変させ、科学者も一般の人々も同様に、サメとは人を餌食にする生き物だと悟ったのである。

ジョゼフ・ダン少年は、九月一五日にセント・ピーターズ病院を退院した。両脚は無事だった。全国各地から何百通ものお見舞いのカードが届き、中にはウッドロー・ウィルソン大統領本人からのものもあった。受け取ったカードすべてに返事を書こう、ジョゼフはそう決めていた。死にそうな目に遭ったあと、それにどう向き合っているのかと問われ、少年は答えた。「ほかの四人は、あのサメに殺されてしまいました。だからぼくは、こうして生きていられるだけで幸せだと思わなくちゃ」[25]

『ジョーズ』で最も印象的な場面のひとつが、白髪まじりのシャークハンター、クイントが、第二次世界大戦中にインディアナポリス号沈没事件の生存者として味わった壮絶な体験を語るシーンだ。クイントは架空の人物だが、有名なシャークハンター、フランク・マンダスを部分的にモデルにしており、インディアナポリス号の沈没はまぎれもない史実だ。

アメリカ海軍の重巡洋艦インディアナポリス号は、一九三〇年三月三一日にニューヨーク・シップビルディング社によって起工され、翌一九三一年一一月七日に進水した。乗組員に「インディー」の愛称で親しまれたこの艦は、一九四一年一二月に日本軍がハワイの真珠湾《パール・ハーバー》にある米海軍基地を攻撃したさい、幸いにも洋上にいた。多くの米艦隊が被害を受けるなか、無傷のインディアナポリス号は引き続きパプアニューギニアやアリューシャン諸島、パラオ、マリアナ諸島、沖縄において対日本軍事作戦に加わった。

インディアナポリス号が果たした最も重要な役割は、大日本帝国打倒のための極秘ミッションだ。一九四五年七月、艦長と乗組員にきわめて重要な任務が託された。それは濃縮ウラン――および核爆弾の組み立てに必要な他の材料――をマリアナ諸島のテニアン島に運ぶ役目だった。米軍が完成させたこの新兵器を、ついに使う時がやってきたのだ。七月一九日に真珠湾を出港したインディアナポリス号は、記録を塗り替える航行速度で七月二六日にテニアン島へ到着。こうして、一九四五年八月六日に広島を壊滅させる悪名高き原子爆弾「リトルボーイ」を生み出す部品はすべてそろった。

ミッションを完了したインディアナポリス号はグアムへ向けて出港し、任務を終えた乗組員の多くをそこで降ろし、代わりに新米水兵を乗せて七月二八日にグアムを出発した。目指すフィリピンのレイテ島で、新たに乗りこんだ新兵たちの訓練を行なう予定だった。インディアナポリス号の艦長チャールズ・B・マクヴェイ三世は知らなかったが、そのとき日本の「伊58潜水艦」がフィリピン海にひそんでいた。

七月三〇日の真夜中ごろ、伊58の乗組員がインディアナポリス号を発見し、九五式魚雷をその右舷の艦首部分に一発、さらにもう一発を中央部へ発射し、壊滅的な打撃を与えた。[26] 戦争中にたえず新たな装備が追加されて〝頭でっかち〟になっていたインディアナポリス号は、致命的な損傷を受けてバランスを失った。そして一二分後、破壊された巡洋艦は転覆し、艦尾が宙に高く持ち上がったかと思うと、たちまち深い海に飲みこまれた。その海域は、最も近い陸地からも四五〇キロ離れていた。

約三〇〇名の水兵が艦とともに海へ沈み、九〇〇人弱の生存者は大海に散らばった。上等水兵ドン・マッコールもそのひとりだった。

「先に救命胴衣を投げ入れてから水に飛びこみ、胴衣をつけろと教わります。（艦尾のほうを）見ると胴衣を持っていない者がおおぜいいたので、そこへ行くまでにどうにか確保しようと思いました。先に救命胴衣をつけてから海に飛びこみ、海軍の手順どおり、襟をしっかりつかんで着水しました。脚は下へ、頭は上へ引っぱられるような感覚があり、着水した瞬間、燃料油と海水が喉の奥まで入ってきました。喉を詰まらせ唾を吐きながら、艦から離れようと泳ぎました。どうにか油はおおかた吐き出せましたが、そのうちに息が苦しくなってきたので泳ぐのをやめて振り返ると、艦が沈んでいくところでした[27]」

上等水兵ライル・ウメンホファーによると、燃料油でギトギトになった水は、もうひとつの危険をはらんでいた。「自分の体が油まみれになっているのに気づき、とにかくその場から離れなければならないと思いました。もし火がついたら、それはもう大変なことになりますから[28]」

彼らはまもなく、自分たちがどれほどの苦境におちいっているかを知る。救命ボートも、救命胴衣も、食糧も、圧倒的に不足していた――もっとも、なかには艦の残骸からわずかな量のスパムやクラッカーを見つけた者もいたようだが。沈没前にインディアナポリス号の通信兵が発した遭難信号に応答はなかった。

生き残った乗組員たちは、夜間の冷たい水に体温を奪われ、夜が明けると今度は渇きと日焼けに苦しめられた。「日差しに肌を焼かれ、それはそれは悲惨な状況でした。どこにも逃げ場がないのですから。一面の鏡の真ん中にあいた穴から首を出し、照り返す太陽の光に顔を焼かれているようなものです」通信兵ポール・マクギニスはそう語った。「猛烈に暑く、苦しく、まるで地獄でした。太陽が沈むのが待ちきれず、日が落ちるとほっとしました。けれども今度は寒くなって震えだし、日が昇るのが待ちきれなくなるのです[29]」

飢えと脱水症などとは別に、太平洋はもうひとつの危険をはらんでいた。「大量のサメがいました。かなりの数です。サメが足元を泳いでいくのが何度も見えました[30]」と、乗組員のひとりトニー・キングは当時を振り返る。いったん攻撃を始めると、サメは灼熱の太陽に劣らず容赦なかった。「サメはしぶとい生き物で、絶対にあきらめません。発泡スチロールの浮きがついた貨物用の網があり、そこに水兵が一五人ばかり乗っていましたが、突然一〇匹のサメが襲ってきて、あとには何も残りませんでした」と語ったのは、掌帆《しょうはん》兵曹のユージーン・モーガンだ。「このようなことが何度も何度もくり返されたのです」[31]

死ぬほど喉が渇き、まわりにはいくらでも水があるのに飲めない。この辛すぎる状況に対処できない水兵たちもいた。「一方で……（海水を）飲みすぎて幻覚を見る者も出てきました。『下にインディーがある。厨房へ行けば、新鮮な水と食べ物がもらえるぞ！』そう言って彼らは水にもぐっていき、サメの餌食になりました。自分の仲間がサメどもにむさぼり食われるさまが見えるのです」[32]と機関兵曹のグランヴィル・クレーンは語った。さらに悪いことに、塩が引き起こす狂気は、それにとりつかれた者たちを、周囲を泳ぎまわるサメ同様に殺気立たせた。「海水を飲みすぎてひどい錯乱状態におちいる者が出はじめました。実際、ナイフなどの武器を持っている者も多く、完全に正気を失って仲間どうしで争い、殺し合いすら起きたのです」[33]。一方、塩の影響で頭が混乱し、みずから命を絶つ者もいた。[34]

七月三一日に予定どおり艦が到着しなかったあとも、司令部で起きた数々の手違いにより、警鐘は鳴らされなかった。沈没から三日半が経過した八月二日午前一〇時二五分、通常のパトロールを行なっていた哨戒機PV—1ヴェンチュラが、生き残ったインディアナポリス号の乗組員が眼下の海に浮かんでいるのを発見した。パイロットたちはすぐに救命いかだと無線送信機を海に投下し、数時間後には大規模な救助活動が行なわれていた。だがその間にも、身動きがとれない水兵たちは次々にサメに引き裂かれた。結局、一一九五人の乗組員のうち、生き残ったのはわずか三一六人だった。USSインディアナポリス号沈没事件はいまもなお、海上で一度に最も多くの人命が失われた惨劇としてアメリカ海軍の歴史に刻まれている。

海軍は「（インディアナポリス号の）通信兵によって遭難通報が打ちこまれ、少なくともひとつ（五〇〇キロサイクル）、もしくは二つの周波数で発信された証拠は十分にある」と認めながらも、「いずれかの船舶、航空機、または沿岸無電局がインディアナポリス号からの遭難信号を受信した証拠はない」[36]としていた。

誰かに責任を負わせる必要に迫られた海軍は、一九四五年一一月、乗組員に退艦命令を出さず、また敵の魚雷攻撃を受けるリスクを下げるとされるジグザグ航行を怠ったとして、過酷な試練を乗り切ったマクヴェイ艦長を軍法裁判にかけた。彼は二つ目の罪状で有罪判決を受けたが、日本の潜水艦の艦長は、たとえジグザグに航行していたとしても艦を救うことはできなかっただろうと証言している。マクヴェイ艦長に罪をかぶせようと海軍は最大限の努力をしたが、結果的に彼が職務を怠っていなかったことが判明した。インディアナポリス号の生存者たちは、あの惨劇をマクヴェイのせいにはしなかった。だが命を落とした乗組員の家族のなかには、中傷の手紙や嫌がらせの電話で彼を苦しめる者もいた。一九六八年一一月六日、七〇歳になった海軍少将チャールズ・マクヴェイ三世は、片手におもちゃの水兵を、もう一方の手にリボルバーを持って裏のポーチに出て、みずから頭を撃ち抜いた。

二〇世紀が終わるころ、機密解除された複数の文書によって、海軍司令部がインディアナポリス号を故意に危険海域に送りこんだばかりか、三つの遭難信号が受信されたにもかかわらず、いずれも無視されていた事実が明るみに出た。司令官のひとりは酔っており、もうひとりは眠っており、三人目はその信号を日本軍による罠と思いこんだ。[37]

『M』（1931 年）

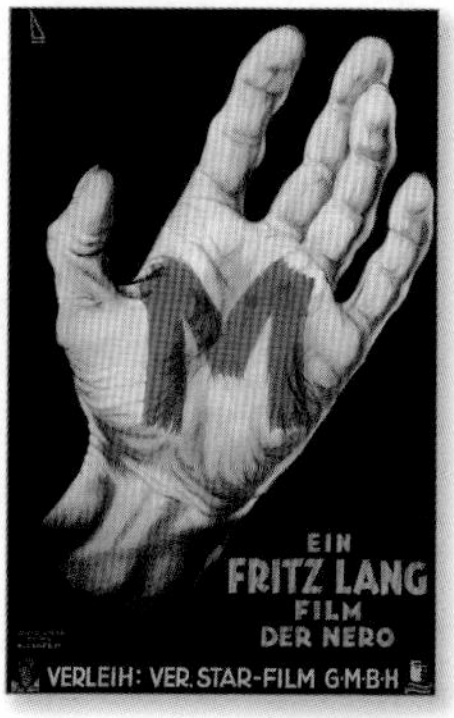

『M』は、1931 年 5 月 11 日にベルリンで初公開された。主演は、連続殺人犯ハンス・ベッケルト役のピーター・ローレ（上）。

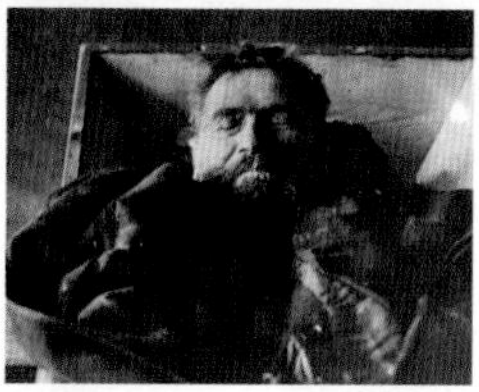

自殺した「ジェンビツェの食人鬼」、カール・デンケの遺体。

1924 年 12 月、大量殺人犯として裁きを受けるため裁判所に連行されるフリードリッヒ（フリッツ）・ハールマン。

犠牲者の肉でソーセージを作っていたと言われる、連続殺人犯で食人鬼のカール・グロスマン。

ハールマンは 24 件の殺人で有罪判決を受けた。1925 年 4 月、彼はハノーファー刑務所でギロチンにより処刑された。

「デュッセルドルフの吸血鬼」と呼ばれたペーター・キュルテン。

『ロープ』（1948 年）

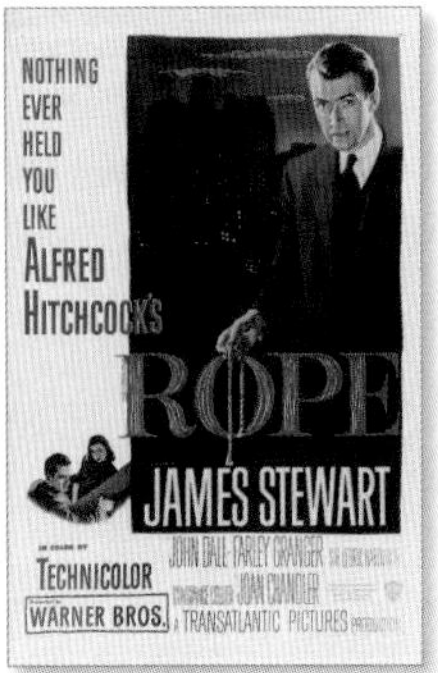

『ロープ』は、全編ワンカットで撮影されたかに見えることで知られる。ヒッチコックは、いくつものシーンの切れ目を巧妙にごまかしている。

ルパート・カデル役のジェームズ・スチュワート（右）と殺人犯フィリップ・モーガンを演じるファーリー・グレンジャー（左）がもみあうシーン。

映画では、二人の若き天才、ショーとモーガンが、「完璧な殺人」を試みる。

ネイサン・レオポルド（左）とリチャード・ローブ（右）。中央は彼らの弁護士クラレンス・ダロウ。

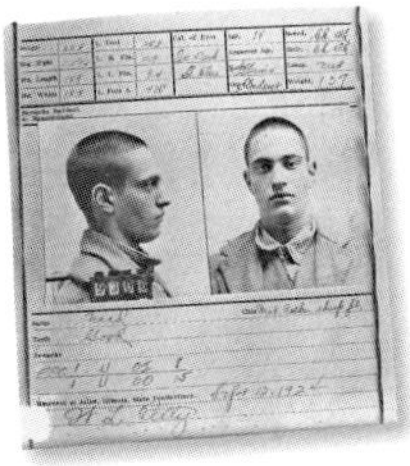

イリノイ州の刑務所で 1924 年 9 月に撮影されたレオポルドの顔写真。

シカゴのクック郡裁判所で裁判にのぞむ二人。

殺害された 14 歳のボビー・フランクスは、リチャード・ローブのまたいとこだった。

『サイコ』（1960 年）
『悪魔のいけにえ』（1974 年）

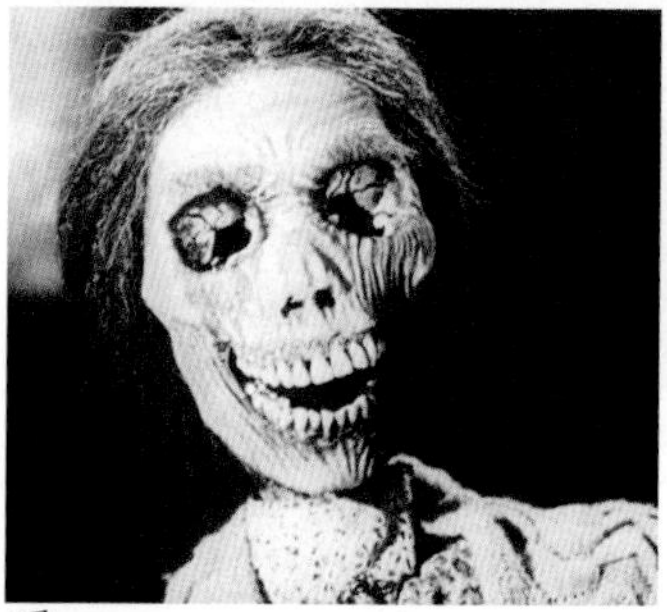

ノーマン・ベイツの母親のミイラ化した死体（『サイコ』）。

『悪魔のいけにえ』の殺人鬼、人皮のマスクをつけたレザーフェイス。

ベイツと暴君的な母親が住む荒れ果てた館。

ウィスコンシン州プレインフィールドの南西にぽつんと建つ、エド・ゲインのファームハウス。

ゲインの家のなかは、死体でこしらえた悪夢のような記念品だらけの、悪臭に満ちた殺戮の場だった。

ゲイン（右）は「心神喪失による無罪」判決を得て、残りの人生を精神病院で過ごした。

『フレンジー』（1972 年）

ジョン・フィンチ（右）演じる、妻殺しの濡れ衣を着せられたディック・ブレイニー。

テムズ川下流に浮かぶ、「ネクタイ・キラー」の犠牲者。

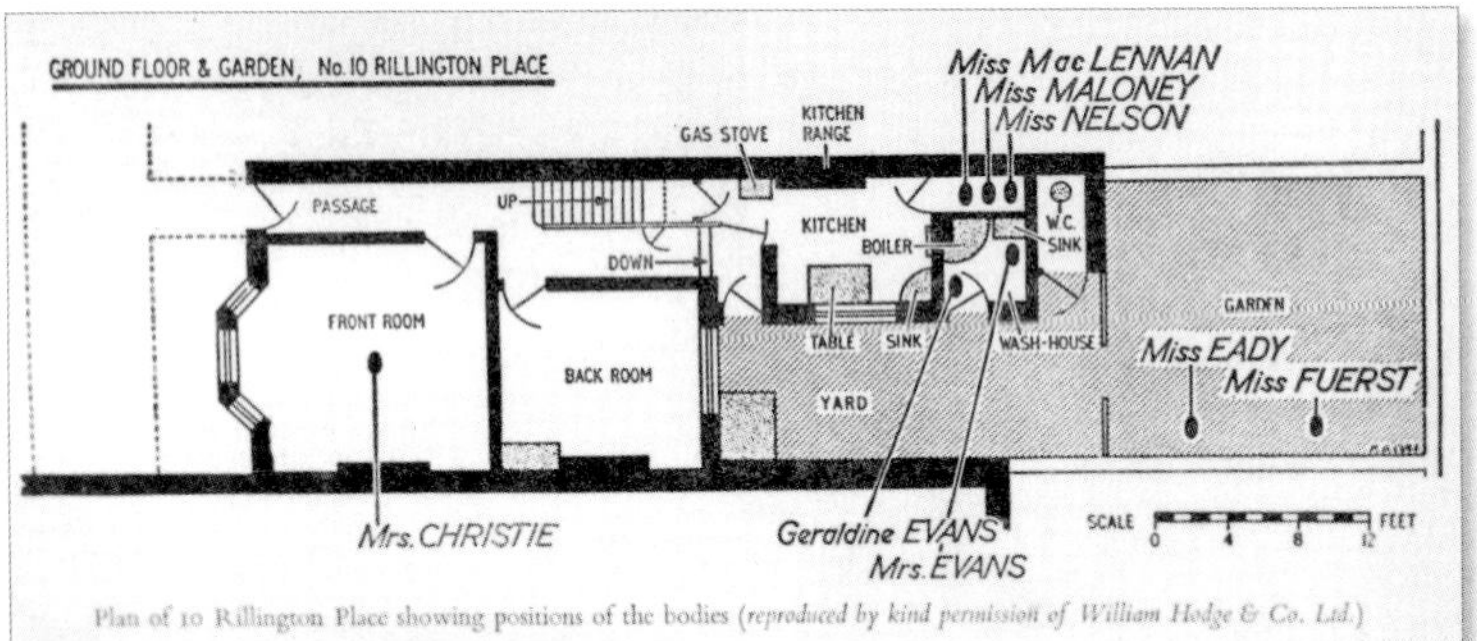

Plan of 10 Rillington Place showing positions of the bodies (*reproduced by kind permission of William Hodge & Co. Ltd.*)

イギリスの連続殺人犯ジョン・クリスティが暮らした、リリントン・プレイス 10 番地の家（上・左）。

1946 年に 2 人の女性を殺害したネヴィル・ヒース。

ジョン・クリスティと妻エセル。クリスティはこの妻を 1952 年 12 月に絞殺した。

1953 年 4 月 8 日、殺人罪で裁きを受けるため裁判所に到着したクリスティ。

『エクソシスト』(1973 年)

恐ろしい悪魔にとりつかれた少女リーガン・マクニールを演じるリンダ・ブレア。

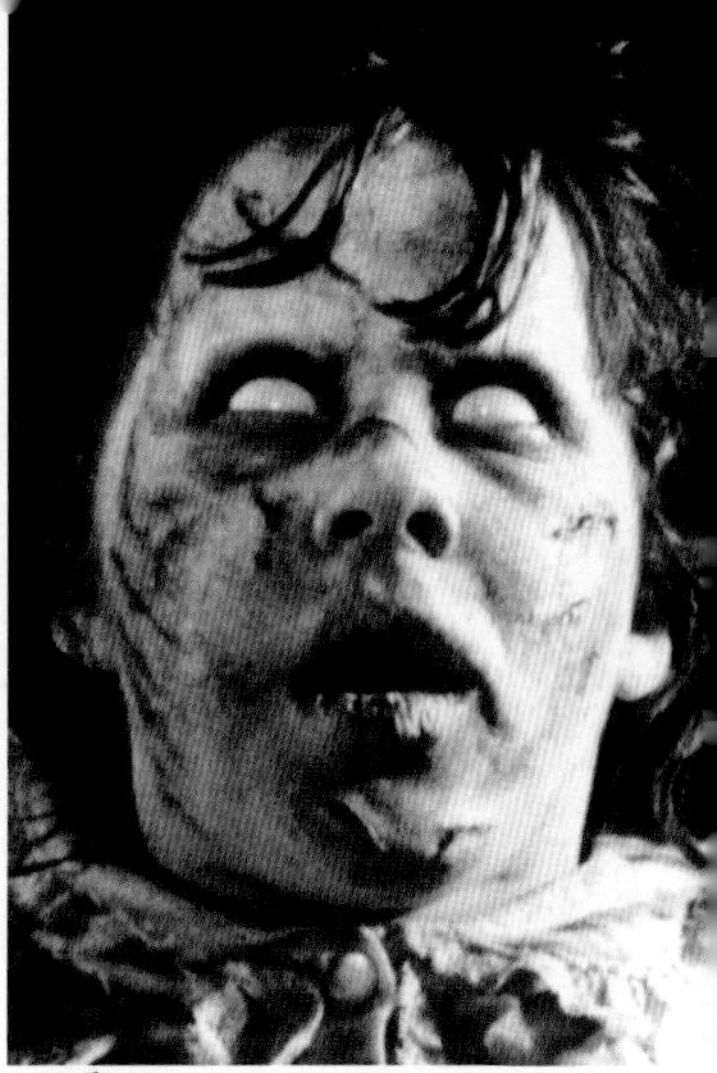

『エクソシスト』はあまりにも衝撃的だったため、警告のメッセージ付きで上映された。

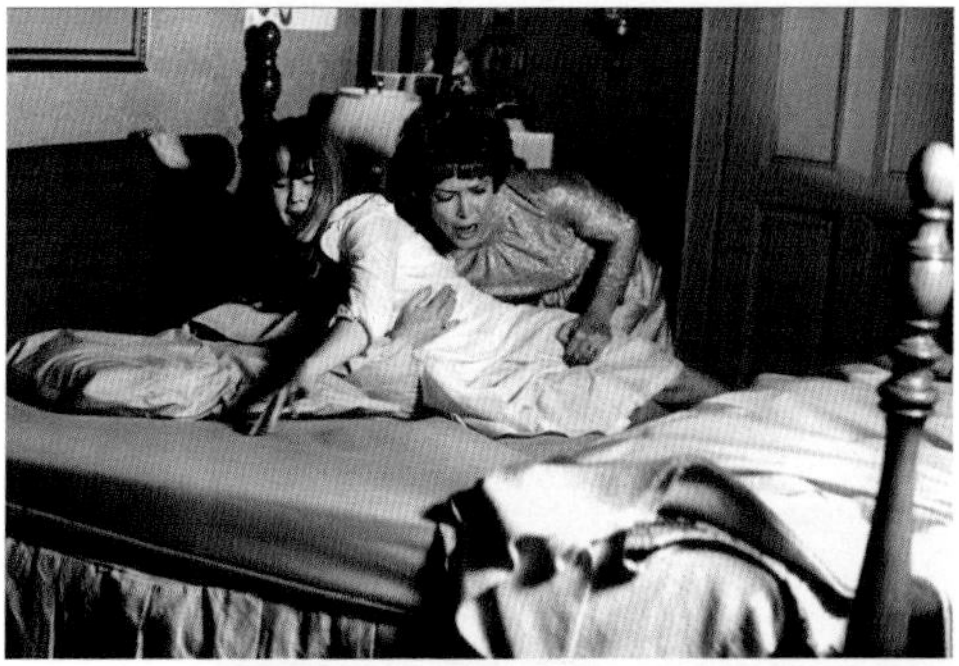

映画では、テレキネシス(念動)や超人的な力、みだらな言葉など、悪魔の憑依がさまざまな形であらわれた。

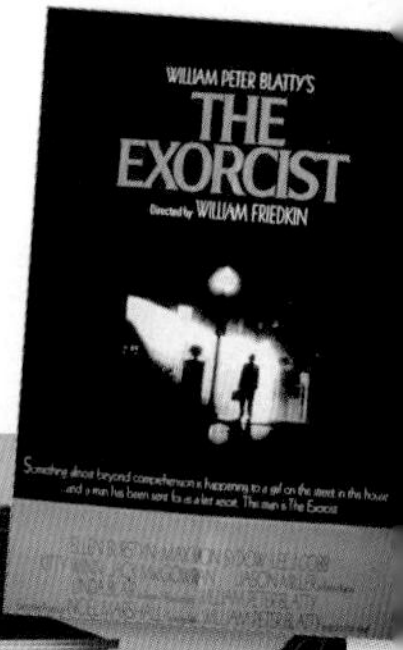

『エクソシスト』のモデルとなった、悪魔にとりつかれたとされる「ローランド・ドー」少年が暮らしたセントルイスの家。

『ジョーズ』（1975 年）

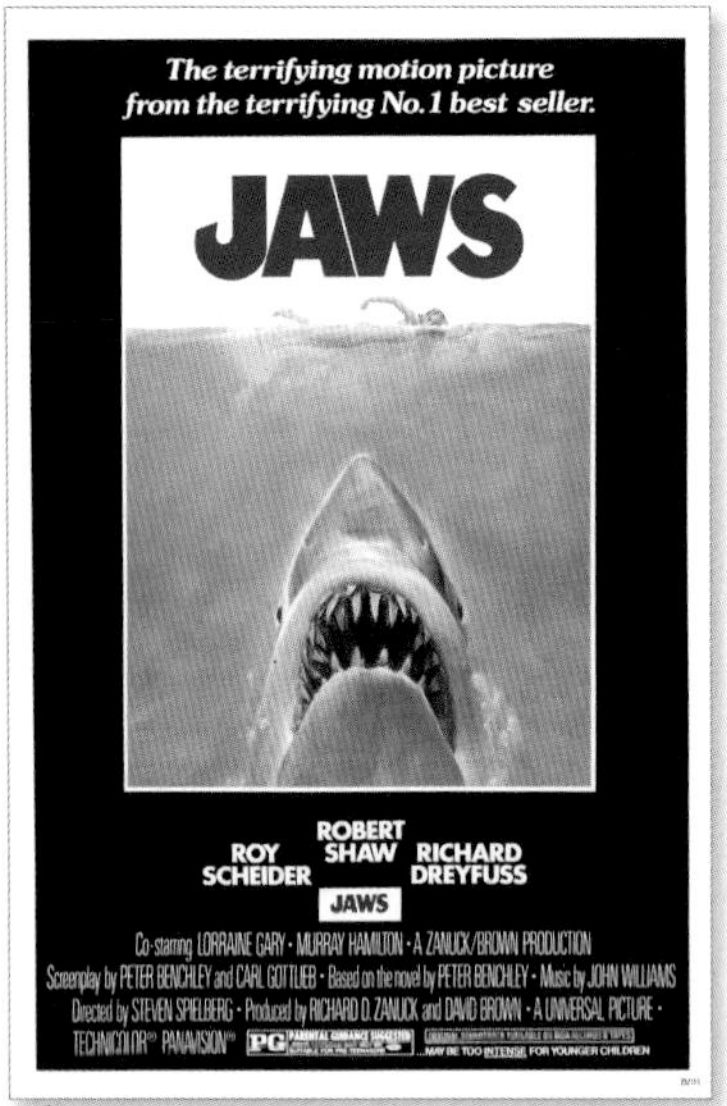

『ジョーズ』は、1975 年 6 月 20 日に公開された。この映画は「夏のブロックバスター（大ヒット作）」第 1 号と評されることが多い。

最初の犠牲者クリッシー・ワトキンスがサメに襲われるシーン。

悲運のシャークハンター、クイントを演じるロバート・ショウ。クイントは、モデルとなった漁師フランク・マンダスにかなり近いキャラクターだ。

1945 年 7 月 30 日に沈没した USS インディアナポリス号。生存者は、史上最大規模のサメの襲撃にさらされた。

11 歳の少年レスター・スティルウェルの墓。彼は 1916 年にジャージー海岸で起きたサメ襲撃事件の 3 人目の犠牲者となった。

マタワン川。1916 年 7 月 12 日、この感潮河川でサメに襲われ 2 人が命を落とした。

『日没を恐れた街』(1976年)

『The Town That Dreaded Sundown』公開時のポスター。

「ザ・ファントム」による殺人が起きた、映画の事件現場。

J・D・モラーレス警部を演じたベン・ジョンソン。モラーレスは実在のテキサスレジャー、マヌエル・T・ゴンザウラスをモデルにしたキャラクターだ。

「ザ・ファントム」と遭遇し生き延びたジミー・ホリス。

「ザ・ファントム」から身を守るため、テクサーカナの住民が自宅にしかけたトラップ。

『悪魔の棲む家』(1979 年)

ニュージャージー州トムズ・リバーにある撮影用の家の前に立つ、主演のジェームズ・ブローリンとマーゴット・キダー。

『悪魔の棲む家』の宣伝資料の多くに、目のように見える独特な形の窓が登場した。

1979 年 1 月に行なわれたプロモーションツアー中、カメラの前でポーズをとる本物のジョージ・ラッツとキャシー。

本物のオーシャン・アベニュー 112 番地。大量殺人があった 1974 年当時(上)と現在(右)。手前の建物がボート小屋。

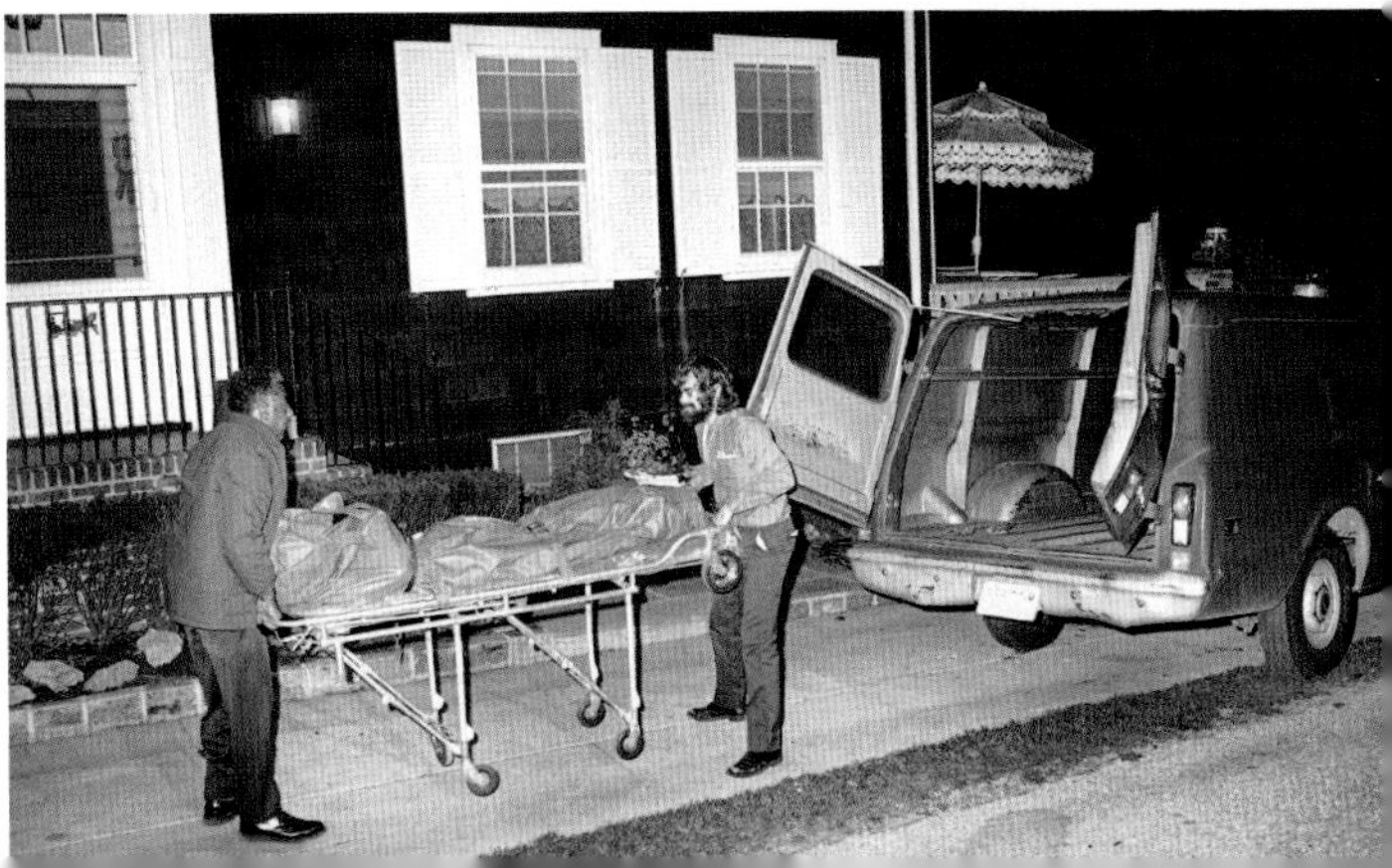

1974 年 11 月 13 日、オーシャン・アベニュー 112 番地からデフェオ一家の遺体が運び出された。

アメリカ合衆国議会は二〇〇〇年一〇月、USSインディアナポリス号の沈没に対するチャールズ・マクヴェイの免責を決議し、二〇一八年一二月二〇日、乗組員全員に議会名誉黄金勲章が授与された。

映画『ジョーズ』では、アミティ・アイランドの人々を悩ませる巨大な人食いザメを捕獲するため、シャークハンターのクイントが雇われる。自信満々の彼は、サメ狩りをゲームのように考えているふしがあり、そのことが、獲物の口のなかで迎える彼の終焉をより衝撃的なものにしている。他のさまざまな要素と同様、クイントのキャラクターにも実在のモデルがいる。クイントは、フランク・マンダスというロングアイランドの伝説的な漁師を元に生まれたキャラクターなのだ。

フランク・ルイス・マンダスは、ニュージャージー州にある海辺のリゾート地ロングブランチで一九二五年に生まれ、ポイントプレザントの海のそばで育った。子どものころ、左腕を骨折したあと骨髄炎にかかり、腕に一生消えない萎《な》えが残った。父アンソニーが蒸気管取付工として働きはじめると、マンダス一家はニューヨークのブルックリンへ引っ越し、母クリスティンはそこで下宿屋を営んだ。医者の指示で、フランクは左腕の筋力を取り戻すために定期的に海へ泳ぎにいった。そのときから、海は彼にとって生涯欠かせないものとなったのである。

一九歳のとき、フランクは近くのブリエルという町のはずれ、マナスクアン川の河口で、チャーター・フィッシングのビジネスを始めた。最初のチャーター船をクリケット号と名づけたのは、その五年前に公開されたディズニー映画『ピノキオ』に登場するジミニー・クリケットに似ていたからだ。彼はこのビジネスに加え、ドックの建設作業やタグボートへの乗務で収入を補っていた。その後彼は、海辺の遊歩道で二〇歳の大学生ジャネット・プロバスコと出会い、文字通り奪い去るようにオートバイに乗せて走り、彼女をとりこにした。二人は一九四六年に結婚し、一九四七年一月には長女のバーバラが誕生した。その直後、フランクはクリケット二世号を手に入れ、全長約一三メートルのこの特注船に、名物船長として死ぬまで乗りつづけるのである。この船は一家の住まいでもあった。

一九五一年、マンダス一家はクリケット二号とともに、ニューヨーク州ロングアイランドのサウス・フォーク（南側の半島）にあるモントークという町へ移った。フランクはそこで、旅行者をタイセイヨウサバやアミキリ釣りに連れていき、その間ジャネットは、幼いバーバラを乳母車に乗せて海岸を散歩していた。「当時はそれこそ、こすり合わせる二枚の五セント硬貨もないくらい貧乏でした。それでも何もかも満ち足りていました」[38]とジャネットはのちに語っている。その年、フランクはペリカン号の回収に協力している。人をおおぜい乗せすぎたこの相乗り釣り船《パーティーボート》は突風を受けて転覆し、四五人の死者が出た。ひっくり返った船体をフランクがつなぎ止め、沈まないようにしたおかげで、当局は遺体の多くを回収できた。もし船が沈んでしまえば、遺体は失われていただろう。[39]

当時、モントークの釣りコミュニティーは二つのグループで構成されていた。一方は、家族を養うためにボトムフィッシュ（カレイなどの底魚）を釣るブルーカラー系。もう一方は、アーネスト・ヘミングウェイやS・キップ・ファーリントンらに代表される中産階級の知識人たちで、高尚かつマッチョな情熱に導かれ、カジキやマグロ、メカジキといった大物ばかりを追い求めた。あるとき、チャーター・フィッシング中にアオザメを釣り上げたフランク・マンダスは、客たちが大興奮して喜ぶのを見て、そこに商機を見いだした。クリケット二号の横に「モンスター・フィッシング」の看板を掲げた彼は、サファリハットをかぶり、ダイヤモンドがついた金のピアスをつけ、さらにサメの歯でできた短剣のペンダント（柄の部分には宝石がちりばめられている）をこれ見よがしに首から下げ、みごと「勇敢な巨大海獣《リヴァイアサン》ハンター」へのイメージチェンジを果たした。

フランクの収入は劇的に増え、マンダス一家は海辺の小さな一軒家に引っ越し、そこでさらに二人の娘（一九五七年にパトリシア、一九六一年にテレサ）が誕生した。妻ジャネットもマンダスの「モンスター・フィッシング」帝国の一員として運営にたずさわり、釣り餌を届け、まき餌にする大型ニシンをすりつぶして缶に詰め、クリケット二号にやすりをかけ、チャーター船の予約管理や経理、宣伝を手伝い、サメの歯を使ったアクセサリーをつくり、船舶ショーでは会社の代表をつとめた。

フランクはその生涯を通じて巨大なホオジロザメを七匹捕獲するが、一九六四年には重さ約二〇五〇キロのサメを手で持った銛《もり》一本で仕留め、伝説的シャークハンターの地位を獲得した。そのサメは体長が約五・三メートルあったとフランクは主張している。そのころには「モンスター・マン」の愛称で呼ばれていた彼が、のちに小説『ジョーズ』を書くピーター・ベンチリーと海へ出るのは、そう先のことではない。そのときベンチリーは、フランクのトレードマークである、ロープで樽をくくりつけた銛《もり》を撃ちこみサメを疲弊させる捕獲方法を目の当たりにした。[40]

「おれはホオジロザメをすごいと思っているが、恐れてはいない」マンダスはのちに、そう語った。「逃げられるたびに、あっちが勝負《ゲーム》に勝ったんだと考えた。サメをすごいと思うのはそういうときだ。結局、おれたちはゲームをしているだけなんだ」[41]

ベンチリーの小説を原作とした映画『ジョーズ』のヒットから約一〇年が過ぎた一九八六年八月、フランク・マンダスは漁師仲間のドニー・ディックとともに、モントーク沖で体長約五・二メートル、重さ約一五〇〇キロのホオジロザメをリール竿一本で捕獲した。一九九一年、フランクは六五歳で引退し、ハワイへ移住。海の怪物を追っていた日々はすでに過去となった。「危機一髪の事態を何度も経験した。危ない目に遭いすぎたかもしれない」とフランクは振り返る。「だが幸運にも、怪我ひとつ負わなかった。おれの船で事故に遭ったのは客ばかりで、それもサメがらみじゃない。足首の骨折が二度、魚に指を噛まれた客も何人かいた[42]」。晩年、フランクはひれのある元ライバルへの態度を大幅にやわらげ、サメ釣りをする人々に対し、釣った獲物は海へ放すよう働きかけた。

　二〇〇八年九月六日、フランク・マンダスはモントークで夏を過ごしたあとホノルルへ戻り、その直後に心臓発作を起こした。そして四日後、合併症により八二歳で亡くなった。モントークでの最後の夜を、彼はクリケット二号の上で過ごした。

『日没を恐れた町』（一九七六年、日本未公開）
テクサーカナの「ムーンライト連続殺人事件」

テクサーカナの町が舞台の『The Town That Dreaded Sundown（日没を恐れた町）』では、「ザ・ファントム」と呼ばれる覆面の銃撃犯が恋人たちの小道《ラバーズ・レーン》でティーンエイジャーたちを襲い、彼が去ったあとにはいくつもの死体が残される。煽情的なプロットだが、これはパルプフィクションではない。一九四六年にテクサーカナで起きた「ムーンライト連続殺人事件」は、のどかな田舎町の人々を心底怯えさせた。

『悪魔のいけにえ』の二年後に公開されたチャールズ・B・ピアース監督の『日没を恐れた町』は、実際に起きた連続殺人事件を『悪魔のいけにえ』よりもはるかに忠実に再現した映画だ。公開当初は、どぎつい暴力描写とコミックリリーフ（息抜き用のコミカルな場面）の混ぜ合わせと酷評されたが、二一世紀の第2四半期に近づきつつある現在では、史上最も影響力のあるホラー映画のひとつに数えられている。

制作費わずか四〇万ドル、撮影が始まった時点で脚本の最後の五分の一がまだ書き上がっておらず、出演者は夜通しパーティーをしたあと二日酔いで撮影現場にあらわれるしまつ。ところが信じられないことに、ピアース監督の〝やっつけ仕事〟とも言うべきこの残虐ホラー映画は、五〇〇万ドルもの興行収益を上げた。舞台はアメリカ南部アーカンソー州の小さな町テクサーカナ周辺で、撮影もその地で行なわれたこの映画の主役は、一九四六年にラバーズ・レーンでティーンエイジャーを次々に襲い殺害した覆面の銃撃犯だ。最初に男女二人が殺されたあと、有名なテキサスレンジャー、一匹狼《ローン・ウルフ》のJ・D・モラーレス警部がテクサーカナへやってきて、地元の保安官補ノーマン・ラムジーとチームを組む。モラーレスは覆面の暗殺者を「ザ・ファントム」と名づけ――その男が事件現場から逃げ去るのを、ラムジーは目撃していた――必ずや追いつめてやると誓うが、最後の列車のシーンで、はりつめた空気のなか結末を迎える。

ヒッチコックの殺人スリラーや『悪魔のいけにえ』では、実在の殺人者はあくまでも架空のキャラクターのベースとして使われたにすぎないが、この映画の場合、一九四六年にテクサーカナでカップルたちを次々に銃殺し、「ザ・ファントム」と呼ばれた覆面の殺人者が実際に存在する。アーカンソー州南部で育ったピアース監督は、子どものころに震え上がった殺人事件の恐怖をそのまま映画で再現しようとしたのだ。この傑作カルト映画の冒頭には、「これからご覧に入れる驚くべき物語は実話です。実際の場所に、実際の出来事。実際と異なるのは登場人物の名前のみ」という不気味なナレーションが入る。

一九四六年二月二二日金曜日の晩、ジェームズ（ジミー）・ホリスと弟のロバート（ボブ）は、父親の車プリマスでそれぞれのデートの相手を拾い、ホラー映画を見にテクサーカナの〈ストランド・シアター〉へ向かった。町の本通りと三番ストリートの角にある古風な趣の映画館は、テキサスとアーカンソーの州境から西にわずか二ブロックの場所にあった。テクサーカナは、州境界線によってテキサス州とアーカンソー州に二分された不思議な町なのだ。その晩が終わるころには自分たちがホラーストーリーの世界に入りこむことを、ジミーもデート相手のメアリー・ジーン・ラレイも知らなかった。

天井が崩壊しフランケンシュタインの怪物が瓦礫に埋もれる『ドラキュラとせむし女』のクライマックスシーンを見終えたあと、二組のカップルは映画館から夜の町へと踏み出した。ジミーはボブとその彼女を家まで送り、やっとメアリー・ジーンと二人きりになると、北のリッチモンド・ロード方面へ車を走らせた。手近なラバーズ・レーン——舗装されていない田舎道——に到着したのは、夜の一一時四五分。父親には今夜中に車を返すと約束していたが、カップルはそのあと一〇分ばかり、半月の明かりのもとでキスを交わしていた。

そのとき突然、運転席側の窓から強烈な光が飛びこんできた。メアリー・ジーンのほうを向いていたジミーが振り向くと、白い頭巾のようなもので顔を覆った何者かがドアのそばに立っていた。片手に懐中電灯、もう一方の手には銃が握られている。

「あんたらを殺したいわけじゃない」覆面越しに、唸るような声がした。「だから言うとおりにしろ」[1]銃を持つ男はジミーとメアリー・ジーンに、運転席側のドアから外に出ろと命じた。そのあと冷たい夜風にさらされ震えながら立つ二人を、男は黙って眺めていた。

「ズボンを脱げ!」[2]突如、男がジミーに怒鳴りつけるように言った。

最初は本能的に抵抗したが、お願いだから言われたとおりにしてとメアリー・ジーンに懇願され、ジミーはしぶしぶズボンを脱いだ。そのあと銃で殴りつけられた彼は地面に倒れ、頭の骨にひびが入る。殴打の音があまりにひどかったため、メアリー・ジーンはジミーが撃たれたと思った。覆面の男は、今度は一九歳の娘のほうに向き直った。メアリー・ジーンは怯えながらジミーのズボンのポケットをまさぐって財布を取り出し、現金が入っていないことを示した。すると男は怒り狂って彼女を「嘘つき」と責め、プリマスからお前の財布を持ってこいと命じた。だがそもそも自分の財布は持っていなかった。頭に何か重たいものが当たるのを感じ、メアリー・ジーンは泥道に倒れこんだ。起き上がろうとしたとき、覆面の男が「逃げろ」と命じる声が聞こえたような気がした。朦朧とし、つまずきながら水路のほうへ向かうが、声はリッチモンド・ロードのほうへ行けと命じる。逃げるあいだも、意識を失いかけたジミーを男が腹立たしげに何度も何度も蹴りつける音が聞こえていた。未舗装の道をよろよろと進んでいく途中、プリマスと向かい合わせに旧型の車がとまっているのが見えた。助けを求めたい一心で立ち止まり中をのぞくが、誰もいなかった。怯える一〇代の娘がふたたび歩きだしたそのとき、覆面の男が行く手を阻んだ。なぜ逃げ出した、と男は訊いた。メアリー・ジーンはとまどい、あなたが逃げろと言ったからだと答える。すると男は彼女の頭にふたたび銃を振り下ろし、手足を投げ出して倒れた彼女にまたがり地面に押さえつけた。性的暴行を受けながら、メアリー・ジーンは自分の心が自然に麻痺していくのを感じていた。どれくらい時間がたったのかわからないが、事を終えた覆面の男は、ジミー・ホリスが崩れるように倒れている場所へ戻っていった。

泥にまみれ血を流しながら、メアリー・ジーンは逃げつづけた。道を一キロ近く行ったところで一軒のファームハウスを見つけ、玄関のドアを必死に叩く。外で応答を待つあいだ、リッチモンド・ロードのほうへ向かう車が一台通りかかった。メアリー・ジーンは車に向かって大声で助けを求めるが、止まってはくれなかった。玄関に人が出てくる気配がないので裏へ回り、なおも叩きつづけると、住人がやっと起きてきた。ポーチライトに照らされて震えている血まみれの若い女性を見て、住人は彼女を家に入れ、保安官事務所に電話をかけた。

そのころジミー・ホリスは意識を取り戻し、足を引きずりながら、なんとかリッチモンド・ロードへたどりついていた。さほど待たないうちに、通りかかったドライバーが手を貸そうとスピードを落とした。だが深刻な状態だと見て取ったドライバーは、ジミーを乗せずに車を飛ばし、警察に通報した。

ボウイ郡の保安官ウォルト・プレスリーがすぐに駆けつけた。彼はメアリー・ジーン・ラレイとジミー・ホリスに話を聞こうとするが、ジミーのほうは意識が戻ったり途切れたりの状態だった。そこでプレスリーは治療を優先し、まず犯行現場を調べることにした。二人は救急車でテクサーカナ病院へ運ばれ、ジミーは頭蓋骨骨折が何カ所か見つかり危険な状態と診断された。一方のメアリー・ジーンは、頭皮の裂傷を縫合しなければならなかった。そのころラバーズ・レーンでは、捜査員がプリマスとジミーのズボン、さらに彼が激しく殴打された道に残る血痕を発見した。だが、プリマス以外の車はなかった。

ようやくジェームズ・ホリスとメアリー・ジーン・ラレイから話を聞くことができたプレスリー保安官は、メアリー・ジーンの説明から、ラバーズ・レーンにとめてあった無人の車とファームハウスの前を通り過ぎていった車は別であるため、犯人が後者の車で犯行現場から逃げ、リッチモンド・ロードへ北上したという仮説を立てた。興味深いことに、被害者の二人はいずれも、犯人について身長は

一八二、三センチ、目出し用の穴をあけたピローケースの覆面をかぶっていたと証言したが、ジミーは三〇歳以下の白人の男だと考え、一方のメアリー・ジーンはまちがいなく黒人だったと断言した。一九四六年当時、テクサーカナを構成する二つの州では人種隔離を義務づける法がまだ施行されており、人種間の明らかな対立があった。メアリー・ジーンが語った犯人像のその部分についてプレスリー保安官がいっさい公言しなかったのは、おそらくそうした事情があったためだろう。

二四歳のジェームズ・ホリスは苦難を乗り越えたが、治療は三カ月に及び、半年間は仕事に就くことができなかった。悪夢に悩まされたメアリー・ジーン・ラレイはオクラホマ州の親戚のもとに身を寄せ、二度とテクサーカナに戻ることはなかった。[3]

悪夢をもしのぐ恐ろしい現実がテクサーカナを襲ったのは、雨が降りしきる三月二四日の朝のことだった。午前八時半、あるドライバーが、リッチ・ロードのそばでとまっている一九四一年型オールズモビルに気づき、泥にはまって立ち往生しているのだと思い、手を貸そうと近づいていった。ところが、車のそばまで来て窓からのぞくと、なかには血まみれになった二つの死体があった。

プレスリー保安官が、テクサーカナのテキサス側の警察署長ジャクソン・ニーリー・ラネルズとともに現場に駆けつけ、車の後部座席にあるリチャード・グリフィン（二九歳）とポリー・アン・ムーア（一七歳）の遺体を確認した。ムーアは座席を覆う毛布にうつぶせに横たわり、後頭部には銃創があった。その横に置かれたハンドバッグは口が開いた状態で、中身は空っぽだった。グリフィンも同様に銃殺されていたが、彼の遺体は前のシートとのあいだの床にひざまずいた姿勢で、重ねた両手に頭をのせていた。二人とも、衣服はすべて身につけたままだ。ムーアのハンドバッグと同様、裏返しになったグリフィンのズボンのポケットは、金目当ての犯行を匂わせていた。車から五、六メートル離れたぬかるみで発見された大量の血液は――雨が激しく降っていたことを思えば、驚くべき証拠だ――二人が車外で銃殺されたことを物語っている。犯人が誰であれ、その人物は殺害後に二人の遺体をオールズモビルの後部座席に押しこんだのだ。不運にも、警察がしかるべく事件現場を確保する前に野次馬が押しかけて踏み荒らし、土砂降りの雨とあいまって、タイヤの跡や足跡など、捜査に役立ったかもしれない証拠が消えてしまった。当時の慣行として、メディアは被害者と世間一般の良識の両方を守るために性的暴行の存在を否定したが、テキサスレンジャー内で回覧された記録は、ポリー・アン・ムーアがレイプされていたことを示していた。[4]

覆面の殺人者は、四月一四日日曜日の夜明け前にふたたび襲撃するが、彼の残忍な所業が発見されたのは日が昇ったあとだった。G・H・ウィーヴァーは、妻と息子を乗せてノース・パーク・ロードを北東へ走りプレスコットへ向かう途中、北側の路肩にぐったりと横たわる若い男の死体を発見した。現場に呼ばれた警察は、被害者は右手を撃ち抜かれ、続いてその弾が顔の左側に当たったと断定した。男性が逃げようと背を向けたとき、銃撃犯はさらに二発発射し、弾は左肩の後ろと頭部に命中した。死体からそう遠くない場所に落ちていたアドレス帳を、プレスリー保安官は同僚たちには告げずにこっそりポケットにしまった。[5]

被害者の身元はすぐに判明した。テキサス州キルゴア在住のジェームズ・ポール・マーティン、一六歳。彼は金曜日に故郷テクサーカナへ帰省し、友人のトム・アルブリットンのところに滞在していた。土曜日の午後、彼は幼稚園からの幼なじみベディー・ジョー・ブッカー（一五歳）を夜のデートに誘い、ベティー・ジョーはしぶしぶ応じた。[6] 彼女はジャズ・アンサンブル〈ザ・リズマイヤーズ〉のサクソフォン奏者で、その晩は海外戦争復員兵協会のダンスパーティーで演奏し、そのあと午前一時半から二時のあいだにジェームズと一緒に出ていくのを目撃されていた。

ベティー・ジョーが帰宅せず、銃弾に撃ち抜かれた求愛者の遺体がノース・パーク・ロードで発見されたことから、警察と地元のボランティアが大々的な捜索を始めた。ジェームズ・マーティンの車もどこにも見当たらず、一方が見つかればもう一方もすぐに見つかると考えるのが妥当と思われた。正午ごろ、雑木林の木の陰で、ベティー・ジョー・ブッカーの遺体が友人たちによって発見された。衣服はすべて身につけたまま木の葉のなかにあおむけに横たわり、ボタンをすべて留めたコートのポケットに右手を入れていた。彼女もまた顔の左側を撃たれ、心臓にも弾が撃ちこまれていた。意外にも、ベティー・ジョーが見つかったモリス・レーンは、マーティンの遺体が発見された場所から三キロ以上も離れていた。モリス・レーン沿いに住むトム・ムーアは、その日の朝五時半ごろに銃声を聞いたと警察に伝えた。[7]

ジェームズ・マーティンの車は、スプリング・レイク・パークの正面入口から三五〇メートルほどの地点でようやく発見された。キーは差しこまれたままだった。車が発見された場所はマーティンの殺害現場から約二・五キロ、ベティー・ジョーの遺体発見現場からも五キロほど離れており、どちらが先に殺されたのかを知るすべはなかった。車の外側には、弾道学的証拠——「三二口径の薬莢《やっきょう》ひとにぎり」またはは「薬莢六個および弾丸四発」[8]——が残されていた。ジェームズ・マーティンの遺体のそばで回収された銃弾と薬莢の科学鑑定により、三月二四日の二重殺人で使用されたのと同一の銃と判明。いずれのケースも、使われたのは三二口径のコルト半自動拳銃である可能性が高かった。さらに、車のハンドルからかろうじて採取できた指紋をダラスにあるＦＢＩの研究所で分析した結果、被害者二人のものでも、車の持ち主であるジェームズの父親のものでもなかった。残念ながら、ＦＢＩの指紋ファイルにあるサンプルと比較するには不明瞭で、特定の容疑者の指紋と突き合わせることはできても、既知の犯罪者たちの指紋との相互照合はできそうになかった。ＦＢＩは、ポリー・アン・ムーアと同様、ベティー・ジョー・ブッカーも性的暴行を受けたと断定した。奇妙なことに、彼女のＥフラット・アルトサクソフォンが見つからず、数カ月後に遺体の発見場所から一三〇メートルほど離れた雑木林で発見された。

治安の悪さには慣れっこで、最初の二重殺人だけではさほど驚きもしなかったテクサーカナの町も、マーティン・ブッカー殺しも同一の銃撃犯のしわざだと判明すると、一気に恐慌状態におちいった。一夜にして銃や弾薬は売り切れ、ホームセキュリティ設備も需要に追いつかなくなった。また、恐怖心で神経質になった家主に撃ち殺されるリスクを軽減するために、親しい友人の家を訪ねるにも事前に電話で知らせるのが町独自の慣習となった。四月一六日、テクサーカナ・デイリー・ニューズ紙は「ファントム・キラー、警察の緊急捜査網をすりぬける」と題する記事を第一面に掲載し、犯人はいまもなお、このとき生まれた「ファントム」の呼び名で知られている。暑い夏の時期が訪れても、テクサーカナの家々の多くはバリケードを築きつづけた。マカロニ・ウエスタン映画に出てくる、突如邪悪な勢力に包囲された町のように、テクサーカナはひたすら事件の解決を求めていた。

その解決は、一匹狼《ローン・ウルフ》のマヌエル・トラザザス・ゴンザウラスによってもたらされるかに見えた。軍人としてメキシコ革命を戦い、のちにテキサスレンジャーに転向した彼は、法弾道学と筆跡学の専門家で、真珠貝の握りのついたピストルを巧みに使いこなした。媚びへつらう記者たちに囲まれカメラのフラッシュを浴びながら、ファントムを法の裁きにかけるまで、自分はこのテクサーカナにとどまると豪語したゴンザウラスだが、まもなく地元の捜査関係者のあいだでは、実際に犯人を追いつめるよりも世間の注目を集めるほうに熱心だと評されるようになる。ラバーズ・レーンとして知られる場所にティーンエイジャーのカップルをおとりとして配置し、茂みで武装警官が待ち伏せるというリスキーだが巧妙なプランも、結局は実を結ばなかった。八月、ゴンザウラスは（都合よく）機密の覚え書きを作成し、自身が率いるテキサスレンジャーとともにテクサーカナにとどまる義務をみずから免除した。その時点で、ファントムのしわざらしき殺人事件は三カ月のあいだ一件も起きていなかった。

最後の殺人は、五月三日金曜日の夜八時半、テクサーカナから約一五キロ北東にある農場で起きた。主婦のケイティー・スタークは早めにベッドに入り、ナイトウェア姿で横たわっていた。月のない晩で、ファームハウスの室内は暗かった。居間では、夫のヴァージルが痛む背中を椅子にあずけ、テクサーカナ・ガゼット紙をめくりながらラジオを聴いていた。そのとき、外で奇妙な物音がした。ケイティーは夫にラジオの音を低くしてと言ったが、答えの代わりにガラスが割れる音がした。ヴァージルが何かを落としたのだろうと思い、ケイティーがベッドから出て急いで居間へ行ってみると、何が起きたのかわからないといった表情のヴァージルが肘掛け椅子から立ち上がり、倒れるようにまた椅子に沈みこんだ。血が流れていた。彼は窓越しに銃で撃たれたのだ。恐怖に襲われたケイティーはキッチンの壁に固定された電話のところへ走り、受話器を持ち上げ、電話機の横にあるハンドルを二度回した。そのとき顔の左側に衝撃が走り、血しぶきと歯がキッチンの床に飛び散った。これから訪れる混乱に備えるためか、彼女は金をつめた歯を一本どうにか拾い上げ、急いでその場を離れた。[9] ケイティーは主寝室を駆けぬけ、廊下を通ってもうひとつの寝室へ入り、さらに居間を通りぬけてフロントポーチのドアから庭へ飛び出した。ハイウェイ六七を突っ切って隣家にたどりつくが、ドアを激しく叩く音に、隣人のA・V・プラターはライフルで応じた。ケイティーが怪我を負いトラブルに巻きこまれていると気づいた彼は、真っ黒な空に向かって一発威嚇射撃をすると、もうひとりの隣人エルマー・テイラーとともに、テイラーのセダンでケイティーをマイケル・マー・メモリアル病院へ運んだ。移動中、助手席にぐったりと腰かけたケイティーは、多量の血を流しながらも、どうにか意識を失うまいとがんばっていた。病院へ到着し、弾が顔を貫通していると診断されたが、幸い命に別条はなかった。

　スターク夫妻が襲われたこの事件は、いわゆる「ムーンライト連続殺人事件」の最後の一件として広く認識されているが、関連性を疑う根拠がある。たしかに、ヴァージル・スタークを殺害しその妻に怪我を負わせた銃撃犯がねらったのは男女だが、この二人は若いカップルではなく熟年夫婦であり、現場も駐車中の車などではなく自宅という完全にプライベートな空間だ。また、スターク夫妻に撃ちこまれた弾丸は二二口径だが、それ以前の被害者たちを殺害したのは三二口径弾で、同一の銃で発射されたことが科学的に証明されている。さらに、ヴァージル・スタークは人妻と不倫関係にあり、第二次世界大戦で従軍していたその人妻の夫が、ちょうど帰還した時期でもあった。[10] つまり、スタークに危害を加える動機をもつ人間が付近に少なくとももうひとりいたわけで、犯行手口が微妙に異なっていた点にも説明がつく。

スタークス夫妻が襲われた三日後、テクサーカナの約二五キロ北に位置する、アーカンソー州リトルリバー郡の線路上で、手足の一部が切断された死体が発見された。アール・マクスパッデンという浮浪者のものだ。マクスパッデンはすでに死亡した状態で朝五時半の列車に轢かれ、切断されていた。検死を行なったフランク・エングラー医師は、マクスパッデンの両手に防御創があることから、「被害者はナイフを持つ犯人ともみ合いになり、左のこめかみに長さ約五センチの深い傷を負い、それが死因となった可能性が高い」[11]と記録している。マクスパッデンの死をテクサーカナで起きた連続殺人事件と結びつける物的証拠や行動証拠はいっさいないにもかかわらず、彼のタイムリーな死から数々の憶測が生まれて流布した。そのひとつが、マクスパッデンはじつは「ファントム・キラー」本人であり、罪悪感にさいなまれ、哀れな自己を葬り去ったというものだ。一方、彼はファントムの最後の犠牲者で、何かを知りすぎて消されたか、ファントム自身の死を偽装する巧妙な手段として殺害されたという説もあった。マクスパッデンの死がファントムと関わっているという話を捜査陣は誰ひとり真に受けなかったが、映画のドラマチックな幕切れ、犯人が列車で逃げ去るシーンに、その説は大きく貢献しているのである。

二〇〇三年以降、テクサーカナでは毎年ハロウィンの時期に、スプリング・レイク・パークに集まって『The Town That Dreaded Sundown』を見るイベントが開催されている。観衆のなかに「ファントム・キラー」がまぎれこんでいる可能性がないとは言えないが、事件のあった一九四六年当時、もし彼が一八歳の若者だったとしても、本書の執筆時点では九〇歳を超えていることになる。

『悪魔の棲む家』（一九七九年）

アミティヴィルの恐怖――悪魔にとりつかれたオーシャン・アベニュー一一二番地

『悪魔の棲む家』ができるまでの経緯は複雑だ。まず大量殺人が起き、次いで悪魔憑《つ》きと思われる現象が起き、それに関する本が書かれ、さらにその本を元にした映画（および複数のリメイク版）が制作された。ロングアイランドのこの家で実際に何が起きたにせよ、それにまつわる物語はじつに魅力的かつ奇怪だ。

一九七九年、批評家たちに酷評され、しかも本来はテレビ向けの企画だったあるインディーズ映画が八六〇〇万ドルもの興行収入を稼ぎ出し、ハリウッドに衝撃を与えた。『悪魔の棲む家』はその年の興行成績で第二位に輝いたばかりでなく、最も収益の高いインディペンデント映画としての地位を一九九〇年まで守りつづけた。監督はスチュアート・ローゼンバーグ、主演のジェームズ・ブローリンとマーゴット・キダーが新婚のジョージとキャシーのラッツ夫妻を演じた。キャシーの三人の連れ子を育てるのにいい家を探していた一家は、あやしいほど破格の値段で売りに出されていた、ニューヨーク州ロングアイランドの大きな家に移り住む。その家は、前年に起きた恐ろしい大量殺人の現場で、アメリカ先住民の埋葬地だった土地に建っていた。家に巣食うこの世の者ならぬ存在によって、ラッツ家の人々は、最初はひとりずつ、やがて全員が神経をすり減らし、恐怖に怯え、互いに争うようになる。そして一家はついに、命と正気を失わないために、その家を完全に放棄することを余儀なくされるのだった。

『悪魔の棲む家』は映画史上初の、真に人気を博したホーンテッドハウスものと言えるだろう。その成功は、巧みなマーケティングキャンペーンと、アカデミー賞にノミネートされたサウンドトラック、そしてアンサンブル・キャスト形式による優れた演技に拠るところが大きい。だがおそらく最大の勝因は、このストーリーが〝実話〟であった点だろう。原作はジェイ・アンソンによる同名の本『The Amityville Horror』（邦訳版のタイトルは『ドキュメント アミティヴィルの恐怖 悪魔の棲む家』徳間書店）。そこには、ラッツ一家が一九七五年一二月に経験したとされる数々の出来事が詳細に綴られている。オーシャン・アベニュー一一二番地で一九七四年に起きた残虐な大量殺人はまぎれもない史実だが、ラッツ一家が引っ越してきてから実際に何があったのかについては、いまなお論争の的となっている。以下は、彼らがジェイ・アンソンに語ったストーリーである。

ジョージ・ラッツと新婚の妻キャシーは、ロングアイランドの南海岸沿い、アミティヴィルにある三階建ての美しいコロニアルハウスが八万ドルという破格の値段で売り出されているのを見て、何か裏があるなと感じた。不動産業者は屋内を案内したあと、訊かれる前に先回りしてその答えを明かした。この家ではちょうど一年前に、ロナルド・〝ブッチ〟・デフェオという青年が、眠っている両親と弟二人、妹二人を皆殺しにする事件が起きていた。

それを聞いても、ラッツ夫妻はひるまなかった。キャシーの最初の結婚で生まれた三人の子どもに加え、アラスカンマラミュートとゴールデンレトリバーのミックス犬ハリーのための場所も必要な彼らは、家にまつわる忌まわしい過去など、とくに気にしなかった。二人はこの家の購入を決めたばかりか、ダイニングルームの家具や、女の子用の寝室にある家具一式、テレビ鑑賞用の椅子、さらにはブッチ・デフェオの寝室にあったものまで、家財道具の一部も一緒に買い取った。カトリック教徒のキャシーは、所属教区の司祭であるフランク・マンキューソ神父（仮名）に、引っ越しの日に新居に来て祝福を与えてほしいと依頼した。

一九七五年一二月一八日の朝、マンキューソ神父は目覚めと同時に不吉な予感を覚えた。ラッツ家の新居へ向かう前に、彼はアミティヴィルのすぐ東に位置するリンデンハーストの聖職者仲間と昼食をとった。そのとき彼が何気なく、これから祝福を与えにいく家について話すと、仲間たちは心配し、そこはデフェオ一家の皆殺し事件があった家だと告げた。マンキューソ神父は、その悲惨な事件のことを何も知らなかった。行かないほうがいいと言う仲間たちに、ラッツ一家との約束を守りたいと彼は答えた。午後一時半にオーシャン・アベニュー一一二番地に到着すると、神父は首から帯状のストラを掛け、家に入った。聖水の入った小瓶を掲げ、水を一度まき、いつものように祝福の言葉をとなえる。

すると、すぐ後ろで、「出ていけ！」[1]と轟くような男の声がした。

ぎょっとして振り返るが、部屋には誰もいない。朝からずっと落ち着かない気持ちでいたマンキューソ神父は、急いで祝福を済ませてその家を出ると、ジョージ、キャシー、三人の子どもたち――九歳のダニー、七歳のクリス、五歳のミッシー――に別れを告げ、全速力で立ち去った。そのあと母親の家に行ったところ、顔に何かついていると指摘された。鏡に映る自分の顔を見ると、目の下に黒い染みのようなものがついていて、それは洗っても落ちなかった。夜になって母親の家から帰宅する途中、ヴァン・ウィック高速道路を走っていると、乗っていたフォードが目に見えない力で路肩のほうへ押されるのを感じた。と、いきなり右側のドアとボンネットが開き、フロントガラスが粉々に割れ、そのあと車は動かなくなった。電話で整備工を呼ぶが、どんな処置をしても車を始動させることはできなかった。結局、マンキューソ神父は仲間の神父に車で送ってもらったのだが、その神父があとで電話をかけてきて、「きみを降ろしたあと、何があったと思う？　フロントガラスのワイパーが狂ったように動きだして、止まらなくなった！　スイッチを入れていないのにだよ、フランク！」[2]と訴えた。どういうわけか、マンキューソ神父はその厄介な出来事について、ラッツ夫妻には言わずにおくことにした。

一方、ジョージ・ラッツの身にもおかしなことが起こりはじめていた。引っ越してきた日、彼は犬のハリーを裏庭のフェンスにつないでおいた。デフェオ一家から買い取ったステレオを設置していると、外から苦しそうな鳴き声が聞こえてきた。そのとき、ダニーが玄関のドアから駆けこんできて、ハリーが大変なことになっていると言った。急いで裏庭に出てみると、驚いたことに、彼の愛犬はどうしたわけかフェンスを飛び越えていて、巻きついた鎖にじわじわと首を絞められていた。ジョージはどうにか鎖をほどくが、ハリーがどうやってこのような苦境におちいったのか理解できなかった。こんなことが物理的に可能なのだろうか。とにかく今日は疲れたと、ラッツ一家はそろそろ寝ることにした。

午前三時一五分、ジョージは誰かが玄関のドアをノックする音で目覚めた。確かめにいく間もなく、また何かを叩くような大きな音が、今回は裁縫室のほうから聞こえてきた。裁縫室には大きな窓があり、裏庭とアミティヴィル川が見渡せる。その部屋に入ってすぐ、ハリーがつながれているボート小屋に沿って、影のような何かが動いているのが見えた。犬はぱっと立ち上がり、その影に向かってさかんに吠えている。ジョージは階段を駆けおりて裏口から飛び出し、武器がわりに木の板をさっと手に取った。ハリーのところへ行ってみると、影のようなものの正体はボート小屋のドアで、風にあおられて動いていたのだった。だが、小屋の鍵はまちがいなくかけたはずだった。[3]

新居へ引っ越してからの数日間、ジョージはいつになく気分がふさぎ、何をやってもうまくいかなかった。暖炉にいくら薪をくべても、サーモスタットが何度を示していても、いっこうに寒さを追い払えそうになかった。ジョージ・ラッツはその後も二晩続けて午前三時一五分きっかりに目を覚まし、何かに衝《つ》き動かされるようにボート小屋を点検しにいった。

子どもたちに対して怒りっぽくなったことを除けば、キャシー・ラッツはなんの異変も感じていなかったが、それも一二月二二日の朝までのことだった。キッチンのテーブルでクリスマスプレゼントを買う人のリストを作っていたとき、目に見えない女性にそっと抱きしめられたような気がした。そのとき、三階のバスルームへ来てと呼ぶ子どもたちの声がした。急いで階段をのぼりバスルームへ入った彼女は、ぎょっとした。便器の内側が黒い粘液のようなもので覆われていたのだ。九歳のダニーが漂白剤を取りに両親の寝室へ駆けこむと、その部屋のトイレも同じ状態で、不快なにおいを放っていた。さらに二階のトイレも似たような状態だった。キャシーがいくらゴシゴシこすっても、どんな薬剤を使っても、何度水を流しても、便器についた奇妙な汚れはとれなかった。それに劣らず奇妙なのが、なぜかミッシーの寝室にかすかな香水のにおいが漂っていたことだ。さらにまた、家を換気しようと裁縫室の窓を開けにいったジョージは、窓ガラスの内側に無数のイエバエがとまっているのに気づいた。一二月のロングアイランドではめったに起きない現象だ。[4]

その晩、ジョージはまたしても午前三時一五分に目覚め、階下を見にいかなければならないという衝動に駆られた。一階に下りていくと、重さが一〇〇キロ以上ある玄関の扉が開いていて、蝶番《ちょうつがい》ひとつでかろうじてドア枠にくっついていた。錠前師に電話をかけて修理を依頼すると、相手はなぜかジョージを怪しんでいるようすだった。同じ日、キャシーは子どもたちが三人とも、いつもと違って腹ばいに寝ているのに気づいた。殺されたデフェオ一家が発見されたときと同じ姿勢だ。また、寝室のウォークインクローゼットに入ったとき、壁に掛けてある銀の十字架が逆さになり、あたりに饐《す》えたにおいが漂っていた。

一二月二四日を迎えるころ、マンキューソ神父は熱を出し、オーシャン・アベニュー一一二番地で見たある部屋のことが頭から離れなくなっていた。箱で埋めつくされた、ボート小屋を見下ろす部屋だ。その部屋に気をつけるようラッツ一家に知らせたい一心で朝の五時に電話をかけると、ジョージが出た。問題の部屋は、ブッチ・デフェオに殺された二人の弟マークとジョンが使っていた部屋だ。そこはいまキャシーの裁縫室になっているとジョージは言い、その部屋を避けなければならない理由を神父に尋ねた。すると突然、耳障りな雑音が入って電話の接続がとぎれ、それ以上の会話ができなくなり、二人はやむなく電話を切った。その後数日にわたり双方が何度もかけ直そうとするが、どちらの電話も鳴らなかった。その後、マンキューソの病状はますます悪化した。[5]

まるで時計のように、ジョージ・ラッツはクリスマスの朝も三時一五分に目覚め、キャシーを揺り起こした。彼女は生々しい夢を見ていた。ブッチ・デフェオが、ベッドに寝ている家族を次々に殺していく夢だ。特に母親のルイーズ・デフェオがどんなふうに死んだのかがはっきりわかる、とキャシーは言った。怯える妻が落ち着き、また眠りにつくまで、ジョージはずっと抱きしめていた。そのあと彼は、それまで幾晩もくり返してきたように、そっとベッドを抜け出しボート小屋を見にいった。小屋の扉には鍵がかかっており、ハリーも無事なのを確認してほっとするが、家へ戻ろうと振り向いた瞬間、彼は凍りついた。五歳のミッシーが自分の寝室の窓辺に立ち、じっとこちらを見ていたのだ。そしてミッシーの背後にはブタの顔があり、まばたきをしない赤い目で彼をにらみつけていた。ジョージは全速力で家に戻り、階段を勢いよく駆けのぼった。見ると、ミッシーはベッドにうつぶせになってすやすやと眠っており、ロッキングチェアーがかすかに揺れていた。[6]

その日の午前中、ジョージとキャシーは数々の恐ろしい経験を互いに打ち明け、この新居には何か問題があるのだろうかと話し合った。マンキューソ神父の忠告を受け入れることにした二人は、裁縫室に近づいてはいけないと子どもたちに注意した。クリスマスプレゼントでも隠してあるのと尋ねるクリスとダニーに、ミッシーは「なんで近づいちゃいけないか、あたし知ってるもん。あそこにはジョディがいるからよ」[7]と言った。

夜の九時、ミッシーに寝る支度をさせようと、キャシーが子どもたちの遊び部屋へ行こうとしたとき、二階にあるミッシーの寝室から声が聞こえた。

「雪ってきれいでしょ、ジョディ?」[8]

ドアを開けてみると、ミッシーは小さなロッキングチェアーに腰かけ、窓の向こうで静かに舞い降りる雪を見つめていた。

「誰とお話してるの、ミッシー？　天使さま？」[9]

「ううん、ママ」そう言って、ミッシーは部屋の片隅に視線を向けた。「ジョディとお話してただけ」[10]

娘の視線をたどるが、キャシーにはおもちゃしか見えなかった。〝ジョディ〟は新しい人形のどれかなのかと彼女は尋ねた。

「ううん。ジョディはブタさん」とミッシーは答えた。「あたしのお友達。あたしにしか見えないの」[11]

翌一二月二六日の朝、キャシーはまたいつかのように、キッチンのテーブルで何かを書いていた。すると、覚えのある香水のにおいがふっと漂い、この前と同じ、目に見えない女性の気配を感じた。ただ今回は、相手の体が押し当てられ、両手でそっと腰を抱かれる感覚があった。私にかまわないでとキャシーが言うと、目に見えない存在は手を離し、なぐさめるように彼女の肩に手を置き、そのあとふっと消えていなくなり、あとにはめまいがするような香りだけが残った。その日、ラッツ一家は親戚の結婚式に出席する。

一二月二七日の昼過ぎ、キャシーが地下室で缶詰の整理をしていたときにドアの呼び鈴が鳴った。ジョージが玄関のドアを開けると、キャシーのおばのテリーサが立っていた。元修道女のテリーサは、いまでは三人の子をもつ母親だ。どうやら彼女は、予告なく訪問して驚かせようと思ったらしい。ジョージが新居を案内したが、なぜかテリーサは真っ青な顔をして、「悪い場所」だと裁縫室と遊び部屋へ入るのを拒んだ。そして、はるばるアミティヴィルまでバスに揺られ、そこからさらに歩いて家までやってきたというのに、たった三〇分しか滞在せずに帰ってしまった。そこでキャシーは地下室の戸棚に缶詰を積み上げる作業を再開するが、缶の重みで棚が一段壊れてしまった。そのとき彼女は、戸棚の壁がただのベニヤ板だったと気づき、夫を呼んだ。ジョージはざっと状況を調べ、棚板を引き抜いた。そして壁のベニヤ板を押してみると、驚いたことに板は奥へ開き、隠し部屋があらわれた。真っ赤に塗られたその部屋は、二平米メートル足らずの大きさで、おかしなにおいがした。それは血のにおいだったとジョージは主張している。

あくる日、ジョージ・ラッツは地元の酒場〈魔女の秘薬《ザ・ウィッチズ・ブリュー》〉へ行ってみることにした。冷たいビールを味わっていると、バーテンダーがジョージを見て、「ある若者に生き写しだ。そいつはこのあたりの生まれだけど……いまは遠くにいる。しばらくは戻ってこないだろうな。たぶんずっと[12]」と言った。最近オーシャン・アベニュー一一二番地に引っ越してきたとジョージが言うと、バーテンダーはグラスを落とした。

その夜、暖炉に薪を補給しようと居間へ入っていったジョージは、四本足で立つ陶製の獅子像につまずいて薪の上に顔からつんのめり、脚を強打した。じつはその日、キャシーはその獅子像（夫へのクリスマスプレゼントだった）が自分のほうへほんの少し近づいてくるのをたしかに見たのだが、ジョージにはそのことを話していなかった。翌朝、ジョージの怪我の具合を見ていたキャシーは、彼の足首のまわりに歯型がついているのに気づいた[13]。

一二月二九日、ジョージは足をひきずりながらバンに乗りこみ、用事をすませに出かけた。デフェオの事件について詳しく知りたいと思った彼は、ロングアイランドで一番人気の新聞〈ニューズデイ〉の事務所へ立ち寄り、そこで殺人事件に関するマイクロフィッシュに目を通しているうちにブッチ・デフェオの顔写真を見つけ、自分は殺人犯にそっくりなのだと知った。だがそれ以上に驚いたのは、デフェオ一家が銃殺された時刻を、検視官が午前三時一五分ごろと特定していたことだ。虐殺の現場に引っ越してきてからというもの、ジョージがほぼ毎晩目覚める、あの時刻だ。

そのころ家では、キャシーが誰もいない裁縫室の窓が開閉する音を聞いたが、あえて部屋のドアを開けてみようとはしなかった。

翌日、アミティヴィル歴史協会からジョージ・ラッツのもとへ、ヨーロッパ人に征服される以前、彼の土地はシネコック・インディアンによって、心身を病む人々の隔離地域《コロニー》として使われていたとの情報が入った。さらにまた、一七世紀に魔術を使ったとしてセイラムから追放されアミティヴィルに移り住んだジョン・ケッチャムという人物がいて、オーシャン・アベニュー一一二番地からわずか一五〇メートルほどの場所で暮らしていたが、その人物がジョージが買った土地に埋葬されているとの噂もあった。

ジョージとキャシーは大晦日には家にいて、暖炉のそばで体を温めていた。時計が午前〇時を告げ、一九七六年が明けたちょうど一分後、暖炉の炎に目をやったキャシーが悲鳴を上げた。ジョージがその視線をたどると、赤いレンガについた煤《すす》に、白い僧帽をかぶった悪魔のような顔が浮かび上がっていた。恐ろしい顔の半分が、至近距離で散弾を撃ちこまれたかのように吹き飛んでいた。午前一時、二人はそろそろ寝ることにした。ところが、寝入ってわずか五分ほどで、とてつもない突風が吹いて窓が開き、かけていた毛布が吹き飛んだ。寝室のドアがバタンと閉まり、その後も廊下でうなる風の音が聞こえた。ジョージがドアをこじ開けて部屋の外を見ると、驚いたことに、裁縫室とドレッシングルーム（更衣室）のドアが大きく開いていた。だがなぜかミッシーの部屋のドアは、しっかりと閉じられたままだった。彼は急いでドレッシングルームへ行き、全開した窓を閉め、次に裁縫室の窓も閉めた。キャシーが見にいくと、ミッシーはベッドですやすやと眠っており、窓には鍵がかかり、なんの異変もなかった。唯一、ロッキングチェアーだけが揺れていたが、ジョージが部屋に入り近づいていくと、椅子はぴたりと動きを止めた。[14]

元日のその日は比較的平穏に過ぎ、ジョージは車で職場へ行って戻り、キャシーはミッシーに本を読み聞かせ、ダニーとクリスは外に出て、新たに降り積もった雪のなかで遊んだ。子どもたちがベッドへ行ったあとも、ジョージとキャシーは一〇時ごろまで居間に残っていた。電気を消して二階へ上がろうとしたとき、ふと窓の外を見ると、小さな二つの赤い目が二人をにらみつけていた。ぱっと明かりをつけると目は消えたが、ジョージはその生き物に立ち向かおうと決意した。真っ向から対決しようと外に飛び出すが、……そこには何もいなかった。ところが懐中電灯を手にあたりを捜索しているうちに、彼は恐ろしいものを発見する。家のまわりに点々と、先が二つに割れたひづめの跡がついていた。それはまるで、巨大なブタの足跡のようだった。[15]

一九七六年の一月に入ってからは、一家がこの家で経験する出来事はますます奇異なものとなっていった。明るくなってからひづめの跡をたどっていくと、ガレージの扉が枠からほとんど引きはがされた状態になっていた。キャシーはキッチンで三度目の遭遇をするが、今回は見えない手に腰を強く締めつけられ、意識を失い床に倒れこむ事態となった。ふたたび〈魔女の秘薬〉を訪れたジョージは、バーテンダーが以前デフェオ一家に頼まれて、パーティーで飲み物を出す仕事をしたときの話を聞いた。彼もまた、地下でたまたまあの赤い部屋を見つけ、それからというもの、動物をいけにえにする悪夢に悩まされるようになったのだという。

そのうちに、隠し部屋から人間の糞便のにおいがする霧が漂ってきたり、獅子像が勝手に居間のテーブルの上に移動したりするようになり、階下から聞こえるマーチングバンドの音に驚き、ジョージが夜中に目を覚ますことが何度もあった。ジョージによれば、キャシーは何度か眠ったままベッドから浮かび上がり、あるときは窓のほうへふわふわと漂っていき、またあるときは、ジョージが下へ引き戻そうとすると狂暴な老婆に変身した。

困惑を深めたジョージは、フランシーヌという若い女性霊媒師に相談することにした。一月七日にやってきたフランシーヌは、この家に棲みついている老夫婦と交信した。彼らは「迷える霊魂」[16]で、この家の元住人らしい。フランシーヌはさらに、この家は埋葬地の上に建っており、地下にはある殺人事件の犠牲者も埋められているため、家の悪魔祓いが必要だと言った。フランシーヌが帰ったあと、ジョージは二階の踊り場のところの手すりが引き抜かれているのに気づいた。

銀の十字架を振り回しながらラッツ夫妻が家を清めようとすると、「やめろ！」という声が、どこからともなくいっせいに襲いかかってきた。一月九日になると、あちらこちらの壁や鍵穴から緑色の粘液が滲み出てきた。また、窓の戸締りをつねに確認していても、家じゅうの窓がいきなり開く現象が続いた。一月一一日には嵐が襲い、二階と三階の一〇カ所の窓ガラスを粉々に割り、鍵とかけがねを破壊した。その嵐はなぜか、遊び部屋と裁縫室のドア枠から錠前までもぎ取っていた。雨水で家全体が水浸しになったが、不思議なことに、ラッツ家の人々はみな、嵐のさなかもすやすやと眠っていた。

ブタのジョディは、ミッシーを使ってメッセージを伝えてくるようになった。ジョディがふたたびミッシーの寝室の窓にあらわれたとき、キャシーは椅子を投げつけた。[17]

怪現象がピークに達したのは、一月一三日の晩だった。クリスとダニーのベッドが部屋のなかを滑るように動きだし、家じゅうの引き出しが開閉し、ジョージはなぜか体を動かせなくなり、実際には存在しないひづめに踏みつけられ意識を失った。目覚めると、クリスとダニーが彼のベッドの横で叫んでいた。二人は彼に、顔のない怪物が寝室にあらわれて自分たちをつかまえようとしたと訴えた。ちょうどそのとき、犬のハリーが階段のほうに向かって唸り声を上げはじめた。ジョージは力をふりしぼって不可解な金しばり状態を脱し、勢いよくベッドから飛び出して、もう少しで二人の息子たちを転倒させそうになる。急いで部屋を出て階段の下へ行き、そこから見上げると、階段をのぼりきったところに、白いマントに覆われた姿がそびえ立ち、彼をまっすぐ指さしていた。いつか暖炉に浮かび上がった、あの恐ろしい悪魔だ。ジョージは全速力で寝室へ戻り、怯える家族に、外へ出てバンに乗るようにと命じた。オーシャン・アベニュー一一二番地へ移り住んで二八日後、ラッツ一家はついに我慢の限界に達したのだ。

まもなく、一家はキャシーの母親の家に到着した。やっと安全な場所に逃れてほっとした彼らは、この一カ月のあいだに見聞きし、体験した奇妙で不気味な出来事について語った。そして夜の一〇時になると、もう二度とおかしなことは起こらないと安心してベッドに入った。

ところが、どうやらジョージとキャシーは、目を覚ますとベッドの上に浮かんでいたらしい。その後、部屋を飛び出した二人のほうへ、階段の下から暗緑色の粘液がじわじわと這い上がってきた。あの家で遭遇したものに一生涯つきまとわれるのかと恐ろしくなり、一家は東海岸を離れ、西海岸の南カリフォルニアへ転居した。アミティヴィルの「悪魔の棲む家」の話が広まると、ジャーナリストのマーヴィン・スコットは、超能力者や心理学者、オカルトの専門家を集め、一九七六年二月一八日にオーシャン・アベニュー一一二番地で一夜を過ごした。[18] メンバーのなかには、有名な悪魔研究家で透視能力者のエド&ロレイン・ウォーレン夫妻もいた。その模様は撮影され、ニューヨークの〈チャンネル5〉で放送されることになっていた。一行は夜の一〇時半から交霊術を三度行ない、ほぼ全員が不快でじつに不穏な現象を体験したという。漠然としたコメントが多いなか、ロレイン・ウォーレンの言葉は明瞭だった。「ここに棲みついているのがなんであれ、私が見たところ、ほぼまちがいなくネガティブな性質のものです。かつて人間の姿でこの地球上に存在した誰とも関係のない、地球の深奥から生まれたもの……。ここに棲みつく必要などないのですが、おそらくここが安らげる場所なのでしょう」[19]

ラッツ一家の体験がメディアによって必然的に粉飾され、ねじ曲げられていくなか、ジョージとキャシーは、脚本家のジェイ・アンソンが彼らの身に起きた出来事をありのままに書き記すことに合意した。こうして出版されたのが、一九七七年のベストセラー『アミティヴィルの恐怖』である。アンソンは、ジョージとキャシーが悲惨な体験を語った四五時間に及ぶ録音テープを聴いた。彼はほかの関係者にもインタビューしたが、そのひとりマンキューソ神父は、（ラッツ夫妻は知らなかったが）オーシャン・アベニュー一一二番地に初めて足を踏み入れて以来、心身ともに得体のしれない激しい苦痛に悩まされていた。アンソンによれば、インタビューに応じた人々の話は互いに一致するばかりでなく、コールドスポット（そこだけ異常に温度が低くなるスポット）、動物に対する過敏性、逆行認知（知るはずのない過去に関する知識）、ポルターガイストなど、超常現象に関連する多くの現象について書かれたものとも一致していた。すべてがじつにリアルに思えた。

ところが一九七七年に出たアンソンの本を読み、それを映画化したさまざまな作品を見た何百万人もの人々は、いわゆる〝アミティヴィルの恐怖〟は残念ながら、ほぼでっちあげだったことを知るのである。[20]まず、ラッツ一家のあとに問題の家に住んだ誰からも、なんらかの超常現象が起きたとの報告はなされていない。皮肉なことに、本にも登場するロングアイランドのニューズデイ紙は、近所の人々やカトリック教区の神父、警察に相談したとするラッツ夫妻の主張を裏付ける証拠を何ひとつ発見できなかった。[21]疑念を抱いた組織や出版界がラッツ夫妻の主張を調査し、作り話が少しずつ暴かれていった。ラッツ一家が去った直後にオーシャン・アベニュー一一二番地を購入したジェームズ・クロマティと妻のバーバラは、スケプティカル・インクワイラー誌のインタビューに答え、家にはいまもアンティークの錠前や蝶番、ドアノブがついていると語った。ラッツ夫妻の主張では、それらはすべて破壊され、場合によっては何度も交換されたはずだった。[22]

プライバシーを侵害されたとし、クロマティ夫妻はジョージ・ラッツと妻キャスリーン（キャシー）、プレンティスホール出版（一九七七年に刊行された本の出版社）、および著者ジェイ・アンソンを相手取り、一一〇万ドルの損害賠償を求める裁判を起こした。[23]夫妻が何も知らずに問題の家に引っ越してきたのは、その本が刊行される三カ月前のことで、当然ながら、本が出た直後は家を見に観光客がたえず押し寄せ、写真やビデオを撮影し、なかには呼び鈴を押して新しい住人に話を聞こうとする者さえいた。[24]

一九七八年七月、ロナルド・〝ブッチ〟・デフェオの弁護士ウィリアム・ウェーバーはＡＰ通信に対し、ラッツ夫妻と知り合ったのは、彼らがあの家から引っ越していった直後だったと語った。「ジョージお気に入りのワインを何本も空けながら、このホラーストーリーを一緒につくりあげました。私たちは、世間の人々が聞きたがるような話を創作したのです[25]」

ラッツ夫妻は、個人および組織を相手取り数件の訴訟を起こし、さらにウェーバーに対しても一〇〇万ドルの損害賠償を求めようとしたが、一九七九年に開かれた裁判で、ジャック・B・ワインスタイン判事はその訴えを棄却した。棄却を申し渡すさい、「私には、その本の大部分が絵空事に思える[26]」と判事は述べた。

ウィリアム・ウェーバーは、ラッツ夫妻とジェイ・アンソンを詐欺および契約違反で――「俗に言えば、（彼の）アイデアを盗んだとして[27]」――反訴し、ジョージとキャシーはもともと自分との共同執筆に合意しており、本のタイトルは『Devil on My Back（私を苛《さいな》む悪魔）』になるはずだったと主張した[28]。結果的に裁判にはならず、映画と本に関するウェーバーの貢献に対し、それぞれ二五〇〇ドルと一万五〇〇〇ドルを支払うことで和解した[29]。一九八八年五月、ウェーバーはニュース番組「ア・カレント・アフェア」に出演し、「私たちは実際の出来事を翻案したのです。つまりは、ある種のでっちあげです[30]」と語った。公《おおやけ》には自分たちの主張を曲げなかったラッツ夫妻も、多くの裁判を経るうちに、実質的にはでっちあげであると認めざるを得なかった[31]。

なお、雪の上にあったとされる不吉なひづめの跡だが――一九七六年の元日、アミティヴィルにはそもそも雪は積もっていなかった。

『ポルターガイスト』（一九八二年）

シーフォードのポルターガイスト

一九八二年の大ヒット映画『ポルターガイスト』は、崩れ落ちそうなゴシック様式の館《やかた》から、観客の誰もが身近に感じることのできる、どこにでもある郊外の一軒家に舞台を移すことで、幽霊屋敷《ホーンテッドハウス》を現代によみがえらせた。監督のトビー・フーパーと脚本を手がけたスティーヴン・スピルバーグは、制作に必要なアイデアのすべてを、ロングアイランドのシーフォードを舞台としたハーマン一家にまつわる奇妙な物語から得た。

一九八二年、『悪魔のいけにえ』の監督トビー・フーパーと、『ジョーズ』を生み出した未来の大監督スティーヴン・スピルバーグが手を組み、超常現象ホラー映画『ポルターガイスト』をつくりあげた。アカデミー賞の複数部門にノミネートされたこの映画は、一度見たら忘れられない不気味なシーンや画期的な特殊効果で観客や批評家たちを震撼させ、興行収入は一億二〇〇〇万ドルを超えた。

ホーンテッドハウスものの多くは、一家が謎めいた家に引っ越してくるところから始まるが、『ポルターガイスト』のフリーリング一家の場合は、もともと住んでいるカリフォルニア州オレンジ郡の家で、何不自由ない生活を送っている。だがそれも、末娘のキャロル・アンが真夜中に目を覚まし、放送が終わり「砂嵐」状態となったテレビ画面に向かって話しかけるようになるまでのことだった。キャロル・アンが「あの人たち、この中にいるの」という不吉な言葉を発した日を境に、家にある物が曲がる、壊れる、部屋のなかを飛びまわるといった不可解な現象が起きはじめる。裏庭の木が窓を突き破ってキャロル・アンの兄に襲いかかり、次いでキャロル・アン自身がクローゼット内にできたブラックホールに飲みこまれると、カリフォルニア大学の三人の超心理学者がやってきて、この家にはポルターガイストと呼ばれる霊が入りこんでいると告げる。その後、一家を助けるために霊媒のタンジーナ・バロンズも登場し、複雑な悪霊学について説明したあと、キャロル・アンの母親ダイアンに「あなたはまだお嬢さんを救えるわ」と告げる。わが子を助け出したい一心で、ダイアンは自分の体にロープを巻きつけて果敢に異世界へ飛びこみ、無事に娘を取り戻す。しかし、別の場所へ引っ越そうとした矢先、さらに恐ろしい超常現象が一家を襲う。じつは悪徳な開発業者によって、住宅地全体が墓地の上に建てられていたのだった。それがすべての原因だと知り、一家は永遠にその地を離れる。

興味深いことに、『ポルターガイスト』も、もうひとつの伝説的なホーンテッドハウス映画『悪魔の棲む家』も、どちらもニューヨーク州ロングアイランドで暮らす一家に起きた出来事を題材にしている。『ポルターガイスト』は『悪魔の棲む家』よりもあとにできた映画だが、フーパー&スピルバーグ合作のこの映画の元となった出来事は、ラッツ一家（前章参照）がアミティヴィルに引っ越してくる一八年前に起きている。また、『悪魔の棲む家』は最初から「実話」を宣伝文句にしていたが、『ポルターガイスト』のほうは――実話を売りにすることは十分にできたはずだが――そのようなマーケティング戦略を用いていない。その代わり、観客がみずから映画のストーリーの由来、すなわち一九五八年二月三日にレッドウッド通り《パス》一六四八番地で起きた出来事をたどれるようにしたのだ。なお、なんの変哲もない郊外の家で起きたその出来事によって、現代の世界に「ポルターガイスト」という言葉が一気に広まったのである。

　ロングアイランドのシーフォードで暮らすハーマン一家は、まるで家族の見本のような、これ以上ないくらい普通の家族だった。一家のあるじ、四三歳のジェームズ・ハーマンは厳格なカトリック教徒で、航空会社エールフランスに勤務するかたわら、補助警察隊の一員として地域に貢献していた。彼はもと海兵隊軍曹で、第二次世界大戦中は太平洋戦域で従軍した。妻のルシールは三八歳の専業主婦で、以前はマンハッタンのセント・ルークス病院で看護師長をつとめていた。ハーマン家には、一三歳のルシール（ルーシー）と一二歳のジェームズ・ジュニア（ジミー）の二人の子どもがいた。一家が暮らすレッドウッド通り一六四八番地は寝室が三つある家族向けの住宅で、のちにラッツ一家が購入し、いわゆる〝アミティヴィルの恐怖〟の舞台となるオーシャン・アベニュー一一二番地から、わずか六キロほど北西にあった。一八年後にこの地域へ移り住むラッツ一家とは異なり、ハーマン一家はもともとここの住人だ。五年前から同じ家で暮らしてきたが、不穏な出来事など何ひとつ起きてはいなかった。だがそれも、一九五八年二月三日の月曜日が訪れるまでの話だ。

　その日も普段と変わらない冬の日で、気温はほんの少し氷点下を下回っていた。午後三時半ごろ、ルシール・ハーマンが子どもたちと一緒に居間でくつろいでいると、突然ポン、ポン、ポンと大きな音がたてつづけに響き、三人はぎょっとした。いったい何が起きたのだろうと、部屋をひとつひとつ見てまわったところ、どうやら家じゅうのボトルというボトルの蓋がはじけ飛んだらしい。寝室では、蓋のはずれた聖水瓶が倒れ、中身がこぼれてたんすの上が水浸しになっていた。バスルームのキャビネットでは、薬瓶やシャンプーのボトルが蓋のない状態で横倒しになり、キッチンでは洗濯のりのボトルが、地下の貯蔵庫では一ガロン入りの漂白剤の容器が同じように倒れていた。そしてジミーの寝室では、陶器でできたデイビー・クロケット（アメリカの英雄的軍人）の人形と船の模型がところどころ壊れていた。[1]

ルシールが職場にいる夫に電話をかけ、奇妙な出来事について伝えると、ジェームズ・ハーマンは心配したが、誰も怪我をしていないことだし、帰宅してから状況を見てみようと考えた。ロングアイランド鉄道でシーフォードへ帰った彼は、すべての部屋を調べ、家族からも話を聞いたが、ボトルの蓋がはじけ飛んだもっともな理由は見つからなかった。

二月六日木曜日の午後三時半、三日前とまったく同じことがふたたび起き、金曜日にもまた起きた。ジェームズ・ハーマンが実際にその現象を目撃したのは、日曜日の午前一〇時一五分のことだった。驚いたことに、またしても寝室の聖水瓶が倒れて中身が床にこぼれ、洗濯のりやテレビン油の容器の蓋もなくなっていた。その四五分後、彼がバスルームの入口に立ち、歯を磨いているジミーと話をしていたとき、洗面台のそばに置かれた二本の瓶が同時にばらばらの方向に動きだした。一方は四五センチほどスライドし、シンクに落ちて粉々に割れ、もう一方はすべるように三〇センチ以上移動したあと、倒れて床に落ちた。何かおかしなことが起きているのは、もはや否定できない。妻に劣らず困惑した彼は、すぐにナッソー郡警察署に電話をかけた。

ほどなくジェームズ・ヒューズ巡査がやってきてハーマン夫妻への事情聴取を始めたが、家のどこかから聞こえてくるポン、ポンという音にさえぎられた。ナッソー郡の三二歳の刑事ジョゼフ・トッツィが作成した報告書によると、バスルームに入っていったヒューズ巡査は、前と同じ二本のボトル（シャンプーのボトルと薬瓶）がひっくり返り、蓋が吹き飛んでいるのを見ている。その後の数日間で、ボトルの蓋がはじけ飛ぶ現象はより頻繁に、派手になった。二月一一日火曜日、トッツィ刑事はこの一件の捜査を専属で任された。同じ日、ルーシーの化粧だんす《ドレッサー》に置かれていた香水のアトマイザーがはじけ飛んだ。

二月一三日木曜日、トッツィは謎の現象が起きたボトルを五本、物理的・化学的分析のためにニューヨーク州ミネオラにある警察の研究所へ送った。その間にも怪現象は続き、二月一五日の土曜日にはまたしても聖水瓶が横倒しになった。瓶に触れたときにほのかな温もりを感じたジェームズ・ハーマンは、はっと気づいた。瓶が温かいということは、さっきまで誰かが手で持っていたに違いない。彼は急いで家じゅうを巡り、蓋がはじけ飛んだほかのボトルも確かめたが、残念ながらどれも室温と同じだった。

その日の午後、ジェームズのいとこマリー・マーサが訪ねてきた。夜の七時四〇分ごろ、マリーはジミーとルーシーと一緒に居間でテレビを見ていた。そのとき子どもたちはソファーに腰かけていたのだが、マリーはその横のコーヒーテーブルに置かれた磁器の小像がカタカタと揺れているのに気づいた。と、そのとき小像がとつぜん宙に浮き、床の敷物の上に落下した。こうしてハーマン一家は、ある恐ろしい可能性に直面した――この家には、悪霊がとりついているのではないか？

ハーマン家で起きている超常現象らしきものは、すぐにニューヨークの新聞各紙で報じられ、全国のメディアに伝わった。一家にインタビューし、あわよくばなんらかの超常現象を目撃したいと、レッドウッド通り一六四八番地には記者がつめかけた。また、一家のもとには全国の人々から手紙が舞いこみはじめた。そのなかの一通、マサチューセッツ州リビアに住むミセス・ヘレン・コノリーの手紙には、自分の家も同様の問題に見舞われたが、そのときはボトルの蓋や小像などではなく、もっと重たい家具が部屋のなかを移動したと書かれていた。結局、煙突から吹きこむ強い下降気流が原因だとわかり、煙突に金属の蓋をかぶせたという。この方法には九ドルしかかからないため、ハーマン夫妻も試してみることにした。

ハーマン家には宗教関係者も数多く押しかけたが、最初のひとりは、シーフォードにあるセント・ウィリアム・ザ・アボット教会のウィリアム・マクラウド神父だった。二月一七日月曜日、神父は家を清めようとやってきた。正式な悪魔祓いを行なう許可は申請してあると一家を安心させたあと、部屋から部屋へと移動しながら「天にまします父よ、全能の神よ……この家を祝福し浄化したまえ……壁に囲まれし空間に光の天使を住まわせたまえ」[2]ととなえ、善き聖霊が悪霊を追い払うよう聖水をまいた。

翌日には、青いウールのスーツを着た身なりのいい見知らぬ男がふらりと家に入ってきたかと思うと、何も言わず、まじまじと観察するように部屋を見てまわった。一家は前触れもなく他人がやってくるのにすっかり慣れてしまったため、また例によってジャーナリストがやってきたのだろうと思った。ところが男は、ダイニングルームに入るなり床にひざまずき、一〇分間祈りつづけた。自分はモリシェズ――ロングアイランド島にある、車で東へ四五分の集落――からやってきた「聖人」だと名乗る男は、これですべて解決した、ハーマン一家は赦《ゆる》されたと宣言すると、それ以上は何も語らず去っていった。

残念ながら、煙突の蓋も、聖水も、祈りも、赦《ゆる》しの宣言もまったく功を奏さなかった。ちょうどその翌日の二月一九日水曜日、トッツィ刑事がジェームズ、ルシール、ルーシーの三人と一緒に地下室にいたとき、上の階で何かが砕けるような音がした。急いで一階へのぼっていくと、誰もいない居間の床に、壊れた磁器の人形が転がっていた。この小像は、さっきまで三メートルほど離れたソファーの横の小さなテーブルに置かれていたものだ。隣のダイニングルームのテーブルでは、ジミーが熱心に宿題をしていた。この家の木の床板は、歩くとかなりきしむ。ジミーがテーブルから移動したなら足音が聞こえたはずだとトッツィは記している。[3]

トッツィ刑事が立てたある仮説を検証するため、ラジオ・コーポレーション・オブ・アメリカ社は、家のまわりに異常な電波が発生していないかを調べるチームを派遣したが、変わった点は何も見つからなかった。同様に、ロングアイランド・ライティング社はハーマン家の地下に電流の振動を計測するオシログラフを設置した。設置後、屋内で不可解な現象が三度起きたが、それと一致するタイミングでオシログラフが変則的な振動を検出することはなかった。

また、ある高名な物理学者によって、とうてい信じがたい解釈もなされた。ロングアイランド中心部にあるブルックヘブン国立研究所で高エネルギー粒子の加速について研究するロバート・ザイダーは、ハーマン家を訪れ、水脈探査《ダウジング》に使う柳の枝でできた占い棒を取り出した。それから家の周囲をぐるりと回った彼は、地下に水脈があって、その水がため池に流れこんで凍結した可能性が高いと告げた。上を飛行機が通過するたびに池の氷に振動が伝わり、そこから流れをさかのぼるようにハーマン家の下を流れる水に電磁波が伝播し、家の土台を揺さぶっているのだという。ジェームズとルシールは、ご協力に感謝しますと丁重に礼を述べた。

二月二五日は、ハーマン一家の苦難において非常に重要な日となった。午前七時半、奇妙な現象が始まった。高さが四五センチほどある聖母マリアの石膏像が部屋を突っ切って飛び、鏡の枠に激突したのだ。だが像にも鏡にも、さほど損傷はなかった。この現象に対し、近くの井戸が崩壊しそうになって振動を引き起こしたのではないかとの解釈がなされたため、シーフォード消防署は人員を派遣し調査を行なった。その結果、井戸は非常に良好な状態だと判断された。けれども、その日レッドウッド通り一六四八番地に調査にやってきたのは、消防隊だけではなかった。

デューク大学超心理学研究室のJ・ゲイザー・プラット博士とウィリアム・ロールが、ソーフォードで超常現象が起きたと聞き、はるばるノースカロライナ州からやってきて協力を申し出たのだ。苛立ちをつのらせていたジェームズ・ハーマンは、得られるものならどんな協力でも得たいと答えた。二人の研究者は、すぐに手腕を発揮した。彼らはまず、トッツィ刑事が作成した報告書の明らかな誤りに気づいたのだ。ヒューズ巡査から話を聞くと、彼がバスルームに入っていったときに倒れていたボトルは、実際には一本だけだった。また、トッツィの報告書では漂白剤の容器が箱から飛び出して床に墜落するのをジミーと母親が「実際に見た」[4] とあるが、ハーマン一家への聴取で、それが全く不正確であることをプラット博士は突き止めた。さらに、ヒューズ巡査は事前にバスルームを調べ、そのときボトルは確かに立っていたと言ったが、彼は自分がそこを離れたあとにボトルに細工されていた可能性を考慮に入れていなかった。

記録された不可解な現象は六七件あり、そのうちの五〇件で、一二歳のジミーがその場に居合わせた。

そのことに気づいたプラットとロールは、少年が無意識のうちに心的エネルギーを発散し、その結果さまざまな物があちこちに投げ飛ばされる――いわゆる「念力」ではないかと推測した。起きた現象について彼らは、「報告が正しければ、たやすく実行された単なるいたずらとは説明しがたい」[5]と記述している。

二月の終わりになると、ハーマン一家には一日に最大七五本の電話と二五通の手紙が来るようになっていたが、最も頻繁になされた提言は、一家を苦しめているのは「ポルターガイスト」（ドイツ語で「騒々しい幽霊」）ではないかというものだった。ヨーロッパに古くから伝わる、概して悪意のない、いたずら好きの幽霊だ。一家にコンタクトした科学者たちのなかには、ポルターガイスト現象は実在すると信じる一方で、その原因は超自然的なものではなく、人間がまだ把握していない自然の力が引き起こしているのだと考える者もいた。また、ハーマン家に届いた手紙には、硫黄を燃やして「霊的なもの」を追い払うよう勧めるものや、「アメリカのために」[6]宇宙からやってきた訪問者にフレンドリーに接するよう促すものもあった。

不思議なことに、二人の超心理学者がレッドウッド通り一六四八番地に滞在し、ハーマン一家を注意深く監視しインタビューを行なうあいだ、ポルターガイスト現象は一度も起きなかった。プラットとロールは、殺到する記者たちによって心理的環境がかき乱され、ジミーの念力が無力化されたに違いないと結論づけた。そして彼らは二月二八日にノースカロライナへ帰っていき、その直後の三月二日、ポルターガイスト現象がふたたび始まった。

まさしくサーカスのパレードさながらに「専門家《エキスパート》」たちが続々と訪れては去り、手紙でコンタクトし、あるいは電話でアドバイスを提供したが、いわゆる「オッカムの剃刀《かみそり》」――往々にして、最もシンプルな方法が正解であるという原理――を当てはめて考えた者はひとりもいなかった。その点、「F・ブリル」という人物がハーマン一家ではなくライフ誌に書き送った手紙は、問題の核心をついていた。一九五八年四月七日に公開されたその手紙には、次のように書かれていた。

「ロングアイランドのシーフォードという町のレッドウッド通り一六四八番地には、〝じつに巧妙な小さい手品師〟が住んでいるのか。それともわが国の科学者たちは、意図的に操れば、とてつもない悪事に貢献しかねない能力を見逃しているのか。……私には、ジェームズ・ジュニアが学校生活に退屈しているように思えてなりません」[7]

超常現象が起きていると確信する専門家が何十人といるなか、それを懐疑的に見る者が二人いた。そのひとり、カーリス・オシス博士はラトビア生まれの四〇歳、心理学者で超心理学財団のメンバーだった。ハーマン家のケースを綿密に追跡した彼は、いくつか鋭い指摘をしている。まず、報告された七〇件を超えるポルターガイスト現象のうち、午前一時から六時のあいだ、つまりハーマン家の子どもたちがベッドにいる時間帯に起きたものがひとつもない点だ。第二の指摘は、第一の指摘にもつながるのだが、ポルターガイスト現象が実際に起き、そのときジミーはベッドにいたとされるケースでは、つねに彼の寝室かそのすぐそばで起きている点だ。ジミーのそれまでの活動を調べたオシスは、少年が学校のサイエンスクラブに所属し、そこで化学反応について学んだ可能性があるとの結論に達した。化学反応の知識があれば、ボトルに反応物質を入れてただ待てばいい。あとは手先の早業でどうにかなる。警察官や心理学者、犯罪学者なら異論はないと思うが、目の前で起きていると思っていることと、実際に起きていることのあいだには往々にして大きな隔たりがあるものだ。オシスはまた、ハーマン家の地下室で起きたある恐ろしい出来事にも目を向けさせた。それは、重さ五〇キロほどの本棚が急に倒れた一件で、そのあとジミーが荒い息をしているのが目撃されていた。オシスはそこから、カトリック教徒でしつけの厳しい父親の権威に歯向かいたいという思春期ならではの衝動に駆られた少年が、家庭内で破壊運動を展開していたと推測したのである。[8]

五月一五日木曜日、オシスは自身の結論をメディアに発表した。しかし残念ながら、彼の綿密な分析は超常現象を主張する煽情的な説と比べてかなり受けが悪く、家に幽霊がとりついていると信じるトッツィ刑事とハーマン一家の言葉の引用や、ジミーの念力説をとなえるプラット博士の主張が雪崩のごとく押し寄せ、オシスの結論はそれに埋もれるように葬り去られてしまった。

メディアは一二歳の少年に騙されているのだと確信していたもうひとりの人物は、四三歳の有名なステージマジシャン、ミルボーン・クリストファーだ。手先の早業の達人である彼は、ハーマン家ではいったい何がおきているのだろうと密かに興味を抱き、調査させてほしいとトッツィ刑事に打診した。ところが意外にも、ジェームズ・ハーマンはマジシャンを家に立ち入らせることを断固として拒んだ。彼はかなり信心深い男だったが、エンターテイナーと本物の魔術師の違いくらいはわかっていたはずで、そう思うと奇妙な態度だった。だがクリストファーはあきらめず、間接的な情報をひたすら集めたのち、ポルターガイスト現象のからくりをひとつ残らず再現できると宣言した。そして彼は、トッツィ刑事の捜査に見られる明らかな誤りを指摘した。たとえば居間で小像が飛んだ件について、トッツィはジミーのしわざではありえないとし、その理由として、自分はハーマン家の人たちと地下室にいたが、ジミーが歩きまわれば足音が聞こえたはずだと述べている。だがどうやらトッツィは、少年がダイニングルームのテーブルにつく前に小像をそっとポケットや本のあいだにしのばせておき、隣接する居間にぽんと放り投げた可能性をまったく考慮していなかったようだ。

クリストファーにインタビューを試みた報道陣は、さまざまな物が空中を飛び、ボトルの蓋がポン、ポンとはじけだすのを見てあっけにとられた。そう宣言したとおり、マジシャンはハーマン家で起きていることを再現してみせたのだ。だが案の定、幽霊説をくつがえすミルボーン・クリストファーの堂々たるショーは、オシスの論証以上に注目されなかった。シーフォードのポルターガイストはいまや「金を産む牛」であり、あまりに尊《とうと》すぎて、真実のために殺してしまうわけにはいかなかった。のちに行なわれたメディア報道の調査により、この一件をめぐっては、出来事の順番や談話、基本的な事実関係全般にかなりの歪曲があることが判明した。また、ハーマン一家がポリグラフ検査を拒んでいたのも意味深長だ。それについてジェームズ・ハーマンは、検査の結果次第ではジミーが悪者のように見えてしまうのを案じたからだと言い訳している。

結局、「騒々しい幽霊」のしわざにしろ子どもの悪ふざけにしろ、シーフォードのポルターガイスト現象は一九五八年三月一〇日を最後にやみ、二度と起きなかった。

『エルム街の悪夢』（一九八四年）

夜間突然死症候群

一九八四年に公開されたウェス・クレイヴン監督の傑作ホラー映画『エルム街の悪夢』に登場する若者たちに、安らかな眠りは訪れない。代わりに眠りがもたらすものは、醜く焼けただれた顔に病的な目つき、刃付き手袋をはめた恐怖のシリアルキラー、フレディ・クルーガーだ。夢には、人を殺す力がある――そのことをありありと示したこの映画に着想を与えたのは、嘘のような実際の出来事、謎の連続突然死だ。

『M』の表現主義的スタイルや『エクソシスト』の不穏な比喩的描写など、多くのホラー映画では超現実的《シュルレアリスム》手法が効果的に用いられている。しかし、実際に超現実的恐怖を描いたホラー映画は、ウェス・クレイヴン監督の傑作『エルム街の悪夢』が初めてだ。

『エルム街の悪夢』では、オハイオ州スプリングウッド郊外に住むティーンエイジャーたちが、何度もくり返される悪夢に悩まされていた。すさまじい火傷《やけど》を負い、鋭い刃のついた手袋をはめたフレディ・クルーガーという恐ろしい男が夢にあらわれ、彼らを愚弄し、殺してやると脅しをかけてくるのだ。しかも信じられないことに、クルーガーに襲われる夢を見て目覚めると、攻撃を受けた部分の服や体が実際に傷ついている。一九八一年三月、お泊りパーティーの晩、恐怖に怯えるロッド・レインの目の前で、眠っている恋人ティナ・グレイが目に見えない殺人者にめった斬りにされる。殺人罪で逮捕されたロッドが、無実を訴えながら留置所で打ちひしがれているころ、友人のナンシー・トンプソンは、クルーガーに火傷を負わされる生々しい悪夢を見ていた。痛みで目覚めたナンシーは、肌に火傷の跡を見つけて衝撃を受ける。ロッドが留置所で絞殺体で発見され（夢のなかでクルーガーに殺された）、彼の葬儀に参列したナンシーは、両親に夢の話をする。その後、母親に睡眠障害専門のクリニックへ連れていかれたナンシーは、眠っているあいだに危うくクルーガーの餌食になりかけるがどうにか目を覚まし、彼のトレードマークの帽子を夢から現実の世界へ引っぱり出す。その薄汚い中折れ帽《フェドーラ》を見たナンシーの母は、じつはフレッド・クルーガーはかつて「スプリングウッドの切り裂き魔《スラッシャー》」と呼ばれたシリアルキラーなのだと打ち明ける。彼は何人もの子どもを殺したが、手続き上の理由で法の裁きを逃れた。そこで子どもを殺されたエルム街の親たちは私刑団を結成し、クルーガーをボイラー室に閉じこめて生きたまま焼き殺した。クルーガーの亡霊は復讐のため、自分を殺した者たちの子どもを夢のなかで殺そうとしていたのだ。それを知ったナンシーは次の標的になるのを恐れ、あらゆる手段を使って眠りに落ちまいとするが、やがて彼女は、クルーガーを夢の世界から現実へ引きずり出す計画を立てる。現実の世界では弱体化し、魔力が使えなくなるからだ。最後の戦いでナンシーはついにクルーガーを打ち負かし、すべてが悪い夢であったかのように、ナンシーの生活も、そしてエルム街も、クルーガーが仕組んだ殺戮が行なわれる前の状態に戻る。殺された友人たちが生きていて、何ごともなかったかのように普段どおりにしているのを見てとまどいながら、ナンシーはボーイフレンドのオープンカーに乗りこむ。だがそのとき彼女は、自分がまだ夢のなかにいること、さらにフレディ・クルーガーが生きていて、「現実」を完全に支配しつづけていることに気づくのだった。

この映画とフレディ・クルーガー像にインスピレーションを与えたものは、実際にあった奇妙な出来事から、歌、宗教、監督ウェス・クレイヴン自身の幼少期のトラウマに至るまで多岐にわたる。だが最も大きな影響を与えたのは、一九七〇年代から八〇年代にかけてアメリカで起きた一連の不可解な死だ。それらの死は奇妙にも、地球の反対側で起きた戦慄の殺戮と関わりがありそうだ——。

大帝国——現代ならば超大国——どうしの衝突が起きると、その板挟みとなるのは決まって罪のない人々だ。そして彼らはつねに、一方の味方につくか、対立する両勢力のあいだで押しつぶされるか、二つにひとつの選択を迫られる。それがラオスのモン族がたどった運命だった。モン族とは、古くから人里離れたラオスの山岳地帯で暮らしてきた貧しい少数民族だ。モン族は、二〇世紀前半に傷痕を残した前例のない暴力をほぼまぬがれたが、一九五〇年代の脱植民地化闘争の時代、ついに戦争は彼らを見いだした。

本格的な苦難の兆候が見えはじめたのは、一九五四年五月のことだった。衰退しつつある帝国主義国家フランスは、東南アジアの植民地を手放すまいと不毛な努力を続けていたが、ベトナム北部において共産主義勢力ベトミン（ベトナム独立同盟）に決定的な敗北を喫する。その少し前から開かれていたジュネーヴ会議には、勝利したベトナム民主共和国（北ベトナム）と屈辱を味わったフランス共和国のほか、東西冷戦の両陣営から、資本主義・民主主義国家を代表してアメリカとイギリスが、共産主義国家を代表して中国とソ連が参加した。二カ月半にわたる交渉を経て、七月二一日、ベトナムを北緯一七度線で南北に分割する合意がなされ、北ベトナム、フランス、中国、ソ連、イギリスが協定に署名した。南ベトナムの非共産主義政府は、イデオロギー上の理由から、国を分断するこの協定を拒絶、一方でアメリカは不干渉を約束し、棄権した。こうして事実上、それまでのフランス領インドシナは北ベトナム、南ベトナム、カンボジア、ラオスの四つの国に分割された。

いま振り返れば、ジュネーヴ協定はフェアな休戦協定とはほど遠く、ふさがらない傷口からいずれ血が噴き出すのは目に見えていた。北ベトナムには一七度線での停戦を本気で守る気などさらさらなく、ただ時間稼ぎをしていたにすぎなかった。同様に、その地域におけるフランスの存在《プレゼンス》はたちまちアメリカの影響力に塗り替えられ、共産主義に対し猛烈な敵意を抱くベトナム共和国（南ベトナム）をアメリカは公然と支援した。その結果がベトナム戦争であり、争いは新たに形成されたラオスおよびカンボジア両王国にも波及し、何百万人もの命が奪われたのである。

予想にたがわず、ラオスでは共産主義が一大勢力となった。その数年前にベトミンの中枢部に組織されたパテトラオ（ラオス愛国戦線）は、同じく共産主義を掲げる北ベトナムの支援を受け、国を統治する君主政権と戦っていた。これを受け、南ベトナムと同様にアメリカもまた、ラオスが共産主義国家にならないよう阻止するのが急務と考えた。さらに北ベトナムはこのとき、一七度線を迂回し、ラオスとカンボジアを通って密かに南ベトナムへ兵と武器を送りこんでいた。アメリカでのちに「ホーチミン・トレイル」と呼ばれる、いわゆるホーチミン・ルートだ。北ベトナムはすでに一九五九年からこのルートを使っていたが、アメリカ軍が南ベトナムで共産主義ゲリラと戦っていた一九六〇年代半ばには、この補給ラインはまちがいなく、北ベトナムの軍事戦略にとってきわめて重要なものとなっていた。アメリカはラオス内の共産主義拠点を空爆することはできたが、ジュネーヴ協定は地上部隊の配備を違法と定めていた。

ここでCIA（アメリカ中央情報局）に話を移そう。CIAはすでに一九六〇年から、山岳少数民族のモン族と低地で暮らす大半のラオス人とのあいだに古くからある緊張関係を巧みに利用し、モン族を味方につけて、ラオス内の共産主義勢力と密かに戦っていた。好機など訪れるはずもない山奥で、約束された物資や給与はとりわけ魅力的だった。CIAはこの作戦を「オペレーション・モメンタム（機動力作戦）」と名づけ、幼い子どもも含む一万人から三万人のモン族を隣国タイで訓練して武装させ、スペシャル・ゲリラ・ユニット（SGU）と呼ばれる機動部隊を編成した。作戦本部となったのは、標高約九五〇メートルの山岳地帯の谷間に隠れたCIAの秘密基地ロンチェンだった。当初、SGUの任務は共産主義勢力に関する情報収集に限られていたが、敵に撃墜された米軍パイロットの救出など、徐々にその役割は拡大し、ついに本格的な戦闘にも従事するようになった。その結果、モン族の死傷者はかなりの数にのぼり、この「密かな戦争」とその余波により命を落としたラオスのモン族の数は、ベトナムで散ったアメリカ兵五万八〇〇〇人をはるかに超えると言われている[1]。

一九七五年四月三〇日、南ベトナムとその同盟国アメリカの敗北によって、ベトナム戦争はついに終結し、わずかに生き残った米兵は祖国へ送還された。しかし、ラオスのモン族にはどこにも行き場がない。バン・パオ将軍（CIAの徴兵官で、ラオス王国軍で将軍にまでのぼりつめた唯一のモン族）はこの状況を見定め、可能なかぎり多くのモン族をロンチェンからタイへ退避させるようCIAと話をつけた。そして五月一三日、急速に迫りくる共産主義勢力に処刑される危険性が最も高いとパオ将軍が判断した三五〇〇人のモン族を、アメリカ人パイロットがわずか三機の飛行機で退避させた。そして次の日にはパオ将軍自身もヘリコプターで脱出するが、フライトはそこで突如とだえてしまう。リーダーを失い取り残されたモン族は困惑するが、事態は一刻を争う。そこで約四万人のモン族は、子どもや荷物を背負いタイへ向けて徒歩で出発するという、とてつもない行動に出たのだ。パテトラオの軍勢がロンチェンを征服したのは、その翌日のことだった。

五月二九日、避難民の第一陣がタイとの国境から約七五キロのヒンフープに到着するが、町にはバリケードが築かれていた。彼らが障害物をどかそうとしたとき、パテトラオの兵が射撃を開始し、二〇人以上のモン族が死亡し、一〇〇人近くが負傷した。パテトラオの妨害を受けながらも、その年の暮れまでに何万人ものモン族がタイへ逃げのびた。だが一方で、過酷な原野を行く長旅でさまざまな危険に遭い、あるいは執念を燃やす共産主義者の手にかかり、無数の命が奪われた。

一九七五年一二月、国王サワーン・ワッタナーを元首とするラオス王国政府は、パテトラオと北ベトナム軍によって打倒され、この内戦で二万人から六万人のラオス人が命を奪われたとされる。ラオス王国はラオス人民民主共和国と名を改め、新たに誕生したこの共産主義国家はベトナムの部隊と助言者を受け入れ、その結果、合計三〇万人のラオス人が国を脱出した。[2]

ロンチェンへ進軍して二週間後、パテトラオの司令官たちは残ったモン族を全員非武装化させ、「再教育」センターへの送りこみを開始していた。そこでモン族は強制的に「セミナー」を受講させられ、贖罪として過酷な労役につき、資本主義のイデオロギーを放棄させられるのだった。モン族の将校たちは征服者を攻撃した日付をすべて告白させられ、「殺害」した共産主義部隊の数や、屠《ほふ》ったもしくは盗んだ家畜の数を列挙し、自分がどれだけの物的損害を与えたかを総括させられた。その「罪」の質と量に応じ、指揮管理するパテトラオの将校が、各人の受ける「セミナー」の期間を決めた。そのため、場合によっては、一生涯それが続く可能性もあったのである。捕虜の告白に疑念があれば、指揮官はそのグループ全体の糧食を減らし処罰した。半年もたつころには、「セミナー」を受けた捕虜たちはみな衰弱して痩せ細り、彼らの大半は死ぬまで働くか、栄養失調で命を落とした。この「再教育」は、公務員や指導者たちにも同様にほどこされた。

　しかし、モン族の兵士がすべて屈服または逃亡したわけではない。新政府のもとでどのような運命が待ち受けているかを熟知していた反乱部隊「チャオ・ファー」（空の民）は、ベトナム軍と支配を強める共産主義勢力に対しゲリラ戦を続けた。パテトラオはこうした抵抗勢力を「アメリカの協力者」[3]と呼び、一九七七年に声明を出し、「ひとり残らず根絶やしにする」[4]と宣言した。従来型の戦法では不十分だとわかると、共産主義軍勢は爆撃に加え、モン族の村を焼き払う、作物に枯葉剤を散布するといった焦土作戦、さらに化学兵器まで併用する残忍な手段に出たが、とりわけこの化学兵器が悪夢のような影響を及ぼした。神経ガスにさらされたモン族は、コリン作用薬が効きはじめると、まず鼻水が出て胸が締めつけられる感覚をおぼえ、最終的に筋肉の収縮による麻痺状態におちいった。息をしようと必死にもがき、胃腸の痛みに襲われ、そのうちに嘔吐し、腸のコントロールを失う。そして数分後には筋肉が勝手にピクピクと動きだし、やがて本格的な癲癇《てんかん》の発作が起きて死に至る。[5]一命をとりとめた者も、神経に一生消えないダメージを受け、その結果、極度の倦怠感や視力の低下、不眠、動悸などに苦しんだ。バン・パオ将軍の推計では、一九七五年から一九七八年のあいだに五万人のモン族難民がソ連の供給した毒性化学物質で殺され、タイへ逃れる途中、飢餓、病気、および敵の銃弾により、さらに四万五〇〇〇人が命を落とした。[6]

一九八一年の時点で、タイの難民キャンプへ到達したモン族のうち三万五〇〇〇人がアメリカに再移住していた。彼らがアメリカで経験したカルチャーショックは、誇張しようがないほど大きかったに違いない。なにしろわずか数年のあいだに、焼き畑式農業の暮らし（米と野菜、たまにジャングルでイノシシの串焼きを食べる）から、二四時間営業しているファストフードのドライブスルー、巨大スーパーマーケット、電動歯ブラシ、テレビから連続ホームコメディーの音がエンドレスに鳴り響く生活へと変わったのだから。こうしてようやく迫害からは自由になったが、モン族はそれまで長いあいだ、恐怖と死に支配されて生きてきた。その悪夢がなぜか、邪悪な性質はそのままに形だけを変え、はるばる海を越えてアメリカまで彼らについてきたのだ。

祖国を離れたモン族のひとりが、ヨン・レン・タオだ。一九八〇年七月、四七歳の彼は妻ションユーと八人の子どもたちとともに、オレゴン州ポートランドに移住した。それから一年もたたない一九八一年一月八日、タオは真夜中過ぎまでテレビを見ていた。もういいかげんに寝ようと思いベッドに入ると、横に寝ていた妻が目を覚ましたが、すぐに二人とも眠りに落ちた。妻のションがふたたび目覚めたのは、苦しげにもがく男の声が聞こえたからだ。ションは慌ててタオを起こそうと寝返りをうち、はっとした。彼はすでに死んでいた。

マルトノマー郡の監察医ラリー・V・ルーマンは、目の前の解剖台に横たわる中年のアジア系の男を見たとき、既視感を覚えた。つい三日前、一見健康そうな二九歳のモン族の男ション・トウ・ションが同じような状況で睡眠中に死亡したのだ。どちらのケースも、解剖、毒物検査、顕微鏡を使った組織検査を念入りに行なったにもかかわらず死因を特定できなかった。途方に暮れ、ルーマンは報告書の死因欄に「保留」と記入した。[7]

その後まもなく、過去九カ月のあいだにラオス人難民の不可解な死がさらに二件起きていたことを彼は知る。「どのケースもじつに、じつに似通っていた。全員が男性で、比較的若く、睡眠中に亡くなっている。何が起きているのか、私には皆目わからない」[8]とルーマンは率直に認めた。しかし彼は、必ず原因を突き止めるつもりだった。まずはモン族や他の東南アジア系難民が数多く住む行政区の医療担当者に話を聞いてみようと、彼は受話器をとった。八〇〇〇人のモン族が暮らすミネソタ州セントポールでは、原因がわからない夜間の死が四件起きていた。さらにワシントン州シアトル、アイオワ州デモイン、カリフォルニア州オレンジ郡でも同様のケースが見つかった。二月一七日、ミシシッピ川を挟んでセントポールと隣接するミネアポリスで、モン族の睡眠中の突然死がまた一件報告された。ルーマン医師はこの時点で、一九七八年以降、アメリカにおいてラオス難民が睡眠中に不可解な突然死を遂げた事例を一三件集めていた。ロサンゼルスで暮らすモン族のスポークスマン、クーシェン・ヨンチューによって、さらに何件か加えられた。「非常によく似た死が一九件、二〇件と起きたが、納得のいく理由がまったくわからなかった」[9]と彼は語った。

疫学者トム・プレンダーガスト博士がこの問題を認識したのは、ミネアポリスやポートランドの記者たちから、オレンジ郡ではモン族の男性が説明のつかない謎の死を遂げていないかと問い合わせの電話が来るようになってからだ。調べてみると、一見健康そうな難民が「朝になって死亡しているのが発見された、もしくは夜間にゴボゴボと喉を鳴らして呼吸困難におちいり、そのまま帰らぬ人となった」[10]ケースが二〇件も見つかった。確認された最初のケースは、リー・ドゥアという男性の謎の夜間死で、一九七七年にさかのぼる。数を計算しながら、プレンダーガストは驚きの結論に達した。なんと、アメリカでは、モン族の全死亡件数のうち半数の死因がこれ（かもしれない）[11]のだ。一九八一年九月の時点で、疾病管理予防センター（CDC）は同様のケースを三五件確認していた。[12]

当惑する医学界からは、とてつもないカルチャーショックへの順応と、戦時中の精神的外傷《トラウマ》の両方が、モン族が睡眠中に突然死するおもな原因なのではないかという説が浮上した。「不幸な政変が起きず、戦争もなく、あのまま生まれ育った村でずっと暮らせたらどんなに良かったか。そうしていれば、夫はこんな目に遭わなかったでしょう。けれど、この国を責めるつもりはありません」[13]ヨン・レン・タオの妻ション・ユーはそう語った。一方、共産主義勢力のもとで辛苦を味わったモン族に最も受け入れられたのは、神経ガスにさらされた副作用という解釈だ。モンタナ州ミズーラで平和に暮らすバン・パオ将軍もこの説を支持したことが、大きな梃子《てこ》入れとなった。

アイオワ州デモインで起きた夜間死を受けてか、州選出の共和党上院議員ジム・リーチは、睡眠中の死の問題と、神経ガスが人体に及ぼす長期的影響について調査するよう連邦政府に求めた。しかし、ルーマン医師はまだ納得できずにいた。「とにかく合点がいかなかった。神経ガスにそのような作用はありません。何も根拠はなく……それに、もし神経ガスが原因なら、なぜ男性だけに、そしてなぜ夜のあいだだけ作用するのか。そもそも、即効性がなく影響が出るのに四年もかかるのでは、（兵器として）あまり効果的とは言えないでしょう」[14]

ルーマンは、大胆だが説得力のある説で対抗した。モン族の男は昔から睡眠中に突然死してきたのではないか。その現象がいまアメリカ西部へ持ちこまれ、科学的分析の対象となっただけではないのか、というのが彼の説だ。

「たしかに、原因がわからない若者の突然死は毎年起きています。百万人当たり四人、五人、六人といったところでしょう。しかし、（ポートランドにいる難民）二〇〇〇人のうち四人というのは桁外れに多い。本国でもそれほどの頻度で起きているのかどうかわかりませんが」[15]とルーマンは語った。おそらくアメリカ人医師の誰よりも多くモン族を診てきたベトナム人医師ヴー・ディン・ミン博士は、「心臓に関わるメカニズムであることは、ほぼまちがいなさそうだ」[16]と記している。

幸い、シアトル在住のあるモン族が一命をとりとめて状況を語り、その後かなりの時間をかけて研究所で検査が行なわれた。疫学者のプレンダーガスト博士によると、「病院へ運ばれてきたとき、心室細動が起きていた。心筋が収縮し、正常に鼓動するのではなく震えているような状態だった。……適切な処置をすると患者は持ち直し、その後の数週間で、心電図の波形が徐々に心臓発作を起こした人に特有のパターンを示すようになった」[17]という。プレンダーガストはそこから、心臓発作で心拍が乱れ痙攣などが引き起こされたが、一瞬の出来事であったために解剖では永続的なダメージが見つからなかったのではないかと仮説を立てた。それが本当なら、早急に心肺蘇生を行ない治療していれば多くの命が救われたかもしれない。

一方ルーマン医師は、フィリピンで「バンゥーンォッ（悪夢）症候群」として知られる同様の現象に関する知識を深めていた。フィリピン人は恐ろしい悪夢を見たあとにこの症状が出ると信じており、満腹状態で眠るのが原因だとされていた。フィリピンの医師たちはより具体的に、男たちは魚醤《ぎょしょう》に含まれる毒素であるポリペプチドの大量摂取により死亡したのではないかと推測していた。

一九八三年代半ばには、モン族の謎の病気とバンゥーンォッはいずれも、「ポックリ病」と呼ばれる日本の病気と関連づけられていた。「ポックリ」とは、「不意に」、「唐突に」という意味の擬声語で、日本では毎年、この病気で推定五〇〇〇人から一〇〇〇〇人が睡眠中に亡くなっている。[18] フィリピン人とモン族のケースと同様、ポックリ病もやはり、健康そうな若い男性になんの前触れもなく襲いかかるらしい。東京大学医学部の石山昱夫《いくお》教授はいくつかの解剖結果を挙げ、ポックリ病に外因的な毒物が関与しているという説に懐疑的な見解を示している。法医学の専門家である石山教授は、ポックリ病で亡くなった人々のなかに、心筋組織が死滅している症例を複数発見した。彼はその原因について、ミオグロビン（鉄と酸素を結合させるタンパク質）が激減し、それが冠状動脈の痙攣を引き起こしたのではないかと述べている。[19]

この時点で、問題の現象は欧米で「夜間死症候群（Nocturnal Death Syndrome）」と呼ばれ、数多くの東南アジア難民から、アメリカに渡るずっと前から、先祖代々が暮らしたコミュニティーでは同じ現象が起きていたという報告が寄せられていた。この新事実が明らかになると、カルチャーショック説と神経ガス説はいずれも切り捨てられた。一九八三年七月一〇日の時点で、アメリカでは東南アジア出身者の謎の夜間死は七二件記録されていた。現在、夜間突然死症候群（Sudden Unexplained Nocturnal Death

Syndrome＝SUNDS）は東アジア人が遺伝的にかかりやすい多因性疾患として認識され、その発作はときに睡眠時驚愕症（夜驚症）をともなう。[20]

こうして夜間の突然死に明確な医学的説明がなされたが、そのだいぶ前から、映画監督ウェス・クレイヴンはこの病気に目をつけていた。彼はロサンゼルス・タイムズ紙でこの突然死に関する記事を読んだのだが、重要な部分について誤った認識をしていたらしく、次のように述べている。「男たちのあいだには血縁も地縁もなかったが、全員の身に同じようなことが起きた。彼らはみな、それまで見たことのない不穏な悪夢を見て、それを家族に話した。また夢の世界に戻るのを恐れるあまり眠るまいとしたが、いずれのケースでも、ふたたび眠りに落ちて死んでいる」[21]

あるときクレイヴンは、男たちはなぜ死んだのだろうと考えていた。「夢を見たせいで死んだのだとしたら？　夢が実際に彼らを殺したのだとしたら？　全員が同じ悪夢を見たのだとしたら？」[22]などと思いを巡らしていると、ゲイリー・ライトの一九七五年のヒット曲『夢織り人《ドリーム・ウィーバー》』が聞こえてきた。シンセサイザーが奏でるどことなく不吉なイントロ（それがそのまま、『エルム街の悪夢』の音楽のヒントとなった）と「Dream Weaver, I believe you can get me through the night（夢織り人よ、一緒ならこの夜を越えていける）」[23]というコーラスの歌詞を聴き、クレイヴンは「夢のなかだけに存在するヴィラン（悪役）をつくりあげる」[24]だけでなく、そこからさらに一歩進めて、夢そのものを織り上げ、自由自在に変貌させるヴィランをつくりあげた。彼はまた、子どものころに悪夢を見て、目覚めたあと、「一緒に夢のなかへ入っていってぼくを守って」と母親にお願いしたのを思い出した。[25]だが、クレイヴンの映画に影響を及ぼしたと思われる幼少期のトラウマは、これだけではない。

のちに『エルム街の悪夢』の主役となるあの象徴的なヴィランが初めて闇夜に姿をあらわしたのは、一九五〇年代の初め、オハイオ州クリーヴランドでのことだった。当時一一歳だったウェスリー・アール・クレイヴン（ウェス・クレイヴンの本名）は、兄のポールと二人、アパートの二階にある自分たちの寝室で眠っていた。そのとき、未来の映画監督は外の物音で目を覚ました。眠い目をこすりながらベッドから出て、下の通りで何が起きているのかを見ようと窓のところへ行くと、つばの広いソフト帽《スローチハット》をかぶりオーバーコートを着た気味の悪い男が門の外に立ち、じっとこちらを見ていた。影のような男が玄関のほうへ歩きだしたとき、怯えたウェスリーは兄を起こした。野球のバットをつかみ、二人の少年はびくびくしながらアパートの部屋を抜け出し、玄関へ通じる廊下に出た。そこに侵入者がいる……はずが、誰もいなかった。「あの男は、ただの酔っぱらいだったのかもしれない」とクレイヴンはのちに認めている。「けれど、あのときのことは忘れられない……大人だって、人を怖がらせて面白がることがあるんだなと思った。そういうわけで、いざフレディを生み出す段になって、そのひな形としてあの男が票を獲得したわけだ[26]」

スローチハットの男は二度とあらわれなかったが、幼い日のウェスリーは、ある少年に幾度となく怖い思いをさせられた。それは「私と同じ場所に新聞を取りにくる少年」で、ウェスリーは「一年のあいだ、しょっちゅうぼこぼこにされていたが、ついに勇気を出して立ち向かうと、ぱったり来なく[27]」なった。そのいじめっ子の名は、フレディだった。

それから何年もたった一九八二年ごろ、クレイヴンはサイエンティフィック・アメリカン誌で「人間の目で見て、最も相容れない二つの色（特定の緑と赤）」について書かれた記事を読み、「それをコスチュームに使おうと思った。ひと目でフレディだとわかるように。たとえ彼が、部屋ではどんな服に着替えたとしてもね[28]」。そういうわけで、フレディのトレードマークのセーターは、赤と緑のストライプになった。最後に「エルム街」という名前についてだが、このストリート名は、クレイヴンが映画学校に通ったニューヨーク州ポツダムにある並木道に由来する。だが驚くなかれ、じつはこの傑作ホラー映画のなかで「エルム街」という名が口に出されることは一度もないのだ。

『ゾンビ伝説』（一九八八年）

クレルヴィウス・ナルシスの数奇な物語

予想外の大ヒットとなった『エルム街の悪夢』に続き、ウェス・クレイヴン監督が世に打ち出した次なるホラー作品が『ゾンビ伝説』だ。今回は切り裂き魔《スラッシャー》から離れ、ゾンビとパラノーマルに挑戦している。ウェイド・デイヴィス博士による同名の本（邦訳版のタイトルは『蛇と虹：ゾンビの謎に挑む』）にヒントを得たクレイヴン監督のこの映画では、ゾンビや儀式、魔術など、ハイチのブードゥー教がもつ強烈なイメージが効果的に使われている。

映画のなかで、人類学者のデニス・アラン博士は製薬会社から資金提供を受け、ゾンビをつくるブードゥー教の儀式に用いられるとされる秘薬を探しにハイチへ向かう。製薬会社はその薬の製法を知り、麻酔薬に応用したいと考えていた。アラン博士が到着したハイチは折しも革命の騒乱のさなか、「パパ・ドク」と呼ばれる悪名高き独裁者デュヴァリエ大統領の権力に立ち向かう抗議活動が行なわれていた。アランはほどなくゾンビやブードゥー教の神官たちと出会うが、デュヴァリエ政権下で特殊任務をになう準軍事組織トントン・マクートのボス、ダージェン・ペイトロウが暴力をちらつかせ、ハイチから出国するよう彼に再三圧力をかけてくる。あるとき奇怪な夢を見たアランは、ペイトロウがじつは黒魔術の使い手で、魔力で敵から魂を奪いゾンビに変えているのではないかと疑念を抱く。やがてアランは、ようやくモーツァルトという男からゾンビをつくる薬を買う手はずを整えたところで、彼をアメリカへ帰国させようとするトントン・マクートに拉致されて拷問を受け、殺人の罪を着せられる。

その後、アランはトントン・マクートに無理やり出国便に乗せられるが、驚いたことに、いつのまにかモーツァルトが飛行機にもぐりこんでいた。モーツァルトは、「これをやるから、その代わりアメリカへ帰ったらおれの名を広めて有名人にしてくれよ」とアランに薬を渡す。帰国後、アランは製薬会社から成功を称えられるが、ペイトロウは黒魔術を使い、彼に恐怖を与えつづけた。敵と対峙するためふたたびハイチへ向かったアランは、「ゾンビ・パウダー」を吹きかけられて仮死状態となり、生きたまま墓地へ埋葬される。幸い、味方によって救出された彼は、不思議な力を使い、トントン・マクートの拠点でペイトロウを倒し地獄へ追いやる。デュヴァリエ大統領の国外逃亡のニュースに、ついに自由を手にしたハイチの人々が喜び沸き立つシーンで映画は終わる。

クレイヴン監督のこの映画は、カナダの民族植物学者で人類学者のウェイド・デイヴィス博士による、賛否が大きく分かれるノンフィクション『蛇と虹 ゾンビの謎に挑む』におおよそ基づいている。一九八五年に出版されベストセラーとなったこの本には、著者自身がハイチで行なった、ブードゥー教および毒物に関する大胆な調査の内容が詳しく綴られている。

ウェイド・デイヴィスは、ハーバード大学の学部生だったころから教授陣の注目を集めていた。背が高くたくましいカナダ出身の人類学者は、優れた知性の持ち主であるのみならず、見るからに勇猛果敢で、ダリエン地峡の横断にもみごと成功していた。パナマとコロンビアのあいだに約二四〇キロにわたって広がる、道のない危険な熱帯雨林だ。卒業後、デイヴィスは学問から二年間離れるが、修士号を取得するためにハーバードへ戻り、リチャード・エヴァンス・シュルテス博士のもとで学んだ。人類学の教授であるシュルテスもまた非凡かつエキセントリックな人物で、大学の授業を一学期休んで薬用植物を集めにアマゾンの熱帯雨林に分け入り、それから一二年間も帰ってこなかった。[1]

一九八二年のある日の午後、二八歳のデイヴィスはシュルテス教授の研究室に呼ばれた。教授はニューヨークにいるネイサン・クラインという精神医学者の住所を渡し、二週間後にハイチへ発てるかとデイヴィスに尋ねた。クライン博士は独特な発想の持ち主で、彼が行なった精神薬理学の研究では、精神疾患の(大部分とは言わないまでも)多くは神経化学的な要因によるものだとし、このアプローチによって、アメリカの精神医療施設に入院していた患者のじつに八〇パーセント近くが、薬剤を処方され社会に解き放たれる結果となった。

二日後の晩、デイヴィスはニューヨークのイーストサイド・マンハッタンにあるアパートに到着し、眼鏡をかけた六六歳のクライン博士と会った。そこには、博士の同僚でマギル大学の元精神医学部長ハインツ・レーマン教授もいた。統合失調症の治療に初めて成功した調合薬クロルプロマジン研究のパイオニアだ。

「シュルテス教授から聞いているが、きみは人がめったに行かないような場所に興味があるそうだね」とレーマン教授はにこやかに言った。「我々は、きみを死のフロンティアへ送りこみたいと考えている。

これから話すことが真実ならば――我々はそう信じているのだが――その地には、永遠の〝現在〟を生きる人々が暮らしていることになる。そこでは過去は死に、未来は不安と叶うはずのない願望でできているんだ」[2]

　クラインとレーマンは、医療分野において人の死を正確に診断するのがいかに難しいかを説明し、古代ローマ時代から現代に至る長い歴史のなかで起きた、誤って生き埋めにする事故や死体安置台での驚きの蘇生について語った。レーマンによれば、目下、死の診断方法はたった二つしかない。脳走査《スキャン》法と心電図を組み合わせる方法（費用がかかり、なおかつ確実とは言えない）、もしくは腐敗が始まるまでしばらく待つ方法だ。そのあとクラインが一通の死亡診断書を見せた。フランス語で書かれたクレルヴィウス・ナルシスという男のもので、一九六二年とある。

「問題は、このナルシスはいまも生きていて、ハイチ中央部のアルティボニート渓谷にある村で暮らしていることなんだよ」とクラインは言った。「彼自身も家族も、彼はブードゥー教のカルト集団の餌食になり、埋葬された直後にゾンビとして墓から掘り起こされたと主張している。……ブードゥー教徒は、魔術師には人々を墓からよみがえらせる力があり、死者を奴隷として売りさばいていると信じている。遺体の心臓にナイフを突き立てたり、棺のなかで首を切り離したりして、遺族が死者をもう一度殺すことがあるが、それは死んだ家族がそんな運命をたどらないようにするためなんだ」[3]

　クラインがデイヴィスに語ったところでは、ハイチの首都ポルトープランスで調査をしていた元教え子のラマルク・ドゥーヨン博士は、何人かのゾンビ、つまり人格や意志をもたない死人のような人間と実際に遭遇しており、クレルヴィウス・ナルシスはそのなかのひとりにすぎなかった。だが、彼のケースは特に興味深いのだ、とクラインは言った。なぜなら、ナルシスはアメリカ人が運営するアルベルト・シュバイツァー病院で、一九六二年五月二日午後一時一五分に正式に死亡宣告を受けているからだ。この病院は、詳細な記録をつけているきわめて専門的な医療機関だった。ナルシスの臨終には妹のアンジェリーナも立ち会い、翌日の午前中、彼は住み慣れたレステール村の北にある墓地に埋葬された。その一〇日後には、墓碑銘が彫られたコンクリートの厚板が墓の上に立てられた。

ところが、クレルヴィウス・ナルシスが埋葬されて一八年たった一九八〇年、レステール村の市場にいたアンジェリーナに、死んだ兄を名乗る男が近づいてきた。男は家族しか知らない内輪の話を事細かに知っていた。そして彼はアンジェリーナに、土地をめぐり兄弟喧嘩をしたあと、弟が魔術師を雇って自分(クレルヴィウス)をゾンビに変えたのだと言った。死後、彼は墓から掘り出され、縛られて北のほうへ運ばれていき、他のゾンビたちと一緒に砂糖プランテーションで働かされたが、二年後にゾンビ・マスターが殺されて魔法が解けた。けれども彼は弟の激しい怒りを恐れ、それから一六年のあいだハイチ国内を放浪し、最近になって弟の死を知り、レステール村へ帰る決心をしたのだった。

この話はハイチ全土でトップニュースとなり、一九八一年にはイギリスのBBC放送が短いドキュメンタリー番組を制作した。ドゥーヨン博士もBBCも時間をかけて丹念に調査を行ない、問題の「ゾンビ」が本当にクレルヴィウス・ナルシスである確証を得たが、それはレステール村の住人たちも同じだった。デイヴィスに語り聞かせながら、クラインは人々に忌避されるハイチのゾンビたちをハンセン病患者になぞらえた。仮に彼らの言うことが嘘だったとして、そんな嘘をついて何の得になるというのか。事実上、ナルシスの未来は抹消されたのだ。

クラインとレーマンは、おもに調査事例にもとづき、ハイチには民間に古くから伝わる毒があると信じていた。その毒で人は「死んだ」状態になり、そのあと蘇生し、「ゾンビ」という驚くべき状態で残りの人生を生きつづけるのだ。三〇年前、実際にハイチに赴いたクラインは、人をゾンビに変える粉の噂を耳にしてサンプルを入手しようとしたが、うまくいかなかった。ある年老いたオウンガン（ブードゥー教の神官）の話では、殺したい相手の家の入口の地面にその粉をまいておくと、毒が足から吸収されて「死」を招く。そこから「蘇生」させるには、また別の解毒剤が必要だった。[4]

クラインとレーマンが興味を覚えたのは、ゾンビをつくれるという話ではない。西洋人が考えるような意味での「ゾンビ化」が実際に起きているとは二人とも思っていなかった。むしろ彼らの関心は、その毒薬を別の用途に――革新的な麻酔薬として――使えないかという点にあった。つまるところ、手術関連死のほとんどは、手術そのものではなく揮発性の高い麻酔薬の投与が原因なのだ、と彼らはデイヴィスに言った。患者が生きた状態で、死んでいると誤診されるほど代謝を下げられる物質があるなら、麻酔にはうってつけだ。当然、術後には同様にミステリアスな解毒剤の投与も必要になるだろう。クラインとレーマンのもとへは、ドゥーヨン博士からゾンビ・パウダーと思われるもののサンプルまで送られてきたが、実験室で調べた結果、残念ながら効果なしと判定されていた。[5]

「デイヴィスくん、きみにその毒の製法を手に入れてきてほしいんだ」とレーマンは言った。こうしてウェイド・デイヴィスには、ハイチへ赴き、ゾンビをつくったブードゥー教徒を見つけ、毒薬と解毒剤を入手し、その製法と使用法を学び、テスト用のサンプルを持ち帰るという任務が与えられた。かなり困難な仕事だが、代わりに費用は自分たちが持ち、ドゥーヨン博士のほか、BBCの映画制作者にも連絡がつくようにしておくと二人は申し出た。デイヴィスは二つ返事で承諾し、クラインは彼にポルトープランス行きの航空券と現金、クレルヴィウス・ナルシスのポラロイド写真が入った封筒を渡した。そして四月、デイヴィスは機上の人となりハイチへ向かう。このときすでに、彼はどこから着手するかを決めていた。

ポルトープランスへ到着した二日後、デイヴィスはマルセル・ピエールという男に会いにいく。この男のことはBBCから紹介されたのだが、BBCは彼のことを「悪の化身」とも呼んでいた。顔に傷痕のあるマルセルは有名なオウンガンで、経営する〈イーグル・バー〉という酒場の裏にあるオウンフォール（ブードゥー教の神殿）でデイヴィスと会った。価格交渉が成立し、デイヴィスはマルセルがゾンビ・パウダーを調合するところを見学し、サンプルをもらうことになった。マルセルは手の込んだ調合物をつくったが、デイヴィスはこのオウンガンを信用しなかった。

アメリカを発つ前、デイヴィスは植物を研究し、ある仮説を立てていた。ゾンビ・パウダーには、恐るべき威力をもつ向精神性植物で「北極星の聖なる花」の異名をもつダチュラ（チョウセンアサガオ）が、ほぼまちがいなく入っているはずだと推測したのだ。ダチュラは局所的に作用を及ぼす植物で（その毒は、皮膚との接触で作用する）、アフリカ人奴隷によって種が運ばれ、ハイチには三種類が生育している。デイヴィスがハーバード大学の植物博物館で見た文献によると、三種類のうちのひとつダチュラ・ストラムニウム（シロバナヨウシュチョウセンアサガオ）は、ハイチでは「ゾンビのキュウリ」と呼ばれていた。ところが、マルセルが調合薬にダチュラを加えなかったことから、これは使えないサンプルだとデイヴィスは直感したのだ。マルセルが調合した深緑色のパウダーは、ニセモノに違いなかった。

デイヴィスは次に、クラインの元教え子でハイチ生まれの精神医学者ラマルク・ドゥーヨン博士に会いに彼のオフィスを訪ねた。ドゥーヨンはマギル大学のレーマン教授のもとで精神医学の専門医学実習を行なったが、そのとき向精神薬が人体に及ぼす作用を目の当たりにし、少年時代に聞いたゾンビの話を思い出したのだった。ゾンビ・パウダーは存在すると確信する彼は、かつてマルセル・ピエールから小瓶に入った白い粉を入手した。クライン博士に送り、効果なしと判定されたのがその粉だった。

「ゾンビは生ける屍などではありません。死ねば、身体機能を失うばかりではなく、細胞や組織が腐敗します。死んだ人間が目覚めたりはしない。もっとも、薬を盛られた状態から復活することはあるかもしれませんが」[6]とドゥーヨンは言った。パウダーに何が入っているか心当たりはないかとデイヴィスが尋ねると、ドゥーヨンはダチュラのほかに、材料と噂される生き物を次々に挙げていったが、ゾンビのキュウリが主原料に違いないという点で、二人の認識は一致していた。話が終わったあと、ドゥーヨンはハイチの刑法二四九条が細かく書かれた文書のコピーをデイヴィスに渡した。そこにはゾンビ・パウダーを用いて人を仮死状態にしてはならない、そのような状態で埋葬した場合、殺人罪に該当すると明記されていた。[7]

その後まもなく、デイヴィスは〝ゾンビ〟のクレルヴィウス・ナルシスに会って体験談を聞く。彼の話は、クライン博士からすでに聞いていた内容とほぼ一致した。ナルシスは右頬の傷痕を差し、これは埋葬のとき棺に打ちこまれた釘でついた傷だと言った。彼はまた、重要な科学的手がかりも提供してくれた。なんでも、死の床にあったとき、彼はずっと意識があったが体が動かず、妹が泣く声も、医者が死亡を宣告する声も聞こえていたのだそうだ。また、埋葬されるあいだもその後も体外離脱を経験し、そのとき彼の魂は墓の上に浮かんでいたという。[8]

埋葬されて三日後、男たちの一団がボコール（黒魔術を用いるブードゥー教の男性神官）を連れて彼の墓にやってきた。ナルシスの名が呼ばれ、そのあと急に地面が開き、打ち鳴らされる太鼓とボコールの歌声が聞こえてきた。そして彼は蘇生させられ、墓から掘り出され、鞭で打たれ、縛られ、さるぐつわを噛まされて、ジョセフ・ジャンという名のボコールによって、ラヴィーヌ・トロンペット郊外のプランテーションで奴隷として働かされた。その間、彼には強い非現実感があったという。まるですべてがスローモーションで動いているような、自分の意志はなくコントロールもできないような感覚だ。数年後、奴隷にされたゾンビのひとりが農具でボコールを殺害し、ナルシスは自由の身となる。一九六二年四月二九日の日曜日に弟によって呪いをかけられていたと知ったのは、もっとあとになってからだ。その魔法の呪いによって彼は吐き気と脱力感を覚え、火曜日の夜遅くに病院へ行き、翌日に「死亡」したのだった。ナルシスは弟を避けて南へ向かい、サン＝ミッシェル＝ド＝ラテイユで八年暮らし、各地を放浪したのち、弟が死ぬと故郷のレステール村へ戻るが、そこで彼は歓迎とはほど遠い扱いを受けたのである。

ナルシスは、不可解な言葉で会話をしめくくった。あえてその名を言おうとはしなかったが、強い影響力をもつ陰謀団によって八日間にわたり裁きを受けたというのだ。「彼らは土地の支配者で、自分たちのやりたいようにやっている」[9]と彼は言った。

妹のアンジェリーナから話を聞くためにレステール村へ向かったデイヴィスは、ナルシスがどうやら評判の良くない人物だったことを知る。噂では、アルティボニート渓谷じゅうの女たちを片っ端から孕《はら》ませては捨てたという。そのため、家族を養い金銭的義務を負うほかの男たちと比べ、彼は物質的な豊かさを享受できる状況にあり、たとえば自宅の屋根をトタン葺きにするなど、誠実な男たちには手の届かない贅沢をしていた。さらに彼は、家族に少額の金を貸すことさえ拒んだという。アンジェリーナが覚えているかぎりでは、ほかの兄弟たちとも対立し、ときには殴り合いになることもあった。さらに彼は、両親が亡くなったあと、ハイチの慣習に従って兄弟で土地を分割するのを拒んだ。そういうわけで、家族も地域の人々も彼の死をろくに悲しまなかった。それどころか、死んでくれたおかげで彼の土地を引き継ぐことができ、家族仲良く暮らせるようになったのである。当然ながら、一九八〇年になってレステール村に戻ってきた「死んだ男」は、人々に出ていけと言われ、その後は警察の保護を求めなければならなかった。[10]

デイヴィスはまた、記録に残るもうひとりのゾンビ――「ティ・フェム」と呼ばれたフランシーナ・イリュース――も同様に、地域全体の嫌われ者であったことを知る。彼女には、人を騙し、嘘をつき、わけもなく他人を罵倒するとの悪評があった。デイヴィスはその後、事情通のハイチ人と親しくなり、その男から貴重な手がかりを得る。「この国の内側では、外からはわからない何かが行なわれている。クレルヴィウス・ナルシスは、たまたま悪いやつらにゾンビにされたわけじゃない。彼はきみに裁きを受けたと言った。土地の支配者のことも話した。それは嘘じゃない、彼らは存在する。そしてきみが追うべき相手は彼らだ。きみが求める答えは、その秘密結社でしか見つからないからだ」[11]

マルセル・ピエールから偽物のゾンビ・パウダーを受け取った三週間後、デイヴィスはマルセルがトントン・マクートの一員であることを知る。トントン・マクートとは、「パパ・ドク」と呼ばれた独裁者フランソワ・デュヴァリエと、その息子で後継者の「ベビー・ドク」ことジャン＝クロード・デュヴァリエに忠誠を誓う民兵組織だ。ハイチの人食い悪鬼《ブギーマン》の名を取ったその組織は三万から六万人のハイチ人を殺し、ほかにも数知れぬ人々に暴行を加えた。[12] マルセルはかつて、組織内で優位にある立場を利用し、オウンガンたちから無理やり秘密を聞き出した。彼らはおとなしく言うことをきいたが、その後マルセルは毒を盛られ、死こそまぬがれたが顔には醜い傷痕が残ったのである。[13]

デイヴィスはふたたび〈イーグル・バー〉でマルセルと会い、あのゾンビ・パウダーは効かなかったと告げた。激しい言い合いになり、マルセルはデイヴィスに向かって、おれがつくった毒薬じゃ人を殺せないと思うなら自分で飲んでみろ、と大声で言い放った。

「マルセル、問題は、あんたがちゃんとした毒薬をつくれるかどうかじゃない」デイヴィスは冷静に返した。「つくれるのはわかっている。だからそれを手に入れようと、はるばるここまで来たんだ。ぼくはただ、あんたがつくったあの薬は、なんの役にも立たない代物だったと言っているだけだ。……ぼくから大金をせしめたつもりかもしれないが、こっちは痛くも痒くもない。そもそもぼくの金じゃないんでね。ぼくの後ろ盾にしてみれば、あんなのは、なくなっても気づかないくらいのはした金だ。だが、またああいうインチキな粉をニューヨークへ持ち帰らせるつもりなら、この先大儲けするチャンスを、あんたは棒に振ることになるぞ」[14]

顔に傷をもつオウンガンはその意味を理解し、ふたたびデイヴィスと会って、本物の毒薬の材料の集めかたと製法を示した。そして月のない晩、マルセルと助手のジャンはサン・マルク北部の墓地へデイヴィスを連れていった。彼らはそこで子どもの棺を掘り出して〈イーグル・バー〉へ持ち帰り、マルセルのオウンフォールの前に埋めた。

三日後、ジャンは子どもの遺骨を棺から取り出して焼き網のそばの地面に置き、それから袋を開けてカラフルなトカゲを二匹取り出した。二匹とも殺して間もない状態だった。次に取り出したのは干からびて平らにつぶれたヒキガエルで、片方の脚にしなびた多毛類の虫が巻きついている。これはオオヒキガエルだとデイヴィスは思った。さらに海水魚が二匹と、二種の植物――ネムノキとムクナ豆。動物と子どもの骨が焼けるのを待つあいだ、ジャンは人間の脛骨を金属のおろし金でけずり、ブリキの器に入れた。動物から油がにじみ出て、子どもの骨がほぼ炭に近い状態になると、ジャンはそれらを焼き網から乳鉢に移し、粉々になった脛骨と植物を加えて乳棒ですりつぶし粉末にした。そして最後に、その粉を棺に入れてマルセルのオウンフォールの外に埋め、三日後には出来上がると言った。

その後、マルセル・ピエールとウェイド・デイヴィスは〈イーグル・バー〉で米と豆の料理を食べながら話をし、マルセルは若き人類学者に毒薬の正しい使いかたを伝授した。殺したい相手の家の玄関先に十字の形に粉をまいてもいいし、こっそり相手の靴にしのばせるか背中にふりかけてもいい。つまり、デイヴィスが最初に予想したとおり、その物質は局所的に作用するのだ。しかしマルセルは、死者を蘇生させてゾンビにすることができるのはボコールが黒魔術で使う粉だけだと言ってゆずらず、解毒剤に最も近いのは、その粉の作用を受けない物質だと言った。そしてマルセルは、おもに植物からなる材料――アロエベラ、ユソウボク、セドロ、ジャマイカケイパー、アミリス・マリティマ、ケイパー、海水、砕いた虫よけ玉《モスボール》、サトウキビ酒、香水、薄く切った動物の骨、雲母、マッチ棒の先、硫黄の粉末――をすりつぶし、「magie noire（黒魔術）」と呼ばれる謎の水溶液と混ぜ合わせて、アンモニア臭のする緑色の液剤をつくった。ジャンとマルセルが毒を調合するさいに全身にすりこんでいたものだ、とデイヴィスは気づく。

三日後、ゾンビ・パウダーが完成し、マルセルはそれを掘り起こし、密封した瓶に入れてデイヴィスに渡した。アメリカへ戻る前日の夕方、デイヴィスはアルティボニート渓谷で、ダチュラが一面に生えている場所を偶然見つけた。その時点で、ダチュラに関する彼の仮説は誤りだったと思われた。今回マルセルがつくった本物のゾンビ・パウダーでも、やはりダチュラは登場しなかったからだ。いずれにしろ、正否はすぐにわかるだろう。

一九八二年四月一一日、ウェイド・デイヴィスはニューヨークのケネディ国際空港に到着した。ブリキのスーツケースの中身は、死んだトカゲにタランチュラ、多毛類の虫一匹、海水魚二匹、それらはすべてアルコール保存されたものだ。加えて、乾燥させた植物、植物の種でできたネックレス、瓶に入れ赤いサテンの布でくるんだ毒の粉末、解毒剤と思われるものを詰めたラム酒の瓶二本、人間の脛骨、頭蓋骨一個、マリファナ一ダース、ボール紙の箱いっぱいの薬草、さらにその箱で覆い隠すようにして、生きたままのオオヒキガエルが入ったダッフルバッグがしのばせてあった。

クライン博士と連絡がつかず、デイヴィスは次のフライトでボストンへ飛び、生き物の標本を比較動物学博物館の専門家に預け、植物のほうは植物博物館へ持っていった。

数日後、デイヴィスは動物学の専門家から、オオヒキガエルの背中にある耳腺に多量の毒（ブフォテニン）が含まれているとの連絡を受けた。マルセルによれば、多毛類の虫はヒキガエルを怒らせるためだけのものだった。両者を生きたまま一緒に容器に入れるとヒキガエルが興奮し、毒の効力が増すのだそうだ。この毒の化合物を乾燥させたものは非常に殺傷力が高く、半グラムでも皮膚に触れようものなら一瞬にして血圧が三倍に跳ね上がり、心不全を引き起こしかねない。ブフォテニンにさらされた人は、焼けるような感覚、急激な筋肉の痙攣、激しい頭痛、長期にわたる麻痺、吐き気、顔がチクチクする感覚、呼吸困難、幻覚、譫妄《せんもう》を経験し、皮膚が紫色になることもあるようだ。これらはまさに、クレルヴィウス・ナルシスについて報告されている、高血圧、青みがかった肌の色、知覚異常（皮膚がチクチクする）、急性の精神錯乱などの症状そのものだ。

次に魚の標本を置いてきた研究所を訪ねたデイヴィスは、それが二種類のフグであったことを知る。フグの皮膚と内臓には、シアン化合物の五〇〇倍の威力をもつ神経毒テトロドトキシンが、かなりの量含まれている。ピンの頭に乗るほどの微量でも死に至る猛毒だ。ブルース・W・ハルステッド著『Poisonous and Venomous Marine Animals of the World（世界の有毒海洋生物）』で、デイヴィスはテトロドトキシンの作用に関する以下の記述を発見した（傍点部分はデイヴィスによる強調）。

「フグ中毒の症状およびその発症のしかたは人によって、また摂取した毒の量によって大きく異なるが、あらわれる症状としては、倦怠感、顔面蒼白、めまい、唇や舌の感覚異常、運動失調がある。患者が通常ヒリヒリ、チクチク等と表現する感覚異常は、やがて指やつま先へ、さらに四肢の他の部位へも広がり、徐々に激しい痺《しび》れに変わる。痺れは全身に及ぶこともあり、そのとき患者は「自分の体が浮遊しているような感じだった」と述べている。通常、唾液分泌過多、多量の発汗、極度の倦怠感、頭痛、正常以下の体温、血圧の低下、速く弱い脈拍などの初期症状があらわれ、吐き気、嘔吐、下痢、上腹部通といった胃腸の症状をともなうこともある。瞳孔は初期段階で収縮し、のちに拡張するようだ。病状が進むにつれて目の動きが止まり、瞳孔および角膜の反射は失われる。……感覚異常が起きるとまもなく呼吸困難が顕著になり……唇、四肢、胴体に極度のチアノーゼが起きる。筋肉の痙攣がしだいに激しくなり、最終的には広範に及ぶ麻痺に至る。最初に麻痺するのは通常、喉と咽頭であり、結果的に発声不能、嚥下困難、さらには完全な嚥下不能を招く。四肢の筋肉は完全に麻痺し、患者は身動きができなくなる。そして最期が近づくと、目から生気が失われる。患者は昏睡状態におちいる場合もあるが、たいていは意識が保たれ、死の直前まで鋭敏な精神機能が維持される」[15]

ウェイド・デイヴィスはこれを読んですぐに、フグ毒というたったひとつの要素だけでも、クレルヴィウス・ナルシスが示した症状の大半に説明がつくと気づいた。それ以上に重要なのは、フグ毒によって誤った死亡宣告がなされる可能性があることだ。デイヴィスは、実際にそれが起きた日本の事例を二つ発見した。じつは日本では、誰かがフグ毒で死亡した場合、念のため棺の横に三日間寝かせておき、それから埋葬するのが通例らしい。

デイヴィスは興奮を覚えながらすぐにクライン博士に伝え、ラットでテストできるよう、乾燥したフグの粉をニューヨーク州立精神医学研究所のレオン・ロイジン教授に送った。そのさいデイヴィスは、あえて毒の由来と性質をロイジンに明かさずにおいた。彼がテストの結果を聞きにいくと、ロイジンは非常に攻撃的なアカゲザルに粉がどう作用するかをその場で見せてくれた。粉に触れて二〇分後、凶暴なサルは九時間にわたるカタトニア（無動・昏迷）症状におちいった。「これまで数々の奇妙な薬物がこの実験室を通過していったが、まちがいなく今回のがいちばんだ」[16]とロイジンは言った。薬理学的にこの粉末をどう応用できそうかとデイヴィスが尋ねると、「心臓血管手術に使えるかもしれない」とロイジンは答えた。「体が完全に麻痺しているのに、なぜ心臓に影響がないのか不思議だ。精神医学の分野でも、病的興奮の治療などに使えるかもしれない」[17]

デイヴィスは、クライン博士をはじめ多くの科学者や学者たちから称賛を受けるが、ハイチのゾンビの謎はまだ何も解明されていなかった。そもそも、代謝が低下した状態から元に戻すとされる謎の解毒剤を、まだ見つけていなかった。彼はまた、人類学的観点から、何か大事なポイントを見落としているような気がしていた。毒を盛られた当人は、なぜ自分は死んだと思いこむのか。たしかに、薬理学的にはその理由が解明されたが、デイヴィスにはまだわからなかった。地域に広く浸透するブードゥー教文化はなぜ、毒を盛られた者、盛った者、そしてハイチの人々がみな、毒を盛る行為を「ゾンビ化」と、そして毒を盛られた者を「ゾンビ」と見なすのを容認しているのか。

ゾンビ・パウダーのサンプルをもっと入手してほしいとクライン博士から要請を受け、さらにブードゥー教に対する自身の好奇心も手伝い、若き人類学者は七月にふたたびカリブ海へ旅立った。ゾンビ・パウダーについては、すでに最初のサンプルを手に入れていたため、もっと入手するのは難しくなかった。ほかのオウンガンたちから供給される毒は、マルセルのものには入っていなかった成分が入っていたり、逆に欠けている要素があったりしたが、フグとオオヒキガエルと多毛類の虫のほか、ヒリヒリした感覚を引き起こすとされるネムノキ属の植物は必ず入った。

墓から掘り起こされたゾンビには、きまってジャガイモとサトウキビのシロップ、それにダチュラが入ったペースト状の食べ物が与えられるという。この新事実を知ったとき、デイヴィスはめまいがするほどの衝撃を受けた。ゾンビ化のプロセスにダチュラ・ストラムニウムが関わっているという彼の仮説は正しかったが、思っていた関わりかたとは違っていたからだ。「ゾンビのキュウリ」は低代謝状態にさせるためのものではなく、この向精神性の植物はむしろ、そうなったあとに二つの機能を果たしていたのだ。まず、ダチュラ・ストラムニウムにはアトロピンという化学物質が含まれ、これがテトロドトキシンの解毒剤として作用する。だが、おそらくそれ以上に重要なのは、テトロドトキシンが生理機能に作用する一方で、精神作用の高いダチュラが復活直後のゾンビに激しい精神機能障害を起こさせる、もしくはそれを助長する点だろう。これで薬理学的な謎は解けた。

それでも、デイヴィスはどうしても知りたかった。人を毒で仮死状態にして蘇生させる行為を、ハイチのブードゥー教文化はどのようにして人々に「ゾンビ化」と解釈させているのか。そして、ゾンビ化される人間はなぜ、どのようにして選ばれるのか。

「土地の支配者」に裁かれたというクレルヴィウス・ナルシスの言葉がよみがえるなか、デイヴィスはオウンガンのひとりから、ブードゥー教の儀式を行なう「ビサンゴ」という秘密結社の話を聞いた。農民の多くが、ビサンゴは子どもを食う邪悪なものだと言ったが、どうしても儀式に参加したいとデイヴィスはオウンガンたちに何度も懇願し、ようやく願いが叶えられた。彼は思いのほか歓待され、華麗なページェントや、眠りを誘う太鼓の演奏、ダンス、歌、詠唱に心を奪われた。[18]

ハイチを離れる少し前に、ウェイド・デイヴィスはビサンゴの長のひとり、ジャン＝ジャック・レオフィンという有力者に紹介された。ビサンゴの起源はアフリカのマカラの国々で、ヨーロッパ人と出会うずっと前からあった、とレオフィンは語った。ビサンゴはコミュニティーの秩序を保つために創設されたもので、ひとつのビサンゴに属する者は、家族も含めてその保護下に入る。つまり、ビサンゴは全員の面倒を見る。そして、人々を保護する手段のひとつとして、争いの種をまく者たちを罰した。複雑なプロセスを経て、トラブルメーカーはビサンゴの前に引き出され、「七つの行為」を行なう違反者として裁きを受ける。そこで有罪となれば、「死」を迎えて「ゾンビ」としてよみがえることになるのだ。レオフィンの説明によれば、七つの行為とは以下である。

(一) 物欲にかられ、家族や被扶養者を犠牲にする
(二) 同胞への敬意を欠く
(三) ビサンゴを批判する
(四) 他人の妻を横取りする
(五) 他人の人格を誹謗し名誉を傷つける
(六) 自分の家族に害を与える
(七) 他人が土地を耕作するのを不当に妨げる

これでようやく、クレルヴィウス・ナルシスとティ・フェムがゾンビにされた理由がわかった。彼らは「七つの行為」の掟に反する人生を送り、それゆえにビサンゴに罰せられたのだ。国家に歯向から闇の犯罪組織どころか、ビサンゴとデュヴァリエの独裁政権は相互依存の関係にあり、実際のところ、ビサンゴが政府の支援を必要とする以上に、ハイチ政府はビサンゴの力を必要としていた。

「もし（ハイチの）北西県の片田舎に侵略者が上陸したらどうなるか、考えてみたまえ」言葉を選びながらレオフィンは言った。「彼らはまだ海岸にいるあいだに殺されるだろう。だがそれは政府の手によってではない。この国は昔から、そうした事態への備えができているのだ。……ポルトープランスにいる政府の役人たちは我々に協力しなければならない。我々は彼らよりも前からここにいて、我々が望まなければ、いまの地位にはとどまれないからだ。この国にある銃の数は限られているが、そのすべてを握っているのは我々なのだ[19]」

この話を聞いて、デイヴィスの疑問はすべて解決した。ブードゥー教は、表面的には西洋化されたハイチという国の影に身をひそめるニッチな文化などではなかった。ハイチはブードゥー教であり、ブードゥー教はハイチ——大西洋をまたぐ奴隷貿易によって本来の地からカリブ海へ追いやられた、アフリカの片鱗なのだ。それゆえにハイチ人は、テトロドトキシンで仮死状態にされダチュラで蘇生された人間を、毒を盛られた犠牲者ではなくゾンビと見なす。彼らは西洋科学という懐疑的なレンズを通して世界を見てはいない。彼らの視点はむしろ、何世紀も前に祖国から引き離された祖先たちが大西洋を越えて運んできた、誇り高き伝統に根ざしているのだ。

『羊たちの沈黙』(一九九一年)

テッド・バンディ
グリーンリバー・キラー
ゲイリー・ハイドニック
エド・ケンパー
ジェリー・ブルードス
アルフレド・バリ・トレビーニョ博士
アンドレイ・チカティロ
フィレンツェの怪物

ジョナサン・デミ監督の『羊たちの沈黙』は、ハンニバル・レクター博士と「バッファロー・ビル」という架空のシリアルキラーを映画ファンにお披露目した。じつはこの二人はいずれも、ロシアからメキシコ、アメリカ西部、イタリアと、世界各地に出没した実在の殺人者を融合させたキャラクターなのだ。

一九八八年に刊行されたトマス・ハリスの同名の小説が原作の『羊たちの沈黙』は、史上最も成功したサイコホラー映画と広く見なされている。一九九一年に公開され批評家たちにも絶賛された、まさにシリアルキラーものの金字塔とも言うべきこの作品は、興行収入二億七二七〇万ドル、アカデミー賞七部門にノミネートされ、作品賞、監督賞、主演男優賞（アンソニー・ホプキンス）、主演女優賞（ジョディ・フォスター）、脚色賞（テッド・タリー）の主要五部門を独占するという、映画史上三例しかない快挙をなしとげた。そして公開からわずか二〇年後、アメリカ議会図書館は、この作品は「文化的にも、歴史的にも、美的にも重要」であり、アメリカ国立フィルム登録簿に保存する価値があると宣言した。優れた脚本と、ジョディ・フォスター、アンソニー・ホプキンス、テッド・レヴィンの忘れがたい名演技が、この映画を純芸術《ハイアート》の域へ高めたのだ。

『羊たちの沈黙』は、アメリカ中西部で若い女性を誘拐し、射殺して皮を剥ぎ、損傷した死体を全国各地の川に遺棄する狂気のシリアルキラーをめぐってストーリーが展開する。ＦＢＩ行動科学班（ＢＳＵ）が総力をあげて捜査に乗り出すが、「バッファロー・ビル」という粗野な呼び名を与えられた犯人は、彼らの手をたくみに逃れつづける。ＢＳＵを率いるジャック・クロフォード主任捜査官は、「人食いハンニバル」の異名をもつレクター・ハンニバル博士から殺人者の心理について助言を得るために、ＦＢＩの優秀な訓練生クラリス・スターリングを送りこむ。監禁状態にあるレクター博士は天才級の知能をもつ精神科医で、俗物だと思う相手を激しく痛めつけ、むさぼり食う趣味があった。

意外にも、スターリングはこの精神病質《サイコパス》的な学者と絆を築き、レクターは彼女の助言者となって、「バッファロー・ビル」を追いつめるのに役立つ謎めいたヒントを与える。そのうちにスターリングは、レクターが犯人の正体を知っていることに気づくのだった。

強い影響力をもつ上院議員の娘がバッファロー・ビルに連れ去られると、スターリングとクロフォードは苦肉の策で、情報提供とひきかえに現状よりも快適な刑務所へ移すと嘘の取引条件をレクターにもちかける。レクターもそれに応じるが、この試みは大失敗に終わる。レクターを担当する精神科医で自己顕示欲の強いフレデリック・チルトンが、FBIを出し抜きバッファロー・ビルの正体を聞き出そうと、取引が嘘であることを密かにレクターに暴露したのだ。そのころ、オハイオ州ベルヴェディアで起きた殺人事件の捜査中、スターリングは迂闊《うかつ》にも、バッファロー・ビルの隠れ家に入りこんでしまう。

一方でレクターは逃亡し、姿をくらます。真っ暗な地下に迷いこんだスターリングは、どうにかバッファロー・ビルを倒し、誘拐された娘を救出する。映画のラストで、FBIの卒業式に出席していたスターリングは、レクター博士からの電話を受ける。きみを追うつもりはないと告げたあと、レクターは「これから古い友人に会って、ディナーをいただくところだ」と言って電話を切った。

投獄された知性派のシリアルキラーが別のシリアルキラーを逮捕するために警察に協力するというアイデアは、テッド・バンディが「グリーンリバー・キラー」を追う二人の刑事デイヴ・ライカートとロバート・ケッペルに協力を求められたエピソードに由来する。また、元FBIプロファイラーのジョン・ダグラスは、ジャック・クロフォードのモデルは自分だとたびたび自慢していた。しかしながら、『羊たちの沈黙』の真のすばらしさは、二人のシリアルキラーがもつ魅力にある。本名よりもむしろ「バッファロー・ビル」として知られるジェイム・ガムは、実在する六人の殺人者を融合させた悪夢のようなキャラクターだ。その六人とは、エド・ゲイン（人皮に対する彼の特別な思い入れについては、すでに『サイコ』の章で触れている）、テッド・バンディ（巧妙な手口で犠牲者をおびきよせた）、「グリーンリバー・キラー」（死体を川に遺棄した）、ゲイリー・ハイドニック（被害者を地下の穴に監禁した）、エドマンド・エミール・ケンパー三世（自身の犯罪を幼少期の虐待のせいにした）、そしてジェリー・ブルードス（彼の殺人には、服装倒錯の要素が含まれる）。

殺人者が殺人者を追うストーリーにおいて、レクター博士はテッド・バンディ的な役割を果たしているが、彼にはさらに三人のモデルがいる。知的な殺人者アルフレド・バリ・トレビーニョ博士、正体不明の「フィレンツェの怪物」、そして食人鬼的な「ロストフの切り裂き魔《リッパー》」ことアンドレイ・チカティロだ。最後の二人の影響はレクターのバックストーリーにも織りこまれ、彼らがレクターの心理や行動に及ぼした甚大な影響が、トマス・ハリスによる続編小説『ハンニバル』（一九九九年）と『ハンニバル・ライジング』（二〇〇六年）で明かされている。この二つの小説はいずれも、ハンニバル・レクター・シリーズとして同タイトルで映画化されている。

「バッファロー・ビル」のモデルとなった六人の殺人者のひとり目は、ほぼまちがいなくアメリカ史上最も悪名高いシリアルキラーと言える、セオドア（テッド）・ロバート・バンディだ。一九七四年から七八年にかけて、彼は少なくとも三〇人の若い女性や少女たちに性的暴行を加え殺害した。バンディは非常に周到かつ機動力のある犯罪者で、ワシントン、オレゴン、アイダホ、カリフォルニア、ユタ、コロラド、フロリダの各州で犠牲者を出した。彼の犯行は三つの異なる段階を経て進化したが、一九七四年三月にワシントン州オリンピアで起きたドナ・ゲイル・マンソン誘拐殺人でスタートした数々の犯行で用いた巧妙な手口は、彼の洗練された犯罪の特徴が最もよくあらわれていると考えられている。

バンディは日が暮れてから大学のキャンパスを頻繁に訪れ、松葉杖やギプスなどの小道具を使って、体の自由がきかないふりをした。そして自分の車——アイボリーのフォルクスワーゲン・ビートル——から歩ける距離で、魅力的な若い女性があらわれるのを待ち、これぞと思う相手を見つけたら、積み重ねた本を難儀そうに抱えながら車のほうへ歩きだし、わざと痛々しい姿を見せつけた。すると当然ながら、女性は気の毒に思い、お手伝いしましょうかと声をかけてくる。その親切な申し出に、バンディはさもありがたそうに感謝してみせ、女性が車に到達した瞬間にタイヤレバーで殴りつけ、気を失ったところを縛り上げてビートルの後部座席に放りこみ、アメリカの原野へ向かって車を走らせた。そして強姦、殺害したあと、弓のこで首を切り離し、女性たちの遺体をマツ林に残してシアトルへ帰った。屍姦者であるバンディは、切り落とした頭部は自宅に保管し、定期的に原野へ戻っては損傷した死体をさらに凌辱した。[1]

一九七四年八月、バンディはユタ大学法科大学院《ロー・スクール》に入学し、シアトルからユタ州のソルトレイクシティへ転居するが、その後も殺人はやめなかった。隣り合うユタ州、アイダホ州、コロラド州で一連の殺人を犯したのち、彼はついにユタ州グレンジャーで逮捕される。しかし、その犯行が完全に阻止されるまで、彼の手にかかり命を落とす者はさらに出つづけた。移送先のコロラド州で二度の脱獄に成功したのち、バンディはＦＢＩの一〇大最重要指名手配犯となる。最初の脱獄ではすぐに再収監されたが、二度目の脱獄では車を盗んでフロリダ州タラハシーへ向かい、一九七八年一月八日に到着。人を殺したい衝動を抑える気がなかったのか、それとも抑えきれなかったのか、アパートを借りて一週間後、バンディはフロリダ州立大学のカイ・オメガ女子寮を襲撃し、マーガレット・ボーマンとリサ・レヴィーを殺害、さらに二人の寮生に怪我を負わせた。そのあと東へ向かい、フロリダ州北部レイクシティで一二歳のキンバリー・リーチをレイプして殺害し、死体を小屋に放置している。彼の〝恐怖時代〟がついに終焉を迎えたのは、一九七八年二月一五日の午前一時のことだった。フロリダ州ペンサコーラで、デイヴィッド・リー巡査は盗難車のフォルクスワーゲン・ビートルを路肩に停車させた。二人はもみ合いになるが、結果的にバンディは手錠をかけられて逮捕され、地元警察の留置所へ送られる。その道中、まだ身元が確認されていないバンディは、「いっそ殺してくれればよかった」[2]という言葉を残している。

ロー・スクールで法律を学んだバンディは、一九七九年六月にマイアミで開かれた裁判で、みずから弁護を行なう方法を選ぶ。この裁判の模様はアメリカ史上初めて全国にテレビ中継され、彼の精神病質《サイコパス》的スタンドプレーと権力に対する軽蔑の念が、余すところなく画面に映し出された。決定的な歯科法医学的証拠と目撃証言によって、陪審はわずか七時間足らずの審理で有罪と判定し、バンディはリサ・レヴィーおよびマーガレット・ボーマン殺害の罪で、電気椅子による死刑を宣告された。その六カ月後には、フロリダ州オーランドで開かれた別の裁判で、キンバリー・リーチ殺害の罪で三度目の死刑宣告が下った。

フロリダの死刑囚監房で刑の執行を待つあいだ、バンディは各地の警察署の捜査官と会い、自身が犯した罪に関する情報を小出しに提供した。殺さずに生かしておいたほうが刑事司法制度に役立つと証明されれば死刑宣告がくつがえり、もっと軽い刑罰に変更されるかもしれないと期待したのだ。一九八二年、ワシントン州にもうひとり、数多くの犠牲者を生みながら巧妙に捜査の網をすりぬけるシリアルキラーが出現したとき、デイヴ・ライカート刑事と元バンディ事件担当のロバート・ケッペル刑事は、機会を見て定期的にバンディのもとを訪れ言葉を交わした。だが彼らは内心、この四人から新たな殺人鬼に関する有用な見識が得られるとは思っていなかった。ケッペルはむしろ、バンディが話の流れで自身が犯した殺人についてぽろりと漏らすのを期待していたのだった。

ところが皮肉にも、捜査に関するバンディの提言の一部が的確であったことが、のちに判明する。とはいえ、それで彼が悦に入ったわけではない。一九八九年一月二四日、メディアが「グリーンリバー・キラー」と名づけた男の正体を知ることなく、セオドア・ロバート・バンディはフロリダの電気椅子で最期を迎えた。

テッド・バンディは犠牲者を誘いこむ巧妙な手口で知られたが、グリーンリバー・キラーは、トレードマークとも言える死体遺棄方法からその名を得た。一九八二年七月一五日、ワシントン州ケントを流れるグリーン川《リバー》をのぞきこんだ二人の少年が、ペック橋の橋脚に引っかかった死体を発見した。死体は一六歳の売春婦ウェンディ・リー・コフィールドのもので、首を絞められ殺害されていた。この忌まわしい発見に続き、八月一二日には、行方不明になっていたシアトル近郊の町シータックの売春婦デブラ・リン・ボナー（二三歳）の死体が発見された。こちらも絞殺死体で、コフィールドの死体発見現場から四〇〇メートルほど南の流域で、グリーン川のなかにある木の枝に引っかかった状態で見つかった。

このように、グリーン川は不気味な秘密を明かしはじめていたが、キング郡保安官事務所は自分たちが「もうひとりのテッド・バンディ」を抱えているという不吉な事実に気づかないまま、運命の日となる一九八二年八月一五日を迎えた。目ぼしい瓶が落ちていないか探しながらグリーン川をいかだで下っていた地元の男性が、水面すれすれに浮かぶマルシア・フェイ・チャップマン（三一歳）とシンシア・ジーン・ヒンズ（一七歳）の死体を発見した。宝探しの男はすぐに警察に通報し、まもなくデイヴ・ライカート刑事とスー・ピーターズ巡査、ディック・クラスク警視が現場にやってきた。死体をよく見ようと、ライカートとピーターズが草の生い茂るぬかるんだ堤防を苦心しながら下っていった。少し近づくと、死体の胴体に重い石が乗せられ、そのため完全には浮かび上がってこないのだとわかった。と、そのとき、ライカートが足を滑らせ、危うく川に落ちそうになった。そして恐ろしいことに、彼は川岸に横たわる第三の死体を見つけたのだ。それは一〇代の少女で、青いショートパンツが首に巻きつけられていた。その後、死体は一六歳のオパール・シャルメーヌ・ミルズのものと判明した。

八月一五日のこの恐ろしい発見以降、正体不明のグリーンリバー・キラーは死体を川に遺棄するのをやめ、代わりに森林地帯に隠しておき（同じ場所に複数の死体を隠すこともあった）、その場所を訪れては死体を凌辱するようになる。当局は十分な予算を割き、デイヴ・ライカートとロバート・ケッペルを中心とした特別捜査班を編成するが、犯人はその後の数年間でさらに数十人を殺害した。しかし一九八〇年代後半になると、どうやら犯行をやめたらしい。

新たな千年紀《ミレニアム》が到来し、DNA鑑定が大幅に進化すると、捜査班が二〇年近くにわたり数多くの容疑者から採取した生体サンプルが再鑑定され、二〇〇一年一〇月、ある人物のものと一致した。

二〇〇一年一一月三〇日、ゲイリー・レオン・リッジウェイは、トラックの塗装工として働くケンワース・トラック・ファクトリーで逮捕され、四件の殺人で起訴された。妻子もある、温厚な男だった。二年後、死刑の免除とひきかえに、彼は四八人の女性の殺害を認めたが、その多くはシータック界隈の売春婦だった。二〇一〇年一二月二一日、ワシントン州オーバーンを散策中のハイカーがレベッカ・マレーロの頭蓋骨を発見し、リッジウェイが殺害を認めたため、死体の数は四九に増えた。

ゲイリー・レオン・リッジウェイは、一九八二年から二〇〇一年にかけて七一人の女性を殺害したと考えられ、現時点でわかっているかぎり、アメリカ史上最も多くの犠牲者を出した「快楽殺人犯」である。

四三歳のゲイリー・マイケル・ハイドニックは、言わば「歩く矛盾《パラドックス》」だ。重度の精神疾患に悩む高校中退者でありながら、彼は株式投資で五〇万ドルを稼ぎ出した。しかしハイドニックにとって、金銭はより大きな目的を達成するための手段にすぎなかった。

黒人の性奴隷をはべらす「ハーレム」をつくりたい願望にとりつかれたハイドニックは、フィラデルフィアのノース・マーシャル通り三五二〇番地に建つ自宅の地下室に穴を掘った。そして一九八六年一一月二五日のジョセフィーナ・リベラ誘拐を皮切りに、その後の二カ月間でさらに五人の女性を地下の穴倉に加えていく。監禁した女性たちを絶食状態にさせたまま、日課のようにレイプと虐待をくり返し、逆らえば厳しい罰を課した。彼はまた、女性たちが互いに密告し合うように仕向け、密告者を優遇したため、このやりかたはある程度うまくいった。暴力による「再教育」のあと、サンドラ・リンゼイという女性が突然死亡すると、ハイドニックはその死体を電動のこぎりで切断して肉をそぎ落とし、頭部を鍋に入れて茹で、残りは料理して犬たちに与えた。また別の致命的な「しつけ」として、ハイドニックは監禁した女性たちのうち三人を鎖でつなぎ、穴を冷たい水で満たした。それから延長コードの絶縁材をはがしてワイヤを露出させると、それを鎖に押し当てて女性たちに電気ショックを与え、二三歳のデボラ・ダドリーを感電死させた。その後、ハイドニックはダドリーの遺体をニュージャージー州へ運び、パイン・バレンズ（マツの生えた荒地）に隠した。

監禁されていた三カ月のあいだ、ジョセフィーナ・リベラはハイドニックに協力し、他の女性たちを誘拐し拷問する手伝いさえしていた。そうすることで、彼女は徐々にハイドニックの信頼を得るようになっていった。そして一九八七年三月二四日、リベラは少しのあいだでいいから家族に会いにいかせてほしいとハイドニックを説きつけた。彼はそれを認め、すぐに戻ってこいよと言い、近くの駐車場で待っていた。リベラは落ち着いた足取りで電話機のある場所へ向かい、「911」にダイヤルした。ゲイリー・マイケル・ハイドニックはその場で逮捕され、自宅に警察が踏みこみ、監禁されていた女性たちは解放された。一九八八年七月一日、ハイドニックは二件の第一級殺人で有罪判決を受け、一九九九年七月六日にペンシルベニア州のロックビュー矯正施設で薬物注射により処刑された。

ネットフリックスでヒットしたテレビドラマシリーズ『マインドハンター』でふたたび人々のイマジネーションをかきたてたエドマンド・エミール・ケンパー三世は、アメリカで最も悪名高いシリアルキラーのひとりだ。身長二〇六センチの「ビッグ・エド」は、カリフォルニア州サンタクルーズとその周辺で、一一カ月にわたり女性ヒッチハイカーを餌食にした。犠牲者の大半がカリフォルニア州立大学フレズノ校もしくはカリフォルニア大学サンタクルーズ校の学生であったことから、彼は「女子大生キラー」と呼ばれた。犯行の状況から明らかなように、ケンパーは快楽殺人犯のひとりとして記憶されている。彼は女性たちの死体を切断し、死姦し、食べることさえあった。けれども、もし彼が一九六四年に犯した比較的平凡な二重殺人で拘禁されたままでいたならば、そうした事件はひとつも起きなかったかもしれない。

　アルコール中毒の「病んだ、怒りっぽい女」[3]であった母親クラーネルに馬鹿にされ愚弄された一四歳のエドは、カリフォルニア州ノースフォークの山岳地帯にある農場で母方の祖父母とともに暮らすようになった。だが不運にも、祖母のモードもまた、男嫌いだったと伝えられる母親とまったく同じで、「男の性に否定的」[4]だった。一九六四年八月二七日、キッチンのテーブルで祖母と激しい口論になり、エドは怒って家を飛び出した。そして祖父にもらった猟銃をつかんでキッチンへ戻ってくると、背後から祖母の頭を撃ち、さらに胴体にも二発の弾丸を撃ちこんだ。もうすぐ祖父が帰ってきて、妻がキッチンの床で死んでいるのを発見するとわかっていたため、エドは祖父を家の前の私道で待ち伏せ、祖母と同じように殺害する。だが、殺したあとどうなるかをほとんど何も考えていなかったエドは、警察に電話をかけて自首した。彼は拘留中、「ばあちゃんを殺したらどんな感じか知りたかっただけ」[5]だと語っている。妄想型統合失調症という誤った診断を下された一五歳の少年は、アタスカデロにある州の精神病院に収容されたが、一九六九年一二月一八日に退院し、ふたたび母親の庇護下に入る。

　そして三年余りが過ぎた一九七三年四月、女子大生をねらった殺しの饗宴をしめくくるように、彼はベッドで寝ていた母親をハンマーで撲殺し、若いヒッチハイカーたちにしたように、頭部を切り落とし、死体の口に性器を挿入した。母親の舌と声帯を生ごみ処理機《ディスポーザー》にかけようとしたが機械は受け付けず、そのときエドは、「いままで何年ものあいだ、さんざんおれに毒づき、怒鳴り、わめき散らしてきたんだから当然だ」[6]と思った。その後まもなく歴史はくり返され、彼は地元警察に電話をかけて自分のしたことを話し、自首した。

エドマンド・エミール・ケンパー三世は、四五年以上にわたりバカビルにあるカリフォルニア州立医療刑務所に収容され、いまもなお熱烈なファンからの手紙を受け取っている。[7]

赤ら顔に二重あご、薄くなりかけた髪、まるで風采の上がらない二三歳のジェリー・ブルードスは、女友達ラルフィーン・シュウィンラーから見て、合格点にはとうてい達していなかった。それでも、見た目は欠点だらけだが、面白く、鋭敏で、頼りがいのある男に思えた。だがもっとはっきり言えば、一七歳のラルフィーンは、とにかく両親の家を出たくてたまらなかったのだ。一九六二年、彼の子を身ごもって六週間後、二人は夫婦となった。

一九六八年、息子ひとりと娘ひとりをもつブルードス夫妻は、何年かオレゴン州内を転々としたのち、州都セイラムの一軒家に落ち着いた。ところが不運にも、ジェリーはなかなか仕事が見つからず、家でだらだら過ごすうちにどんどん体重が増加していった。見かねたラルフィーンが体重のことを強く指摘すると、むくれて部屋を出ていき、しばらくして戻ってきた彼は、ブラジャーにガードル、ガーターベルト付きストッキングを身につけ、ハイヒールを履いていた。まったくばかげた格好だとラルフィーンは思った。ただ黙って立ち、無表情な顔でじっと自分を見つめている夫のようすに、どこかぞっとするものを感じたが、ラルフィーンは不安げな笑みを返しただけで、このことはもう考えまいとした。ジェリーはうなだれて部屋を出ていき、その顔には失望の表情が浮かんでいた。[8] このとき自宅のガレージで何が起きていたかを知っていたら、ラルフィーンの反応もいくらか違っていたかもしれない。

一九六八年一月から一九六九年四月のあいだに、ジェリー・ブルードスは四人の女性を自宅で殺し、殺害前後にレイプし、乳房と足を切り取って、足のほうはガレージに置かれた箱型冷凍庫に入れて冷凍豆と一緒に保管していた。また、女性たちにランジェリー姿でピンヒールの靴を履かせて写真を撮ったり、殺害後も死体に服を着せてポーズをとらせたりした。女物の服や靴に対する彼の病的執着《フェティッシュ》には服装倒錯的な面もあり、ブルードスは日常的にハイヒールを履いて性的な快楽を得ていた。[9]

ゲイリー・レオン・リッジウェイがグリーン川に死体を遺棄し、全国に広く報じられる一四年前、ブルードスはそれよりもはるかに効率のいい方法で、近くのウィラメット川に犠牲者たちの死体を沈めていた。並外れた腕力に恵まれていた彼は、車から川岸まで死体を運ぶだけでなく、重りに使う車のエンジンやトランスミッション、線路の鉄材まで運んだ。だがついに、オレゴン州立大学のキャンパスにある学生寮キャラハン・ホールの周辺を密かにうろつく不審な行動が警察の目に留まり、最終的に逮捕、有罪判決へとつながった。セイラムにある彼の自宅に踏みこんだ警察は、彼のハイヒールコレクションや盗まれた下着のほか、有罪の証拠となる写真も発見した。

一九六九年六月二八日、ジェローム・ヘンリー・ブルードスはジャン・ホイットニー、カレン・スプリンカー、リンダ・サリー殺害を認め、第一級殺人罪に問われた。彼はさらにリンダ・スローンスンの殺害も自白したが、他のケースと異なり死体の写真を撮っていなかったため、有罪の宣告には至らなかった。彼は残りの人生をオレゴン州刑務所で過ごしたが、その三七年のあいだに、独房には女性の靴のカタログが積み上げられていった。二〇〇六年三月二八日、肝臓がんのため、彼は六七歳で世を去った。

極端に知能が高く、共感力のかけらもなく、だがなぜか不思議なカリスマ性をもつハンニバル・レクター博士は、ハンニバル・シリーズの本と映画の要《かなめ》となる恐ろしい殺人鬼だ。バッファロー・ビルと同様、ハンニバル・レクターがもつ主要な側面――彼のバックストーリー、人格、人肉食趣味《カニバリズム》、そしてフィレンツェへの愛着――もまた、多くの実在する殺人者からヒントを得たものだ。

一九六〇年代初頭、ハンニバル・シリーズの著者として世界的に名を馳せるずっと前、トマス・ハリスはテキサス州のベイラー大学で英語学を専攻しながら、地元紙に犯罪記事を提供して身を立てていた。二三歳の彼は、一流紙ウェーコ・タイムズ＝ヘラルドで記事を書くかたわら、年じゅう火の車の〈アーガシー〉という大衆雑誌でも犯罪記事を担当していた。一九世紀に創刊されたこの雑誌は、犯罪実話《トゥルークライム》コーナーの人気で成り立っていた。

一九六三年、ハリスはアーガシー誌の仕事で、アメリカの国境を越えて南へ行くことになった。ダイクス・アスキュー・シモンズ（アスキューは「歪んだ」という意味）といういかにもな名をもつ男にインタビューするためだ。テキサス生まれのシモンズは、メキシコでの休暇中に三重殺人で有罪となり、続いて激しい論議が巻き起こるなか死刑を宣告された。

話を聞くためにモンテレイにあるヌエボ・レオン州刑務所を訪れたハリスは、シモンズが脱獄を試みて失敗し、撃たれて大けがを負っていたことを知る。彼が一命をとりとめてインタビューに応じられるのは、ひとえにアルフレド・バリ・トレビーニョ博士という人物のおかげだった。強く興味を覚えたハリスは、腰を下ろしトレビーニョ博士と言葉を交わした。刑務所医と思われる博士は、じつに落ち着いた物腰の、人当たりの良い知的な紳士だった。「暗い赤毛の、小柄でしなやかな体つきをした[10]」トレビーニョは、合わせた両手の指先にそっと顎をのせ、若き記者の精神鑑定でもしているかのように、鋭い質問でハリスに探りを入れてきた。さらに彼は、シモンズをリラックスさせる方法までアドバイスしてくれた。しばらくして、患者たちを――看守が連れてくる貧しい村人たちを――診なければならないので失礼しますと彼は言った。この善良な医師とのひとときを大いに楽しんだハリスは、テキサスへいらっしゃることがあればぜひ昼食をご一緒しましょうと誘った。

「ええ、ぜひ。私が次回旅行するときに[11]」とトレビーニョは真摯に答えた。

そして彼が出ていったあと初めて、ハリスは知ったのだ。トレビーニョは刑務所医などではなく、じつは殺人罪で服役中の囚人であることを。刑務所長はトレビーニョを「頭のいかれた」外科医だと言った。彼は医学の知識を利用して、殺した相手の死体を小さな箱に収めたのだという。

メキシコの犯罪小説作家ディエゴ・エンリケ・オソルノによれば、トレビーニョはかつて「ヌエボ・レオンの狼男」と呼ばれていた。彼をモデルにハンニバル・レクターを生み出してから何年もたった二〇一三年、ハリスはトレビーニョ博士が犯した罪についてできるだけ詳しく調べてほしいとオソルノに依頼した。そして彼は、トレビーニョが若きインターン時代に同性愛の恋人ヘスス・カスティージョ・ランヘルの喉をメスで掻き切り、殺害したことを知る。いわゆる「痴情殺人」だ。トレビーニョは外科医としての優れた腕前を発揮してランヘルの遺体を解体し、小さな箱につめこんで土に埋めた。

だが、おじに発見され、逮捕されたのだった。[12]

アルフレド・バリ・トレビーニョ博士は、二〇〇九年に八一歳で死去した。自分をモデルに映画史上最も忌まわしいヴィラン（悪役）のひとりが誕生したなどとは夢にも思わなかっただろう。手の込んだ遺体解体と、社会的ステータスと知能の高さを除けば、彼の犯罪はじつのところ至って平凡なものだった。誰もが口をそろえて語るように、罪を背負った医者は暗い過去と決別し、自分に残された人生を、モンテレイでも最も貧しい地域で暮らす人々を癒すために捧げたのだ。

一九三六年一〇月一六日にウクライナ（当時はソ連の一部）に生まれたアンドレイ・ロマノヴィッチ・チカティロの幼少期は、共産主義の恐るべき経済政策によって歪められた。ヨシフ・スターリンが強制的に推し進めた農業集団化により、ウクライナの人々は一九三二年から三三年にかけて起きた大飢饉、いわゆる「ホロドモール」にひどく苦しめられ、三〇〇万人から一二〇〇万人が命を落としたと伝えられる。チカティロが生まれたころには最悪の状態は脱していたが、ウクライナではまだ食料不足が続き、彼の家族も、ときどき草や木の葉を食べて飢えをしのがなければならなかった。かつては「ヨーロッパの穀倉地帯」と呼ばれたウクライナだが、初めてパンを口にしたのは一二歳のときだったとチカティロは語っている。[12] 最も幼いころの記憶として彼が覚えているのは、兄のステパンが四歳のときに、近所の飢えた農民たちに殺されて食われたと母アンナに聞かされたときのことだった。

何度もおねしょをして、アンナにしょっちゅう叩かれ、辱められていた幼いチカティロの生活は、一九四一年の夏にヒトラーの軍隊がウクライナになだれこんで以来、さらに悪化した。父ローマンが赤軍に徴兵されドイツとの戦いに送られたため、残された五歳のアンドレイと母親は自力で食べていかなければならなかった。心身の発達にとって重要なこの時期、チカティロは無数の人々が侵略軍によって銃殺され、焼却され、爆弾で粉々に吹き飛ばされるのを目の当たりにした。殺されないように、暗い地下貯蔵庫や排水溝に何時間も、何日も身を隠して過ごすこともたびたびあり、一家が暮らしたあばら家が焼け落ちたときも、何もできず見ているしかなかった。母親がドイツ兵に凌辱されるのを、彼は見ていたのではないかと推測されている。なぜなら、アンナは一九四三年に娘タチアナを産んでいるからだ。

一九四四年九月、ドイツ軍がようやく撤退し、チカティロは学校へ通うようになった。彼は勉強熱心で頭のいい生徒だったが、体が小さく、視力も弱く、臆病だったため、執拗ないじめにあった。戦争が終わっても彼をとりまく状況は改善せず、そんな折、父親が一九四三年に負傷してドイツ軍の捕虜になっていたことを知る。死ぬまで戦いぬかず敵の手に落ちるのを背信行為と見なすソ連において、この事実は家族に暗い影を落とした。そこへさらに追い打ちをかけるように、ウクライナは第二の飢饉におちいり、チカティロは栄養失調で腹がふくれ上がり、空腹のあまり気を失うようになった。

同胞の多くがこの恐ろしい状況に耐えぬくなか、思春期を迎えたアンドレイ・チカティロは、自分がこの上なく屈辱的で果てしない挫折感をもたらすもうひとつの問題を抱えていることに気づく。彼は慢性的な勃起不能《インポテンツ》だった。おまけに、幼い子どもを肉体的に支配したときにしか性的絶頂感を得ることができなかった。何人かの女性と付き合い、結婚もしたが、性交に十分なだけ勃起を維持できたためしはなく、結局は年若い女性や少年を痛めつけることで衝動を満たすのだった。こうして四〇代半ばになった彼は、あるとき最初の殺人を犯す。そこからは、殺しに次ぐ殺しの連続だった。

一九七八年から九〇年にかけて、チカティロは五〇人以上を殺害したが、[13] 多くの場合、ソ連の鉄道網を利用し、若い売春婦や一〇代の少女、まだ思春期前の少年少女を餌食にした。荒れ狂ったように刃物で突き刺し、噛みつき、手足を切断するうちに、やがて彼は相手の肉をむさぼり食うようになっていく。この所業はのちに、兄が「殺されて食われた」記憶と関連づけられることになる。

チカティロは一九九〇年一一月二〇日に逮捕され、当局は彼をソ連における最初で最後のシリアルキラーと見なしたが、正確にはそうではない。チカティロは五六人以上を殺害したが、一九九二年四月、ロストフで五三件の殺人につき裁判にかけられ、一〇月一四日、裁判官レオニード・アクブジャノフによって五二件の有罪判決が下された。一九九四年のバレンタインデーに、「ロストフの切り裂き魔」は独房から防音室へ移され、銃殺刑に処され、頭に弾丸を撃ちこまれた。

『羊たちの沈黙』では、フィレンツェの名所を描いたスケッチが殺風景な独房に何枚も飾られ、その街に対するハンニバルの思い入れが伝わってくる。彼はそれらのスケッチを記憶だけを頼りに描いたと言い、そのなかの一枚、ベルヴェデーレ要塞から眺めた大聖堂《ドゥオーモ》は、バッファロー・ビルの正体を示す、暗号化された手がかりなのかもしれない。なぜなら、ビルはその後、オハイオ州ベルヴェディアで発見されるからだ。ハンニバルとフィレンツェとのつながりは、続編の小説および映画『ハンニバル』でさらに詳しく語られる。

五〇〇年以上にわたり、フィレンツェは「美」と「人間が成し遂げた偉業の頂点」と結びついていた。有力なメディチ家のもと、フィレンツェは「ルネッサンスのゆりかご」となり、ボッティチェッリ、ガリレオ、レオナルド・ダ・ヴィンチ、ペトラルカ、ダンテ、ニッコロ・マキャヴェッリといった、ヨーロッパ屈指の芸術家や思想家たちに庇護を与えてきた。日差しの強い通りにヴェッキオ宮殿とサンタ・マリア・デル・フィオーレ大聖堂がそびえたつ、目をみはる美しい建造物に彩られたこの都は、均整、秩序、自制を旨とするアポロン的倫理観を体現したかのような街だ。

一九六八年、そのフィレンツェの精神とは完全に相反する何かが街に出現した——暴力的で、堕落した何かが。それはフィレンツェの崇高な息吹をあざ笑うかのように、この街の偽善を暴き出した。当時のイタリアにはカトリックの伝統的な価値観が根強く残り、そのひとつとして結婚前のセックスを慎む風潮があった。そのあらわれとして、街には未婚の男女が二人きりになれる場所がほとんどなかったため、交際中のカップルや遊び人たちはこの禁制に対抗し、郊外の丘へ行って車のなかでキスやセックスをしたことから、フィレンツェ人の三分の一は車のなかでつくられたというジョークまで生まれた。広く行きわたったこの慣行は、恋人たちに劣らぬ数の窃視者《せっししゃ》を引き寄せた。暗闇でこそ動きまわるのが好きで、またその手腕に長ける〝のぞき魔〟たちは「インディアニ（インディアン）[14]」と総称された。恥を知らないインディアニたちはいくつかの〝部族〟に分かれ、街を囲む丘の別々の場所を、それぞれの縄張りにしていた。

既婚女性でありながら、三二歳のバルバラ・ロッチは不特定多数の男と関係をもつ女として知られ、アペ・レジーナ（女王蜂）[15]の異名をとっていた。一九六八年八月二一日、シーニャという小さな町で、彼女は数多い愛人のひとり、二九歳のアントニオ・ロ・ビアンコと田舎道に車をとめた。バルバラの六歳になる息子ナタリーノ・メーレは、そのとき後部座席で眠っていた。その後いずれかの段階で、ひとりの男が車に近づき、二二口径のベレッタ（イタリアの自動拳銃）でカップルを撃ち殺した。子どもは生き残り、最も近い農場まで歩いて逃げた。国家憲兵隊《カラビニエリ》は即座に、バルバラの年上の夫ステファノ・メーレが嫉妬に狂って二人を殺害したと結論づけた。夫は有罪判決を受けるが一貫して無実を訴え、バルバラの愛人たちを指弾した。

その間にも殺人事件は続き、一九七四年九月一五日、一〇代の独身カップル、パスクワーレ・ジェンティルコアとステファニア・ペッティーニは、田舎の小道にとめたパスクワーレの車フィアットでの親密な行為を乱暴に中断された。闖入者はパスクワーレを射殺し、ステファニアを車から道へひきずり出した。そして刃物で九七回刺したあと、ブドウの茎を性器に突き刺し、その場から逃げ去った。

次の二重殺人は七年後の一九八一年六月六日、スカンディッチという自治体《コムーネ》の近くで起きた。三〇歳の労働者ジョバンニ・フォッジと二一歳のカルメラ・デ・ヌッチオは婚約していたが、結婚初夜を待ちきれなかった。殺人者は運転席のドアへそっとしのび寄り、窓越しに一発の弾丸をジョバンニのこめかみに撃ちこみ即死させた。次に、裸のカルメラを車からひきずり出して刃物で刺し殺し、ぎざぎざの刃がついたナイフで性器を切り取った。その後、弾道学の専門家によって、このフォッジとデ・ヌッチオの事件で使われた銃は、一九七四年のジェンティルコアとペッティーニの事件、さらに一九六八年のロ・ビアンコとロッチの殺害にも使われたものだと判断された。

それから数カ月たった一〇月二三日、また別のカレンツァーノという自治体《コムーネ》にほど近い公園で、ほぼ同一の残虐な事件が起きた。殺されたのは、二六歳のステファノ・バルディと二四歳のスサンナ・カンビ。同じ犯人の手口だと気づいたフィレンツェの事件記者マリオ・スペッツィは、この連続殺人犯を

「フィレンツェの怪物」と名づけた。[16]

一九八一年に起きたこの殺人は、一九八五年九月まで定期的にくり返されることになる、性的動機による殺人ラッシュの始まりだった。一九八二年に起きた二重殺人を除き（このときは、殺害後に何かを行なう機会がなかった）、つねに女性器が切り取られている。また、最後のほうの事件では、犯人が残す特徴的な痕跡に変化が生じた。具体的に言うと、最後の二件では、女性の性器ではなく乳房が切り取られた。フランス人旅行者ジャン・ミシェル・クラヴェイクヴィリとナディーン・モーリオを殺害したのち、フィレンツェの怪物はナディーンの乳房の一部を、死体がどこにあるか見つけられるものなら見つけてみろと挑発するメモを添えて地方検事に送りつけた。だがそれを最後に、怪物は鳴りをひそめる。

一九九〇年代、性犯罪の前科をもつピエトロ・パッチャーニが第一容疑者として浮かび上がった。一九五一年に女友達の恋人を殺害し、一三年間服役していた人物だ。しかし、彼と事件を結びつける唯一の物的証拠は、庭で発見された未使用の弾薬のみ。その製造メーカーと口径が、怪物のものと一致したのだ。激しい論争が巻き起こるなか、パッチャーニは一九九四年に有罪を宣告されるが、一九九六年には判決がくつがえり釈放される。その後、警察は彼を中心としたグループによる犯行を疑い、再審が命じられるが、パッチャーニはふたたび法廷に立つことなく、一九九八年に死去した。その代わり、彼の共犯者とされた二人の男――マリオ・ヴァンニとジャンカルロ・ロッティ――が有罪判決を受け、本書を執筆している現時点でいまだ服役中である。しかし、彼らが連続殺人犯だとはほとんど誰も信じておらず、空白を埋めるように、極悪非道なカルト集団のしわざであるとか、サンフランシスコのゾディアック・キラー（一九六〇～七〇年代に起きた未解決連続殺人の犯人）と関係があるといった空虚な噂も浮上した。

どこからどう見ても「フィレンツェの怪物」事件は未解決であり、一六人の男女の残虐な死の真相も謎のままだ。いまこの時点で、判明している最後の犠牲者たちの死からすでに三五年が経過している。

『スクリーム』（一九九六年）

ジャネット・クリストマン殺人事件
ゲインズヴィルの切り裂き魔《リッパー》の犯罪

『スクリーム』は、お約束の要素てんこもりでへきえきしそうな「スラッシャー」というジャンルに新風を吹きこんだ。ウェス・クレイヴン監督のこの独創的な作品は、定番要素を排除しようとするのではなく、むしろそれらをうまくプロットに組みこんだ。ティーンエイジャーが安全なはずの家のなかで殺されるというアイデアは、実際にあった二つの殺人事件からヒントを得たものだ。ひとつは、ジャネット・クリストマンが殺害された「ベビーシッター殺人事件」、もうひとつは「ゲインズヴィルの切り裂き魔」として知られるシリアルキラーによる連続殺人だ。

フランスの映画理論家クリスチャン・メッツは、映画のジャンルは四つのステージ――古典期、実験期、パロディー期、脱構築期――を経て発展するという有名な説を提唱した。『サイコ』と『悪魔のいけにえ』で始まりジョン・カーペンター監督の『ハロウィン』で幕を閉じるスラッシャー映画の「古典期」は、このジャンルにおける伝統的表現法を打ち立てた。一九七九年から九一年にかけてのスラッシャー映画ブームは「実験期」を成し、この時期、性的に奔放なキャラクターは死に、処女や童貞は悪に打ち勝つパターンや、不滅のシリアルキラー、仮面《マスク》をつけた殺人鬼といった要素がくり返し用いられた。しかし、一九九一年の終わり頃になると、観客はすでに決まりきったパターンに飽きはじめていた。ホラー映画界きっての鋭い観察眼の持ち主であるウェス・クレイヴン監督はその動きにいち早く気づき、一九九六年に『スクリーム』を発表する。そして称賛を浴びたこの映画で、スラッシャー映画の実験期から、次に必ず訪れるパロディー期への橋渡しをしたのである。

『スクリーム』のプロットは、比較的シンプルだ。電話で相手を執拗にいたぶったあとナイフで襲いかかるマスクをつけた殺人鬼「ゴーストフェイス」が、高校生ケイシー・ベッカーとその恋人スティーヴ・オースを殺害し、そのあと同じ高校に通う主人公シドニー・プレスコットの命をねらうが、失敗する。カリフォルニア州の小さな町ウッズボローは、この事態に必死に対処しようと努め、高校が無期限で休校になると、人気者の〝スチュー〟ことスチュアート・メイチャーは、お祝いのパーティーを開く。そして案の定、このパーティーでさらなる犠牲者がひとり、またひとりと出るのだった。映画の終盤、二人の殺人鬼――スチューとシドニーの恋人――が入れ替わりながら「ゴーストフェイス」に扮していたことが明かされる。シドニーはどうにか出し抜いて二人を殺し、物語は幕を閉じる。『スクリーム』の面白いところは、登場人物のひとりが、自身も殺人鬼に追われて殺されそうになりながら、自分たちがスラッシャー映画にありがちな状況に追いこまれていると気づき、映画全体を通じてそれを口に出して強調する点だ。

一方、この映画の最も恐ろしいところは、安全なはずの家のなかで襲われる点であり、これは実際に起きた二つの事件に着想を得ている。一九五〇年の春に、ミズーリ州でベビーシッターのジャネット・

クリストマンが殺された事件と、一九九〇年八月にフロリダ州ゲインズヴィルで起きた一連の残虐な殺人事件――いわゆる「ゲインズヴィルの切り裂き魔」の犯行だ。もうひとつ、ヴィジュアル面でこの映画に大きな影響を与えたのが、画家エドヴァルド・ムンクの象徴的作品である『叫び』だ。映画のなかで殺人鬼がかぶる、あの気味の悪いマスクは、ムンクの『叫び』からインスピレーションを得たものなのだ。

一九五〇年三月一八日の午後七時半、ジャネット・クリストマンは、ミズーリ州コロンビア郊外にあるロマック夫妻の家に到着した。エドとアンがカードゲームをしに出かけるあいだ、息子グレゴリーの面倒を見るためだ。ロマック家でベビーシッターをするのは、ジャネットにとって半ば日常生活の一部となっていた。彼女はまた、ときどき別の夫婦――ミュラー夫妻――の家でもベビーシッターをしていた。その日は土曜日で、ジェファーソン中学の八年生（日本の中学二年生）の仲間たちが夜にパーティーを開くことになっていたが、ジャネットは小遣い稼ぎのチャンスを逃したくなかった。買ったばかりのバーガンディー色のスーツの支払いに充てるためだ。まだ一三歳だが、ジャネットは同年代の少女たちに比べて心も体も早熟だった。そして彼女はいま、年上の男たちの目を引きはじめていた。現に、ロバート・ミュラーは友人であるエド・ロマックに、ジャネットに関する不適切な発言を何度かしており、彼女がまだ処女かどうかという憶測までしていた。[1]

ジャネットがロマック家に到着したとき、三歳のグレゴリーはすでにぐっすり眠っていた。この子はママとパパが留守のときはラジオを聴きたがるの、とアンが説明し、エドは万が一何かあったときのためにと廊下の戸棚にしまってある散弾銃をジャネットに見せ、使いかたを教えた。そして彼は、玄関と裏口のドアはつねにロックしておくようにと指示し、丘の上に建つこの小さなバンガローに人が訪ねてくることはめったにないが、もし誰かが来たらポーチライトをつけて、知っている人の場合だけ応対するようにと言った。[2] エドとアンはそのあと、風が吹き荒れみぞれが降るなか、友人たちに会いに車で出かけていった。それが午後七時五〇分のことだ。

かなりの悪天候にもかかわらず、土曜日のその晩はベビーシッターの需要が高かった。ジャネットがロマック家へ出かけたあと、ジャネットにベビーシッターを頼めないだろうかとロバート・ミュラーからクリストマン家に電話があったが、あいにくロマックさんから先約が入ってしまったと家族が丁寧に断った。そのころ町の反対側では、ジャネットの親友キャロル・ホルトもまた、眠っている子どものベビーシッターをしていた。その日から六〇年後に、あれは風の吹きすさぶ「薄気味の悪い」[3]晩だったと、彼女は当時を振り返っている。

悪天候のおかげで、ブーン郡保安官事務所のレイ・マッコーワン巡査のシフトは、退屈だが快適なものとなった。この嵐をものともせず悪事を働く者などほとんどいないからだ。ところが午後一〇時三五分、不意に電話が鳴った。受話器を取ったマッコーワンの耳に飛びこんできたのは、立て続けに発せられるものすごい悲鳴と、「早く来て！」[4]という金切り声だった。だが、そこで電話は切れた。マッコーワンは動揺した。声は、ほぼまちがいなく女性のものだったが、誰がどこからかけてきたのか、手がかりとなる情報が何ひとつない。おまけに、その時刻には電話局の交換機にスタッフが配置されていないため、通話をたどるのは不可能だった。

ブーン郡では、雷鳴が轟いていた。その音に幼いグレゴリーが目を覚ましたのではないかと心配になったアン・ロマックは、ジャネットと話をしようと自宅に電話をかけるが、話し中の信号音が鳴るばかりだった。真夜中ごろ、ジャネットの親友キャロルは、何かが起きているような奇妙な予感がして、自分が世話をしている子どもを見にいった。

午前一時三五分に帰宅したロマック夫妻は、居間の窓が割れているのに気づきショックを受ける。フロントポーチのライトがまぶしく光り、玄関のドアも裏口のドアもロックが解除されていた。屋内に入った二人は、居間のピアノのわきで、毛足の長い敷物の上に横たわるジャネット・クリストマンの遺体を発見する。まわりには血だまりができ、近くにあるアイロンから切り取られた長いコードが首にきつく巻きつけられていた。衣服の一部が脱がされた状態で、それはジャネットが性的暴行を受けたことを物語っていた。ラジオ放送はもう終わっていたが、グレゴリーはまだベッドですやすやと眠っていた。夫妻は急いで警察に通報した。

現場に到着したブーン郡保安官事務所の捜査官たちは、キッチンから廊下を通って居間へと続く、激しくもみ合った痕跡を発見した。家の正面の窓が外側から割られ、ガラスの破片が居間に散っていたが、ベネチアンブラインドにも家具にもまったく乱れがない。この科学捜査的矛盾点と、明かりのついたフロントポーチ、ロックが解除されたドアから考えて、警察は次の三つの結論を導き出した。（一）犯行現場の偽装、つまり警察の捜査を誤った方向へむかわせるための意図的な細工がなされている。具体的には、正面の窓が犯人の侵入ルートだと思わせるためにガラスが割られている。しかし、ポーチライトがついていて、エド・ロマックが事前に、誰かが訪ねてきたらライトをつけるようジャネットに指示していたこと、また玄関のロックが解除され、ベネチアンブラインドにもまったく乱れがないことから、犯人は玄関から屋内に入ったと思われる。（二）被害者はおそらく犯人と面識があった。玄関のドアを開け、しかも被害者への攻撃がキッチンで始まっていることから、ジャネットが快く犯人を屋内へ招き入れた可能性がうかがえる。（三）犯人はおそらくバンガローの間取りを知っていて、凶器――アイロンの電源コード――を居間に隣接する寝室で見つけている。

正面の窓を割るのに使った園芸用の鍬《くわ》が花壇に落ちていた。保安官補のジュリアス・ウェデマイヤーが述べたように、事件は「身近な人物の犯行」[6]を示すあらゆる特徴をそなえていた。血のついた指紋をいくつか採取したのち、捜査陣はアルゴア矯正センターに警察犬の出動を要請し、低木の茂みを通って犯人の足取りをたどったが、ウェスト・ブールバード・ノースとウェスト・アッシュ・ストリートの角で犬は臭跡を失った。

検死の結果、ジャネット・クリストマンは性的暴行を受け、殴打されたことが判明した。さらに、頭部には金属性の何かで穿《うが》たれた小さな丸い穴がいくつもあいていた。死亡推定時刻は午後一〇時から午前〇時、コードで首を縛られたことによる窒息死。顔には引っかき傷があり、爪のあいだにはわずかな皮膚片――ほぼ確実に、彼女を襲った犯人のもの――が残されていた。[7]

三月一九日日曜日、教会へ行く支度をしていたキャロル・ホルトは、彼女の人生を変えることになる一本の電話を受けた。それは、親友ジャネットの酷《むご》い死を知らせるものだった。だがその朝、予期せぬ電話を受けたのは、キャロルだけではなかった。キッチンの電話が鳴ったとき、ロマック夫妻は自分たちの家で起きた恐ろしい出来事にまだ対処できずにいた。エドが出ると、声の主は幼馴染の親友ロバート・ミュラーで、いまからそっちへ行って「現場の後始末」[8]を手伝うよと彼は言った。おかしいな、とエドは思った。殺人事件の話はまだ伝わっていないはずだった。エド・ロマックが事件のことを率直に尋ねたのか、ミュラーのほうから語ったのかはわからないが、裁判記録には、ミュラーがロマックに「アリバイはないが、『ひっかき傷はできていない』と言った」[9]とある。この時点で、被害者の爪のあいだから皮膚片が発見されたことも含め、解剖結果はまだ公表されていなかった。

　事件が起きたのはブーン郡だが、コロンビア警察の介入によって捜査は複雑化していた。コロンビア警察はそれまでもたびたび、ブーン郡保安官事務所の管轄権を平気で侵害していた。コロンビアは、ブーン郡の中心をなす人口三万一〇〇〇人の都市だ。クリストマン殺人事件でパニックが起きると、コロンビア警察署長Ｅ・Ｍ・ポンドは人々の恐怖心を鎮めようと、すぐさま対策を講じた。彼はまず、それまで「３１３２」だった緊急電話番号を「１１２」に変えるよう即座に指示を出した。ダイヤル式電話の時代、これでかなりの時間短縮になった。また、全警官を一二時間シフトで配置し、さらに地元の商売人を雇って暗くなってから通りをパトロールさせ、加えて四人のパトロール警官を新たに採用した。その新人警官のひとりポール・チーヴンスに与えられた最初の任務は、ジャネット・クリストマン殺しの犯人がもしも現場に戻ってきたときのために、午後六時から午前六時までスチュワート・ロード一〇一五番地を見張る仕事だった。彼はこの任務を一二回こなしたが、犯人逮捕につながるどころか、管轄権を侵害する張り込みは、すでに存在した組織間の緊張をさらにエスカレートさせる結果を招いた。

　ポンド署長と警官たちは、毎晩コロンビアを巡回してあやしげな人物を探し、数々の噂を聴取し、その一方でブーン郡のグレン・パウエル保安官は、容疑者の割り出しと絞り込みに追われていた。容疑者リストはどんどん絞られていき、ロバート・ミュラーが「第一容疑者」[10]であることは、ほぼまちがいなかった。第二次世界大戦を経験した二七歳の元軍人は、表面的には模範的なアメリカ人に見えた。戦時中、ミュラーは米空軍の大尉として抜きん出た能力を発揮し、戦争が終わると名誉除隊証明書を手に故郷コロンビアへ戻り、そこで結婚して家庭を築き、エド・ロマックとの旧交を温めた。

しかしロバート・ミュラーの友人たちは、彼が「性欲過剰者」[11]であることを知っていた。早熟なジャネット・クリストマンに関する不適切な発言のほかにも、彼はエド・ロマックに「バージンをものにしたい」[12]と頻繁に語り、ヒンクソン川（学生がピクニックをする地元の人気スポット）へ「若くてかわいい女の子をゲットしに」[13]行くとほのめかしていた。ジャネットが殺害される二日前、彼はエドの妻アンと二人きりになったとき、服の上から彼女の体を撫でた。彼の行動にたびたび不安を覚えていたアンは、自分たちの知り合いの誰かがジャネット・クリストマンを殺したとすれば、可能性があるのは彼しかいないと、躊躇せず警察に疑念を打ち明けていた。

それに、ミュラー一家とロマック一家は頻繁に互いの家を訪れていた。ロバート・ミュラーはスチュワート・ロード一〇一五番地のバンガローをよく知っているだけでなく、ジャネット・クリストマンの絞殺に使われた電気アイロンを何度も使ったことがあり、置き場所も知っていた。彼はさらに、幼いグレゴリーは両親がいないときはラジオをつけて寝たがり、そうすれば大声がしてもめったに目覚めないのも知っていた。ポーチライトも、ロックが解除されたドアも、ミュラーとジャネットが知り合いだったことを考えれば辻褄が合うし、おまけにミュラーは、彼女がその晩スチュワート・ロード一〇一五番地でベビーシッターをすることも知っていた。エド・ロマックによれば、ミュラーはあるとき、ジャネットを殺したかもしれないと自分から言い出したが、「（ミュラーは）その後、そのことを忘れてしまった」[14]らしい。おそらく彼が犯人である最大の決め手となったのは、ミュラーがつねに金属性のシャープペンシルを持ち歩いていたことだ。その丸い先端が、ジャネットの頭部に残る奇妙な刺し傷と一致した。

一九五〇年五月四日、犯人はこの男にまちがいないと確信したパウエル保安官が動いた。エド・ロマックの協力を得て罠にかけ、一緒にカードゲームに参加するためにミュラーがエドを車で迎えにいくように仕組んだのだ。たいていいつもスコアを記録するのはミュラーだったため、例のシャープペンシルを持ってくるはずだった。午後八時過ぎ、ミュラーがロマックを迎えにきたところを保安官と二人の保安官補がその場で逮捕し、コロンビアの街から数キロ離れた保安官補ジュリアス・ウェデマイヤーの農場まで運転していくよう命じた。夜通し取り調べが行なわれたが自供は得られず、翌朝、ミュラーはジェファーソンシティへ連れていかれ、嘘発見器《ポリグラフ》にかけられた。しかし、有意な虚偽を示す結果は得られず、ミュラーはコロンビアへ戻され釈放された。とはいえ、彼に不利な状況証拠がかなり残ることから、W・M・ディンウィディー判事は、ジャネット・クリストマン殺害の罪で彼を起訴すべきかどうかを大陪審の審理に委ねた。だが不運にも、パウエル保安官は検察に逮捕状を請求しておらず、取り調べについても報告していなかった。検察官とコロンビア警察のポンド署長との密接な関係がその理由だったと伝えられる。その結果、六月一七日に大陪審が出した報告書は、ミュラーを起訴するという内容ではなく、むしろ「つまらない妬《ねた》み嫉《そね》み」[15]から、殺人事件の捜査において完全に連携を欠くコロンビア警察とブーン郡保安官事務所を痛烈に非難するものとなった。

その後まもなく、ロバート・P・ミュラーは空軍に再入隊しコロンビアを離れた。そして彼が去ると同時に、一九四六年から続いていた一連の性犯罪がぴたりとやんだ。その後ミュラーは、五月四日の取り調べが人権に反するものだったとし、保安官グレン・パウエルと保安官補を相手取り裁判を起こしたが不首尾に終わった。二〇〇六年、彼は自由の身のまま、アリゾナ州トゥーソンで八三年の生涯を閉じた。故パウエル保安官の甥ウェインはコロンビア・デイリー・トリビューン紙の記者に、おじは死ぬまでクリストマン殺しの犯人はミュラーだと確信していたと語っている。彼は家族のコネを使って法の手を逃れたのではないかという疑念に、パウエルは最後までつきまとわれていた。

この未解決のジャネット・クリストマン殺人事件が、いわゆる「ベビーシッターと二階の男」の都市伝説を生んだというのが、いまでは通説となっている。ベビーシッターにいたずら電話がかかり、その内容は殺人をほのめかすものにエスカレートし、逆探知の結果、じつは犯人は二階にひそんでいたというものだ。これを土台にして生まれたのが、ホラー映画の草分け『暗闇にベルが鳴る』（一九七四年）と『夕暮れにベルが鳴る』（一九七九年）だ。これら不朽の名作へのオマージュとして、『スクリーム』のオープニング・シーンでは、安全なはずの家のなかにいる女子高生が、敷地内から電話をかけてくる犯人にいたぶられ、殺害されるシーンが描かれる。

クリストマン殺人事件から生まれた都市伝説が『スクリーム』のオープニング・シーンに反映される一方で、この映画のプロットと悪役が生まれる大きなきっかけとなったのが、一九九〇年八月に起きた一連の殺人事件だ。現在においてもなお、「ゲインズヴィルの切り裂き魔」と呼ばれた犯人によるその事件は、残虐さにおいて、おそらくアメリカ犯罪史上類を見ない。

一九九〇年八月二四日金曜日、黒い服を着たひとりの男が、フロリダ州ゲインズヴィルにある集合住宅ウィリアムズバーグ・ヴィレッジ・アパートメンツの裏にしのび寄り、殺人道具一式が入った袋を開いた。穏やかな闇のなかで、男の手が革手袋と目出し帽を探り当てる。それらを身につけると、男は三階建てアパートの明かりのついた窓々を見上げた。のちに彼はこのときのことを、「ジェミニ」という悪魔の声に導かれて一一三号室へ行ったと主張する。『エクソシスト3』に登場するシリアルキラー、双子座殺人鬼《ジェミニ・キラー》と同じ名だ。この町へやってきてまもなく映画館でその映画を見て、深く共鳴を覚えたというのだが、本当のところは、夜の闇にまぎれてしのびこむつもりで、前の晩にこのアパートに住む若い女性を近くのウォルマートからつけてきたのだった。[16]

忍び足でデッキに立った男は、ドアノブをそっと回す。鍵がかかっていた。そこで袋からドライバーとペンライトを取り出して錠の枠をはずし、ようやくなかに入る。侵入用の道具から、今度は海兵隊のコンバットナイフとダクトテープに持ち替え、ロールからテープをはがし、一五センチほどの長さに二枚切り取って自分の左腕に貼りつけ、部屋の奥へ進む。足音をしのばせてキッチンを通り居間に入ると、ソファーで眠っている若い女性の姿が見えたが、そこを素通りし、ゆっくりと階段をのぼっていった。のぼりきったところで部屋をのぞくと、すらりとした女性がベッドで眠っていた。ペンライトの細い光で女性の顔をなぞったあと、そっとダクトテープを腕からはがし、女性の上にかがみこむ。そして素早い動きで女性の口にテープを貼りつけ、右胸に一気にナイフを突き立てた。女性は驚いて目を覚まし、半狂乱になって襲撃者を蹴りつけるが、まもなく静かになった。

男は下の階へおりていき、ソファーでうたた寝している若い女性の口を上から手で押さえつけると、ナイフを突きつけ、声を上げたら痛い目に遭うぞと脅した。手を離したとき、女性はルームメイトのソーニャのことを小声で尋ねた。本当のことを話せば言うことをきかなくなるとわかっていた男は、ソーニャは仲間と上にいると嘘をついた。そしてソファーから引きはがすように女性を立たせ、ダクトテープで後ろ手に縛り、キッチンへ連れていった。そこで三〇分にわたり下劣な性的暴行を加えたあと、また居間へ戻り、うつ伏せに寝るよう命じると、女性の口に二枚目のダクトテープを貼り、背中にナイフを五回突き刺した。

やがて二人目の犠牲者の息が絶えると、男は上の階の女性のところへ戻った。そしてダクトテープをはがし、服を脱がせて全裸にし、両足首を持ってベッドの際まで引き寄せると、左の太ももにナイフを突き立てて恐ろしい傷をつけ、屈辱的なポーズをとらせた。

その後、男は二番目の犠牲者のところへ戻り、口からダクトテープをはがして死姦したあと、女性の体を切り裂き、食器用洗剤で証拠となる体液を洗浄した。そして洗剤のボトルを女性の両脚のあいだに置き、[17] キッチンにあったリンゴを一個とバナナを一本つかみ取ると部屋を去り、血のついたダクトテープを大型ごみ容器《ダンプスター》に捨てる以外は足を止めず、そそくさと夜の闇に消えていった。[18]

あくる土曜日の夜、男は盗んだ自転車でサウスウェスト二四番アベニュー三五三三番地へ行き、ハウストレーラーの陰に乗り捨てた。それから静かに小道を通り、目指すアパートの裏庭への侵入を阻む金網の柵のほうへと向かう。根気よく金網をほどいて、ぎりぎり通り抜けられる隙間をつくり、建物の外までたどりつくと、その場にしゃがみこみ、前夜と同じ道具――血に染まったばかりのコンバットナイフ、ペンライト、ダクトテープ、ドライバー、目出し帽、手袋――を取り出した。それからシャツを脱ぎ、ウエストバンドにコンバットナイフとダクトテープのロールを滑りこませると、覆面と手袋を着け、ペンライトとドライバーを手に、ガラスの引き戸にそっと近づいた。室内に視線を走らせ誰もいないと確認すると、ガラス戸と枠のあいだにドライバーを差しこんでこじ開け、暗い室内に侵入する。ダクトテープを一五センチずつ二枚ちぎって左腕に貼りつけ、正面玄関のそばにあるアルコーブに置かれた本棚に、なぞるようにペンライトの光を当てる。身をひそめるのにちょうどいい場所だと気づいた男は、重たい本棚を易々と持ち上げて――彼は身長が一八二、三センチ以上あり、腕力も非常に強かった――寝室へ運び、ドアを閉めた。それから居間の窓のそばで、住人が帰ってくるのをじっと待った。[19]

玄関のほうへ歩いてくる女性の姿が見えたのは、夜の一〇時一五分を過ぎたころだった。殺人者はアルコーブに身を隠し、女性がドアを開けてなかへ入り、鍵をかけ、ラケットとボールらしきものをテーブルに置くのを待った。そこで襲いかかり、女性を床に組み伏せると、ボールが四方八方に転がり落ち、跳ね返った。左手で女性の口をふさぎながら右手を使ってウエストバンドからナイフを抜き取り、女性の目の前でこれ見よがしに振りまわす。

この脅しに、女性は言うとおりにすると応じた。男は左腕からダクトテープを一枚はがして女性の口に貼り、ロールに巻かれたテープで両手を後ろ手に縛りつけた。女性の体をまさぐったあと、腕をつかんで立たせ、ベッドまで歩かせた。そして性的暴行を加えたあと、床からコンバットナイフを拾い上げ、女性を腹ばいにさせて背中をひと突きして殺し、死体を切り裂いた。最後に首を切り取り、重い物で支えて生首を本棚の上に立て、さらに最後の辱《はずかし》めとして、ベッドの端に大股を開いて腰かけているようなポーズをとらせた。それから自分の身を清めると、持ち物を集め、自転車で夜の闇へ消え去った。

日曜日のほとんどを休養に費やした殺人者は、蚊がうようよいる暑い森のキャンプ場を離れ、自転車に乗ってアーチャー・ロードへ向かった。このとき彼はまた新たな獲物を物色中で、ゲーターウッド・アパートメンツがいい猟場になりそうだと目をつけた。そして夜の一一時ごろ、そのアパートのそばで自転車をおりて窓から室内をのぞき、探していたものを角の一室で見つける――電話で友達と話している若い女性だ。それから茂みに腰を下ろし、じっと女性を観察した。[20]

日付が変わり、月曜の午前一時半。通りかかった二人の若い男が、首を切断された女性の事件は連続殺人犯のしわざだろうかと話しているのが聞こえてきた。これまでに殺した女性たちがすでに発見されたのだと知った彼は、そろそろゲインズヴィルを離れる潮時だと考える。これまでと同様、目出し帽と手袋を着け、柵を飛び越えて裏のポーチに侵入し、ガラスの引き戸に近づくと、目の前にシャム猫がいた。猫は大きな声で鳴きだし、若い女性がそれに気づく。ひやりとした殺人者はまた柵を飛び越えて元の場所に戻ると、腹ばいになって身を隠し、そのまましばらく待った。午前三時、袋のファスナーを開けて、これまで三人の殺害に用いた道具を取り出すと、鍵のかかったドアと枠の隙間にドライバーを差しこんでこじ開け、まもなく室内に侵入する。足音をしのばせて女性の部屋のほうへ行きかけるが、そこでぴたりと足を止める。開けたままのドアから、体格のいいアスリート系の男が眠っているのが見えたからだ。面倒なことになりかねない。

殺人者はそっと部屋へしのびこみ、ドアを閉めた。そしてコンバットナイフを振りかざし、青年のみぞおちめがけてまっすぐ振り下ろした。その瞬間、青年は目を覚まし、襲いくる相手に殴りかかろうとしたが、腹部に、手に、腕に、脚に、顔に、男はなおも刃の雨を降らせた。青年は叫びを上げ、そのあと動かなくなった。[21]

襲撃者は全身に血を浴びていた。廊下を通ってキッチンへ行き、シンクで手と前腕、ナイフを洗いはじめたとき、女性の寝室のドアが開く音がした。ヘアアイロンを握りしめて廊下に出てきた女性は、血だらけの見知らぬ男と目が合うと、悲鳴を上げながらまた寝室へ飛びこみ、すぐに鍵をかけた。だが男は体も大きく、攻撃性も高かった。ドアを一発で蹴破ると、女性をベッドに投げ倒し、いつもの手口で――ナイフと、有無を言わさぬ脅しで――相手を服従させる。

男は女性の両手をテープで後ろ手に縛ったが、口はふさがず、性的暴行を加えながら卑猥な言葉を何度も言わせ、そして最後に、背中にナイフを三度突き立てた。

ナイフについた血をベッドのシーツでぬぐい、バスルームの入口の前の廊下へ死体を引きずり出す。そして濡らしたタオルに液体洗剤をつけ、死体に残るあらゆる手がかりを洗い流した。しかし彼は、しだいに不注意になっていた。寝室のカーテンにダクトテープを一枚、さらにテレビの上にコンバットナイフを残してきてしまったのだ。[22]

一九九〇年八月二五日土曜日、フロリダ大学の一年生二人の惨殺死体が発見され、安全そうに見えた小さな学園都市ゲインズヴィルは騒然となった。殺害された一八歳のソーニャ・ラーソンと一七歳のクリスティーナ・パウエルの遺体は、ウィリアムズバーグ・ヴィレッジ・アパートメンツの一一三号室で見つかった。さらにその翌日には、三人目の犠牲者となる、サンタフェ・カレッジに通う一八歳のクリスタ・ホイトの遺体が発見された。クリスティーナ・パウエルの遺体に対する恐ろしい仕打ちすら影が薄く見えるほど、残虐に切りさいなまれていた。町全体が恐慌状態におちいるなか、八月二七日にはさらに二人の犠牲者――二三歳の大学四年生、マニュエル・タボーダとトレイシー・パウレス――の刺殺体がゲーターウッド・アパートメンツで発見される。タボーダとパウレスの死は、「ゲインズヴィルの切り裂き魔」には犯行をやめるつもりがないことを示すと同時に、たとえ力強い男性がそばにいても殺人鬼から身を守れないことを意味した。学生たちはいっせいに町から避難し、多くは二度と戻らなかった。彼らと入れ替わるように全国から大挙した報道陣は、事件の進展に遅れをとるまいとせめぎあい、大ニュースになりそうなさらなる殺人事件を期待していた。だが、連続殺人に終止符が打たれたことがまもなく明らかになる。

一九九〇年九月七日、ダニー・ローリングという名の逃亡犯が、フロリダ州オカラで逮捕された。彼はスーパーマーケット〈ウィン・ディキシー〉で銃を突きつけ商品を盗み、その後、カーチェイスの末に車を大破させた。ローリングはルイジアナ州シュリーブポートで父親と口論になって顔を撃ち、すでに殺人未遂で指名手配されていたため、逮捕の知らせはすぐにシュリーブポートの警察にも伝わった。

その前の年の一九八九年一一月四日、シュリーブポートで人々を不安におとしいれる残虐な事件が起きていた。五五歳のウィリアム・グリソムと、その娘で二四歳のジュリー、八歳になる孫息子ショーンの三人が自宅で殺害されたのだ。たまたま運悪くその時その場所にいたウィリアムとショーンは即座に殺されたが、殺人者はジュリーには時間をかけて性的暴行を加え、そのあとコンバットナイフで刺殺し、遺体を切断してポーズをとらせている。犯人はまた、洗剤を使って証拠を洗い流していた。[23]

このグリソム一家殺害事件でダニー・ローリングが容疑者として捜査線上に浮かび上がったことはな

かったが、その後ゲインズヴィルで起きた事件がこの事件と驚くほど似ている点や、ゲインズヴィルの事件発生時、ローリングがフロリダにいたことがわかっている点は見過ごせなかった。そこでシュリーブポート警察はゲインズヴィルの捜査陣と連絡をとり、拘留中の男を念入りに調べるよう促した。

一九九一年初頭、「ゲインズヴィルの切り裂き魔」事件の捜査チームは、一九九〇年八月に町から姿を消した身元不明の男に関する数々の報告を洗い直すことを決めた。その男は、銀行強盗に失敗したのち、森のキャンプ場に金物類を残して姿を消していた。そのとき回収されて保管庫に入れられていたものを改めて調べると、何かをこじ開けるのに使われたと思われる、窪んだ跡がいくつもついたドライバーが見つかった。また、ダニー・ローリングと名乗る陰気な声の男が、殺人に関係のありそうな謎めいたことをしゃべり、自分は無法者《アウトロー》だという内容のカントリーソングを歌う声が吹きこまれたカセットテープもあった。だがまもなく、それをはるかに超える決定的な情報が入る。拘留中のダニーが同房の男に殺人について語り、「ゲインズヴィルの切り裂き魔」以外は知るはずのない詳細な情報を明かしたというのだ。彼のDNAサンプルを採取する令状が出され、鑑定の結果、ゲインズヴィルの犯行現場に残された証拠の一部と一致した。

この圧倒的証拠を前に、ダニー・ローリングは「世の中には、逃れられないものもあるんだな」[24]と述べ、一九九四年二月一三日、ゲインズヴィルで起きた五件の殺人とそれに関連する罪をすべて認めた。この有罪答弁（罪の自白）にもかかわらず、彼は死刑を宣告された。虐待をくり返した父親、別れた妻、アメリカの刑務所システム、はたまた悪魔「ジェミニ」……――ローリングは誰かのせいにするばかりで、アメリカ史上最も恐ろしい連続殺人について、みずからの罪を心から認めることはなかった。しかし死刑執行を待つあいだに、神とともに歩み、一点の曇りもない良心をもちたいと主張するようになった彼は、陳述書を書き、ついにシュリーブポートでのグリソム一家三重殺人についても罪を認めた。二〇〇六年一〇月二五日、フロリダ州刑務所において、ダニエル・ハロルド・ローリングは致死薬注射により処刑された。

映画脚本家ケヴィン・ウィリアムソンが初めて『スクリーム』の構想を思いついたのは、一九九〇年のある日、「ゲインズヴィルの切り裂き魔」に関するニュースを見たあと、自宅の窓がなぜか開いているのに気づいたときだった。ローリングは住居に侵入し、ナイフを使い、その結果大学が閉鎖され学生たちが逃げ出すほどの恐怖を人々に植えつけた。そのすべてが、『スクリーム』の要素を生み出した。しかしウィリアムソンは、ローリングに着想を得た「死体の切断」については、残虐すぎて売れないとエージェントから警告され、脚本から削らざるを得なかった。

『スクリーム』を象徴する映像的イメージといえば、なんといっても、悪役「ゴーストフェイス」がかぶる、あのマスクだ。そのマスク――ひいては、この映画のタイトル――にヒントを与えたのは、「ゲインズヴィルの切り裂き魔」よりもずっと時をさかのぼる、ある絵だった。

一八九三年、エドヴァルド・ムンクという三〇歳のノルウェー人画家が、二〇世紀を象徴する絵画のひとつ、『叫び』を描いた。前景では、黒っぽいスモックを着た髪のないヒューマノイドのような人物が長い木の橋にたたずみ、顔に両手を押し当てながら、永遠の叫びを発している。遠景にも橋を渡る人々がぼんやりと描かれているが、まるで別の現実のなかにいるかのように、その姿はおぼろげだ。そして火のように赤い不穏な空が、遠くの水面上で激しくうねっている。

じつは、この絵にはいくつかのバージョンがある。一八九三年に制作された最初の作品は、厚紙に描かれたシンプルなパステル画だった。同じ年、続いて油彩とパステル画、テンペラ画が描かれたが、最初のものはそれらに比べてはるかにあっさりした、あまり『叫び』らしくない作品だった。一八九五年、ムンクは第二の「厚紙・パステル」バージョンを描き、加えて白黒のリトグラフを約四五枚印刷した。そして最後に、テンペラだけを使ったものが一九一〇年に制作された。

ノルウェーで最初の印象派画家とされるムンクが『叫び』の着想を得たのは、クリスチャニア（オスロの旧称）での、じつに奇異な散歩中のことだった。

「ある日の夕方、私は散歩道を歩いていた。道の片側には街があり、眼下にはフィヨルドが広がっていた。私は疲れていて、体調も良くなかった。立ち止まりフィヨルドの先を見渡すと、ちょうど沈みかけた太陽が、雲を血のように赤く染めていた。そのとき、私は大自然のなかを叫び声が通り抜けるのを感じた。叫びを聞いたような気がしたのだ。それで私はこの絵を描き、雲を本物の血の色に塗った。その色は悲鳴を上げ、こうして『叫び』は生まれた」[25]

ムンクが最初にその絵につけたタイトルは「Der Schrei der Natur（自然の叫び）」だった。後年、『叫び』は現代人の苦悩を描写した代表的作品と見なされるようになったが、そこには当然ながら、苦悩に満ちていたとされるムンク自身の精神状態が反映されている。

一八六三年一二月一二日、狂気と早世につきまとわれた家系に生まれたエドヴァルドは、父親の極端な信心深さを毛嫌いし、エドガー・アラン・ポーの小説に心ゆさぶられる病弱な子どもだった。死すべき運命をつねに意識していた彼は、不安な気持ちを芸術に向け、自身のスタイルを「魂の絵」と呼んだ。一九〇八年、不安に支配され、飲酒による精神の混乱から極度の妄想や幻覚があらわれていたムンクは、内なる悪魔を征するため、八カ月にわたり電気ショック療法を受けた。晩年はオスロのスコーイェンにある地所で、みずから好んで独居生活を送っていた彼は、一九四四年一月二三日に八〇年の生涯を閉じた。

それから何十年もの時が流れたある日、コスチューム工房を訪れていたウェス・クレイヴン監督と映画プロデューサーのマリアンヌ・マッダレーナは、何かを叫んでいるような細長い顔のマスクを見つけ、当初『スケアリー・ムービー（怖い映画）』というタイトルだった彼らの最新作ホラー映画の悪役にぴったりだと考えた。そのマスクは、ブリジット・スライアティンというスタッフが、エドヴァルド・ムンクの『叫び』を元にデザインしたものだった。[26]

『プロフェシー』（二〇〇二年）

ウェストバージニア州ポイントプレザントに出没した蛾人間《モスマン》

『プロフェシー』は、謎めいた人物や不可解な現象、悲劇的な大惨事に遭遇する不気味な物語だ。この映画は、一九六〇年代後半にウェストバージニア州の小さな町ポイントプレザントを悩ませた一連の奇怪な出来事を元にしている。

二〇〇〇年代初頭は、上質な超常現象もののホラー映画が数多く生み出された時期というわけではないが、『プロフェシー』は不気味な映画として異彩を放っている。ある夜、新聞記者ジョン・クラインは車で出かけるが、ふと気づくと、ウェストバージニア州のポイントプレザントという田舎町にいた。だが彼は、どうやってそこへ到達したのか思い出せない。車が故障し、電話を借りようと近くの家のドアをノックすると、出てきた家主は彼に銃を向け、きさまが夜中の二時半にドアをノックするのはこれで三日連続だと怒りをぶつける。女性警察官コニー・ミルズがやってきてクラインをホテルへ送り、ポイントプレザントでは最近おかしなことが多発しているのだと言った。特に、赤い目をして翼のある、蛾《が》人間のような巨大な生き物を目撃したという通報が相次いでいた。状況を記録しようとしばらくポイントプレザントにとどまったクラインは、町の住人たちがテレパシーまたは夢を通じて、目前に迫る大惨事を警告するメッセージを受け取っていることを知る。そんな彼のもとにも「インドリッド・コールド」と名乗る相手からホテルの部屋に頻繁に電話がかかるようになり、自分しか知るはずのない情報を告げられたクラインは、コールドはこの世の生き物ではないと確信する。あるときコールドは、オハイオ川で恐ろしい惨事が起きると予言した。クラインは、謎めいた蛾人間《モスマン》についてもっと知りたい一心で、超常現象研究者ジョン・リークに接触するが、モスマンを深追いするのは危険だと警告される。やがて訪れたクリスマスイブの晩、オハイオ川にかかる橋は渋滞していた。そしてジョン・クラインの目の前で橋がとつぜん崩落し、何十台もの車が、眼下の凍るような水に沈んだ。彼はどうにか警官のミルズを助け出すが、インドリッド・コールドの予言《プロフェシー》どおりのことが起きたのだと気づくのだった。

『プロフェシー』は、一九七五年に刊行されたUFO研究家ジョン・キールの著書『モスマンの黙示』と、それに続く『UFO超地球人説』を元にしている。キールは一九六六年にUFOの調査を本格的に開始したが、以前はその手のものを易々と信じない「ハードボイルドな懐疑派」だったそうだ。ところが一九六七年になると、彼のもとに「宇宙人」からの奇妙な電話が頻繁にかかるようになる。さらに、忽然と消える黒いキャデラックや派手な空飛ぶ乗り物に追跡され、また、たまたま目についたモーテルに入ると、なぜかすでに予約されていて、電話に理解不能なメッセージが残されていることもたびたびあった。キールが最初にウェストバージニア州ポイントプレザントを訪れたのは、その地域で相次いだ奇妙な報告について調べるためだった。彼に伝えられた数々の不気味な話は、そのあとに起きたさまざまな悲劇的出来事に照らして考えると、よりいっそう恐ろしさが増す。

ジョン・キールがその電話を受けたのは、一九六六年一一月のことだった。かけてきたのは作家でUFO研究家のグレイ・バーカーで、じつはウェストバージニア州ポイントプレザントでおかしなことが起きているんだ、と彼は言った。何十人もの住民から、魅入られそうな赤い目をもつ、翼の生えた人間のような大型生物の目撃情報が寄せられていた。恐れをなして車で山道を逃げるさい、宙に舞い上がったその生き物に追跡された人々もいた。キールはそのとき首都ワシントンにいて、米国空軍をしつこく悩ませながらUFOに関する情報収集をしていたところで（彼とグレイは、興味の対象が重なっていた）、あまり気は進まないが、ニューヨークの自宅へ戻ってから調べてみることにした。超常現象にのめりこむ独身男として、キールは無限の好奇心と一本のペンを武器に、世界に打って出た。若いころはフリーランスのジャーナリスト兼脚本家として活動し、インドとエジプトの旅で得た不思議な体験を綴った『ジャドウ　東洋の黒い魔術』を一九五七年に出版した。次いで一九六六年の初めには、スーパーヒーローが登場するパロディー小説『The Fickle Finger of Fate（運命のいたずら）』を発表。その年の一二月七日、冒険心に富むキールは、南西へ約七〇〇キロ車を走らせ、ポイントプレザントへ向かった。

オハイオ川とカナワ川との合流地点に位置するポイントプレザントは、地元ではアメリカ独立戦争における最初の戦場と見なされている。その戦いで、アンドリュー・ルイス大佐の軍勢は、コーンストーク酋長率いるショーニー族とミンゴ族の連合部隊を打ち破った。一九世紀のあいだほとんど入植が進まなかったのは、コーンストークの亡霊の呪いのせいだと言う者もいた。濁った川の上にアーチをなすのは、ポイントプレザントとオハイオ州ガリポリスとを結ぶシルバー橋だ。建造された一九二八年当時、アルミニウムの輪付き棒《アイバー》を用いたこの吊り橋は、近代工学の勝利と称賛された。

メモ帳にテープレコーダー、そして偏見のない広い心を武器に、キールは報告された奇妙な出来事の調査に乗り出した。彼が最初に話を聞いたメイソン郡の保安官補ミラード・ハルステッドは、「そいつは不思議な力をもっている。その〝鳥《バード》〟を目撃した人たちはみな、ひどく怯えていた。彼らは何かを見たんだ。それがなんなのかはわからない。ただのツルだと言う者もいる」[1]と語った。UFOについて尋ねると、その手の報告は何もないとハルステッドは否定した。

他ではUFOを見たという話も耳に入っていたため、目撃者であるパークとメイベルのマクダニエル夫妻のアパートを訪ね、話を聞くことにした。長年のUFO調査でかなりの数の変人に出会ってきたキールは、マクダニエル夫妻がすがすがしいほどまともであることに驚いた。夫妻は彼を快く家に迎え入れたばかりか、ポイントプレザントで同じように不思議な現象を目撃した多くの親戚や友人たちに電話をかけてくれた。するとまもなく、夫妻の娘リンダ・スカーベリーと夫のロジャー、スカーベリー夫妻の友人スティーヴ・マレットと妻メアリー、地元紙の記者メアリー・ハイアと姪のコニー・カーペンター、コニーの婚約者のキースがやってきた。

マクダニエル夫妻は、家の向かいにある〈タイニーズ〉というレストランの上に丸い物体が浮かんでいるのを見たときのことを語った。〈タイニーズ〉に来ていた多くの客がそのUFOを目撃し、そのなかには警察官の妻もいたが、わざわざ通報はしなかったという。一方、メッセンジャー紙の記者で、職場が川向こうのオハイオ州アセンズにあるメアリー・ハイアは、その年の夏に川の西岸を車で走行中にUFOを見たときのことを、「最初は飛行機だと思いました。でも、よく見てみると完全な円形でした。

なんなのかわからなかったけど、そのときは何も考えませんでした」[2]と語った。

　マレット夫妻とスカーベリー夫妻は、より奇妙な経験をしていた。三週間前の一九六六年一一月一五日、二組の夫婦は、友達にばったり出会うことを期待しながらドライブに出かけた。一八歳のロジャー・スカーベリーが五七年型のビュイックを運転し、廃墟となった火薬工場（以下、キールは「TNTエリア」と呼んでいる）のあたりを走っていたとき、妻のリンダが、暗闇の中で五センチほどの大きさの赤い目が二つ光っているのを見つけた。リンダは悲鳴を上げ、ブレーキを踏むようロジャーを促した。灰色をした、「身長が二メートル前後」[3]あり、「背中に折りたたんだ大きな翼がついている」[4]、「車の反射板のような目をした」[5]人型生物《ヒューマノイド》が、発電所の廃墟のほうへ向かって力強い脚でのっしのっしと歩いていた。彼らは怯え、国道《ルート》六二号線へつながる道を猛スピードで逃げたが、その生き物が丘の上に立っているのが見えたかと思うと、翼を広げて彼らのほうへまっすぐに飛んできた。ロジャーは曲がりくねった田舎道を時速一五〇キロ以上で走ったが、翼をもつ追跡者を振りきることはできなかった。「それは市の境界線までついてきました。そのとき、道ばたに犬の死骸が転がっているのに気づきました。大きな犬です。ところがおかしなことに、数分後にまたそこを通ると、犬は消えていました」[6]と彼は語った。メアリー・マレットは、その生き物が発した「大きなネズミみたいなキーキーという」[7]奇妙な声を思い出し、スカーベリー夫妻は、「あの目に、私たちは魅入られたようになってしまったんです……まるで催眠術をかけられたみたいに、しばらくじっと見つめていました。目が離せなかったんです」[8]と訴えた。

　そのあとマレット夫妻とスカーベリー夫妻はすぐにメイソン郡庁舎へ向かい、ハルステッド保安官補に通報した。彼も同行し発電所へ戻ってみると怪物がいた痕跡はなかったが、ハルステッドがポイントプレザントにいる通信指令係に無線連絡を試みると、スピーカーから耳をつんざく金切り声のような音が聞こえ、通信が途絶えてしまった。翌朝、ジョージ・ジョンソン保安官が記者会見を開き、記者たちは二組の夫婦の話を熱心に書き取った。記者のメアリー・ハイアはそれをAP通信に伝え、ポイントプレザントの町は突如、「蛾人間《モスマン》」の話でもちきりになった。ちなみに、このモスマンという新たな呼び名は、想像力豊かな原稿整理編集者《コピーエディター》が命名したものだ。

それから少したった一一月二七日の日曜日、ハイアの姪で一八歳になるコニー・カーペンターは、家から車で教会へ向かう途中、ゴルフ場の近くで、燃えるように赤い目をした巨大な灰色の人型生物を目撃した。よく見ようとスピードを落としたとき、生き物は三メートルほどもある巨大な翼を広げて静かに宙に浮かび、コニーのほうへ突進してきた。コニーの目は「ぎらぎらと輝く赤い目」[9]にくぎ付けになり、そのうちに生き物は彼女の車の上を飛んで視界から消えた。コニーの話を聞きながら、キールは彼女の目が赤く充血して腫れているのに気づいた。これまで無数のUFO目撃者に見られた症状だ。キールはそれを、紫外線によって引き起こされた結膜炎だと考えていた。[10]

ジョン・キールによると、一九六六年から六七年にかけて、一〇〇人を超える大人が翼のある巨大な怪物の目撃を報告している。オハイオ川流域の住民の大半がモスマンとの遭遇を恐れるなか、五〇歳のウッドロー・デレンバーガーは、どうやら謎の存在との個人的関係を築くのに成功したようだ。このデレンバーガーの体験談を、ジョン・キールはかなり詳しく記述している。

ことの発端は、マレット夫妻とスカーベリー夫妻が報告したモスマンとの遭遇の約二週間前、

『ポルターガイスト』(1982年)

『ポルターガイスト』は1982年6月4日に公開された。

未知の存在に悩まされるフリーリング家の人々。.

透視能力をもつタンジーナ・バロンズは、実在の霊媒ロレイン・ウォーレンがモデルと言われている。

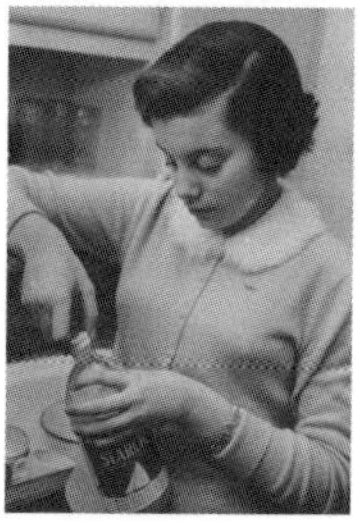

ひとりでに蓋がはずれたとされるボトルを調べるルシール・ハーマン(左)。

ジミー・ハーマンの話を聞く超心理学者のJ·ゲイザー·プラット博士(右)。

レッドウッド通り1648番地の地下室で、倒れた本棚のそばにいるハーマン一家。

「シーフォードのポルターガイスト」の現場に届いた手紙を調べるジョゼフ・トッツィ刑事。写真の手紙は、ほんの一部にすぎない。

『エルム街の悪夢』（1984 年）

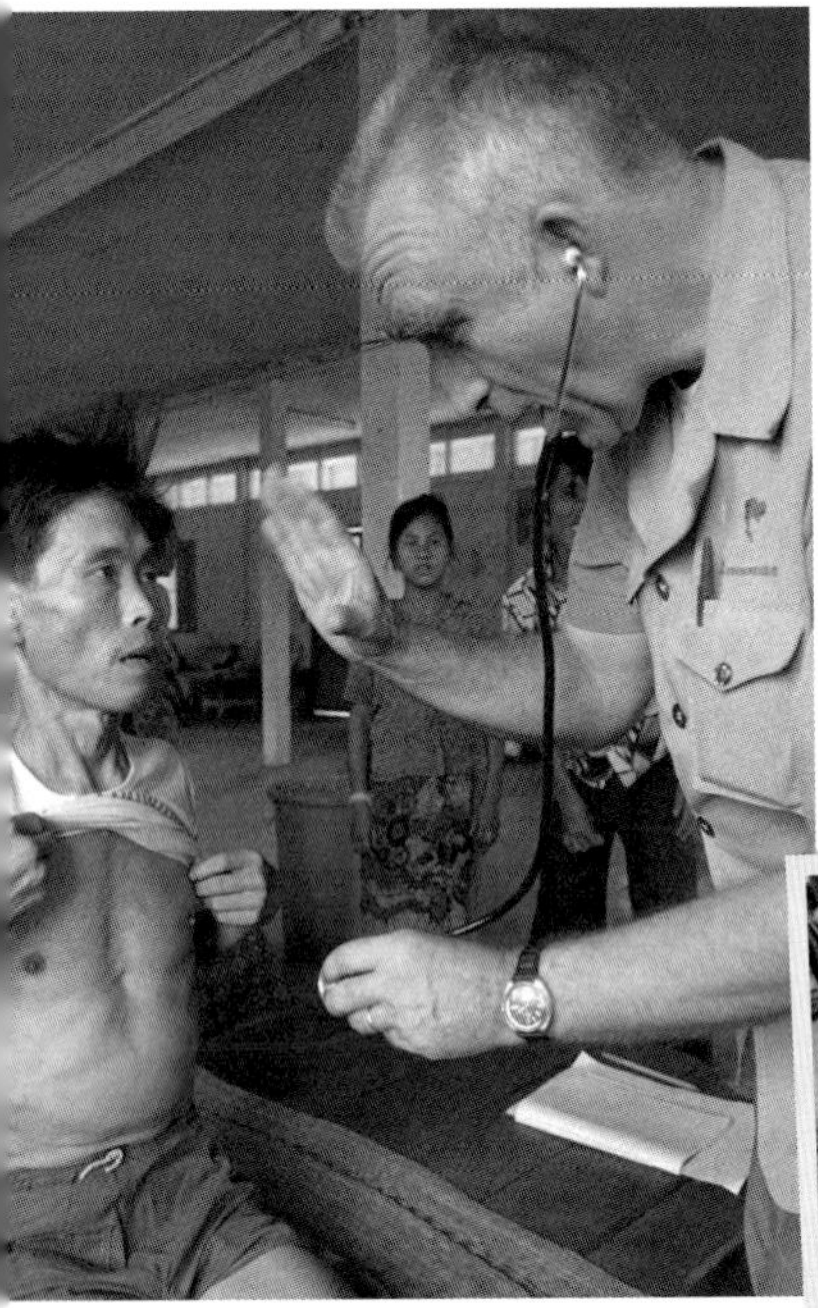

タイでモン族の難民を診察するエイモス・タウンゼンド医師。1978 年の時点で、3 万人を超えるモン族がアメリカに再移住していた。

ヴィラン（悪役）フレディ・クルーガーは、監督ウェス・クレイヴンが少年時代に経験した数々のトラウマ的出来事から生まれた。

ラオスのモン族は、支配を強める共産主義勢力に過酷な扱いを受けた。

『ゾンビ伝説』（1988 年）

人類学者デニス・アランを演じるビル・プルマン。アランは、製薬会社の求めに応じハイチへ赴いた。

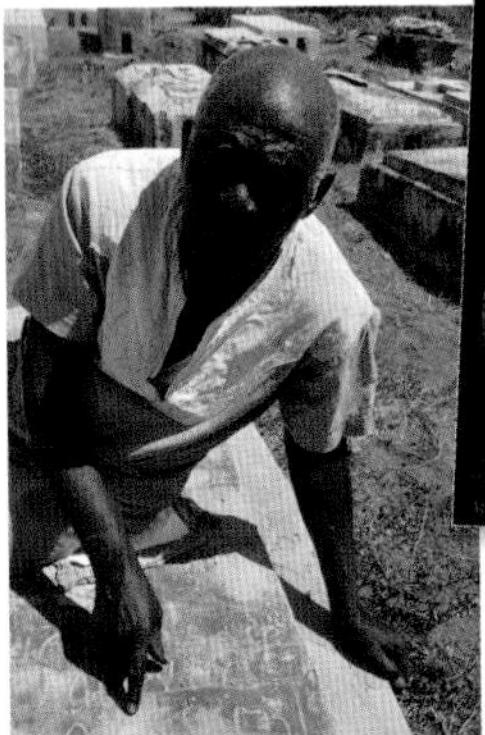

クレルヴィウス・ナルシス。彼の物語に着想を得てこの映画は生まれた。

劇場公開版ポスター。

『羊たちの沈黙』(1991年)

人皮を身にまとう殺人者「バッファロー・ビル」(下および右)。彼は殺した女性たちの死体を川に遺棄する。

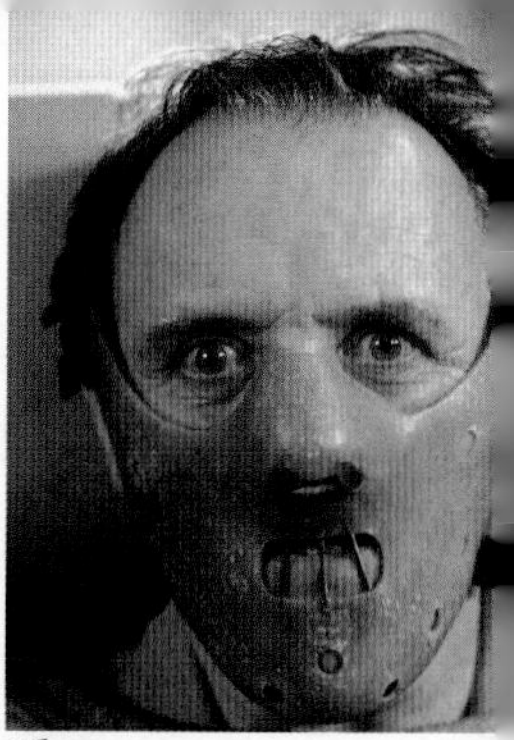

アンソニー・ホプキンス演じるハンニバル・レクター。彼は恐ろしいほど知能の高い、サイコパスの食人鬼だ。

おそらくアメリカ史上最も悪名高いシリアルキラー、テッド・バンディ。

WANTED BY THE FBI

INTERSTATE FLIGHT - MURDER

THEODORE ROBERT BUNDY

DESCRIPTION

CRIMINAL RECORD

CAUTION

地下室の穴に女性たちを監禁した、強姦殺人魔ゲイリー・ハイドニック。

警護官たちを上から見下ろす、身長206センチのエド・ケンパー。

フィラデルフィア北部、ノース・マーシャル通り3520番地に建つハイドニックの家。

『スクリーム』(1996 年)

ウッズボローの若者たちにしのびよる、マスクを着けた殺人鬼「ゴーストフェイス」。

「ゲインズヴィルの切り裂き魔」の犠牲になったクリスティーナ・パウエル(左)とトレイシー・パウレス(右)。

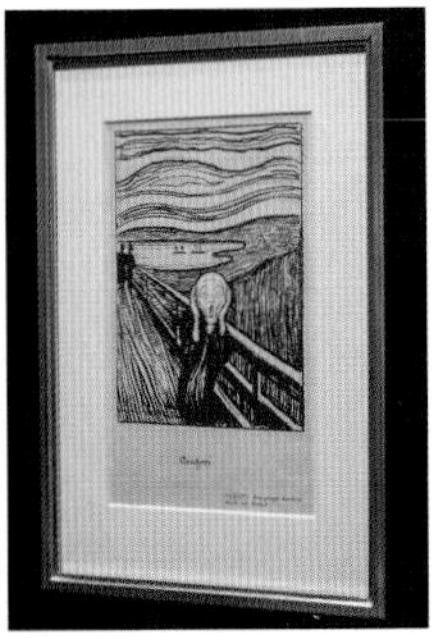

エドヴァルド・ムンクの『叫び』のリトグラフ。

護身用の散弾銃をそばに置いて勉強するフロリダ大学の学生。

「ゲインズヴィルの切り裂き魔」ダニー・ローリング。彼は 2006 年 10 月 25 日に処刑された。

1994 年 4 月、裁判に出廷するローリング。

『プロフェシー』（2002 年）

リチャード・ギア演じる新聞記者ジョン・クライン。彼はポイントプレザントで起きる奇妙な出来事の真相を探ろうとする。

ポイントプレザントのシルバー橋で、この映画はクライマックスを迎える。

『プロフェシー』は、「実際にあった出来事にもとづく」映画として大々的に宣伝された。

シルバー橋の残骸。橋は 1967 年 12 月 15 日に崩落し、46 名の死者が出た。

モスマンが相次いで目撃された、ウェストバージニア州ポイントプレザント。

ウルフクリーク／猟奇殺人谷』(2005 年)

この映画では、アウトバックの何もない荒漠とした広がりが、見る者の不安や緊張感をあおる。

『ウルフクリーク／猟奇殺人谷』の恐るべき殺人鬼、アウトドア派の男ミック・テイラー。

映画のストーリーは、3 人の若きバックパッカー、ベン、クリスティー、リズの運命をたどる。

「バックパッカー殺し」アイヴァン・ミラット。1989 年から 1993 年にかけて、彼は少なくとも 7 人の若き旅行者を殺害した。

ピーター・ファルコニオが所有するフォルクスワーゲン・コンビ。

殺人罪で逮捕されたブラッドリー・ジョン・マードック。

ピーター・ファルコニオと恋人のジョアン・リーズ。

『死霊館』（2013 年）
『アナベル 死霊館の人形』（2014 年）

地下室でハイド・アンド・クラップをするキャロリン・ペロン。『死霊館』で最も印象に残るシーンのひとつだ。

『死霊館』シリーズでロレイン・ウォーレンを演じたヴェラ・ファーミガ。

『死霊館』のペロン一家。

ロレインとエドのウォーレン夫妻。二人が扱った事件が「死霊館ユニバース」の着想を生んだ。

勝手に移動する映画のアナベル人形。実際の人形もそうだった。

『アナベル 死霊館の人形』公開時のポスター。

映画の不気味な人形と比べて、実際の人形はずっとかわいらしい。

映画版のアナベル人形。

『死霊館 エンフィールド事件』（2016 年）

ジャネット・ホジソンを演じるマディソン・ウルフ。ジャネットは、エンフィールドのポルターガイスト事件の中心人物だ。

ホジソン家に駆けつけた警官たちが、奇妙な現象を目撃する。このシーンと同じことが実際にも起きた。

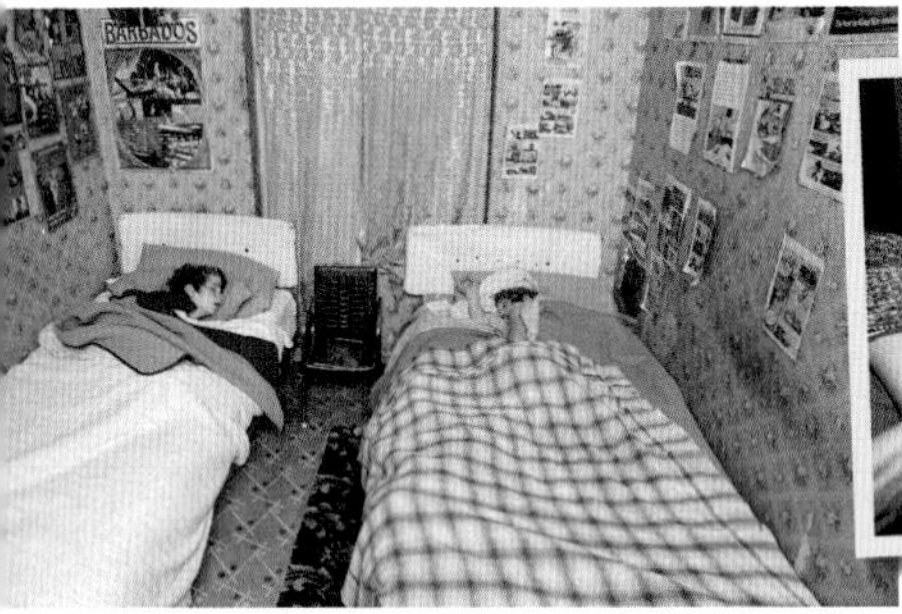

超常現象が起きたとされる、ホジソン家のベッドルーム。

ホジソン家の子どもたち。（左から）ジャネット、マーガレット、ビリー、ジョン。

『ウィッチ』（2015 年）
『ライトハウス』（2019 年）

『ウィッチ』では、開拓地で孤立する一家が邪悪な力に苦しめられる。

忌まわしい魔女裁判が行なわれた当時、マサチューセッツ州セイラムにあった「ウィッチ・ハウス」。

1801 年に起きた悲劇の舞台、スモールズ岩礁。もとの灯台に代わり、1857 年にこの灯台が建てられた。

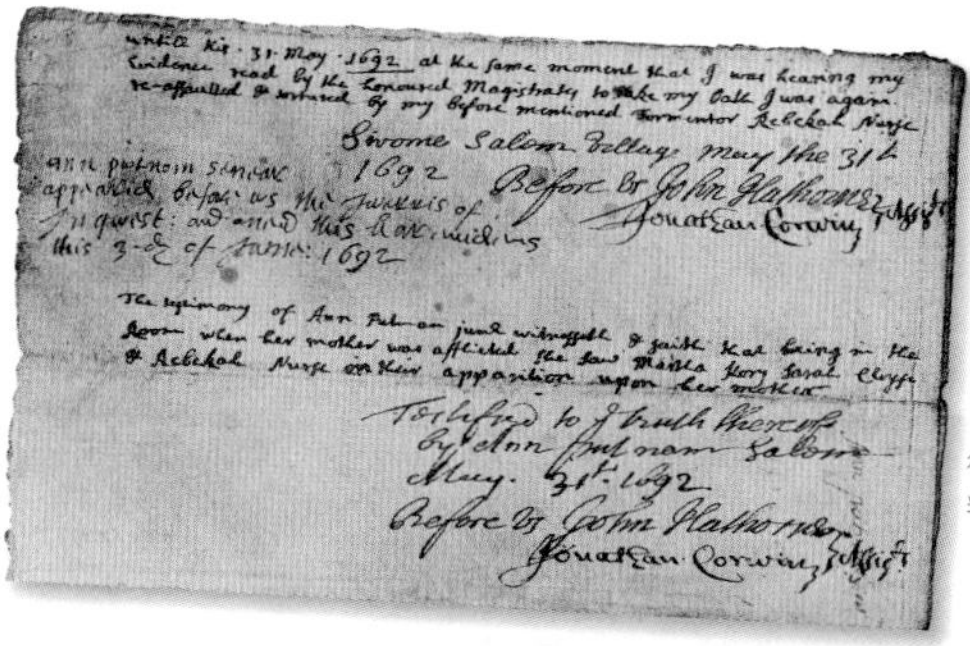

while hit 31 May 1692 at the same moment that I was hearing my evidence read by the honoured Magistrates to take my Oath I was again re-assaulted & tortured by my before mentioned Tormentor Rebekah Nurse

Salem Village May the 31 1692

Before Us John Hathorne
Jonathan Corwin

Ann putnam senior appeared before us the Jurrors of Inquest and owned this her evidence this 3 of June 1692

The testimony of Ann Putnam junr witnesseth & saith that being in the room when her mother was afflicted she saw Martha Kory Sarah Cloyce & Rebekah Nurse or their apparition upon her mother

Testified to ye truth thereof by Ann Putnam Salem May 31 1692

Before Us John Hathorne
Jonathan Corwin Assist

1692 年から 93 年にかけて行なわれたセイラム魔女裁判で聴取された目撃証言。

一九六六年一一月二日にさかのぼる。ウッディー（ウッドロー）は小型バンを運転して州間幹線道路《インターステート》七七号線を通り、ポイントプレザントの北東約六〇キロの町ミネラルウェルズの自宅へ帰る途中だった。時刻は夜の七時、雨が降っており、電化製品を売る白髪まじりのセールスマンは、妻と二人の子どもたちに早く会いたくてたまらなかった。そのとき、後ろを走る一台の乗り物に気づき、パトカーだといけないと思いスピードを緩めた。すると驚いたことに、そのチャコールグレーの乗り物は彼のバンを飛び越えて追い越し、そのあとすぐにスピードを落とした。ウッディーは、自分の目がいったい何を目撃しているのか理解できなかった。「昔の灯油ランプの火屋《ほや》のように、両端が広口になっていて、そこからいったん細くなって真ん中の部分が大きくふくらんだ形」[11]をしたその乗り物は、急に九〇度回転して道をふさいだ。ウッディーはブレーキを踏んで急停止したが、その物体との距離は三メートルもなかった。ウッディーがドキドキしながら運転席に座っていると、乗り物のドアが開き、にこやかな笑顔の男が道に降り立った。身長は一八〇センチ近くあり、黒髪で肌は日に焼け、黒い薄手のオーバーコートを着ていた。腕を組み、両手は脇の下に隠れて見えない。男が車の窓を開けてほしがっていると感じたウッディーは、それに従った。男が近づいてきたとき、コートの下に金属のような材質の緑色の服を着ているのがちらりと見えた。

〈怖がらないでほしい〉

ウッドロー・デレンバーガーにはなぜか、笑顔の男が考えていることがわかった。

〈危害を加えるつもりはない。私が生まれた国は、きみたちの国よりもずっと弱い。きみの名前は？〉

「ウッディー」

〈私の名前はコールド。きみたちと同じように、私も眠り、呼吸をし、血も流す[12]〉

デレンバーガーによると、問題の乗り物はそのとき幹線道路の上空十数メートル地点に浮かんでいた。コールドと名乗る笑顔の男は、遠くに見えるウェストバージニア州パーカーズバーグの街の明かりを指さした。彼はそれが何かを知りたがっていた。あれは街《シティ》だとウッディーが教えると、自分が生まれたところでは「gatherings（集合体）」と呼ぶ、と笑顔の男は答えた。さらにテレパシーで少し雑談をしたあと、コールドはこうして会ったことを警察に伝えてほしいと告げ、また近いうちに会おうと約束した。乗り物は地上に戻ってコールドを乗せ、音もなく猛スピードで夜の闇へ消えた。

ミネラルウェルズのファームハウスに帰り着いたとき、ウッディー・デレンバーガーは見るからに動揺していた。夫の状態を目の当たりにし、奇妙な体験について聞いた妻は、パーカーズバーグ警察に電話するよう促した。驚いたことに、警察は彼の話を最後まで聞き、報告書を作成すると、医者に診てもらいたいかと尋ねた。翌朝、ウッディーは地元警察と州警察の事情聴取を受け、その二四時間後には、ウッドロー・デレンバーガーが謎の「コールド」と遭遇した話は、新聞やテレビ、ラジオを通じてオハイオ川流域全体に伝わっていた。ウッディーが笑顔の男と会っているそばを通過したと語る無数の目撃者もあらわれた。こうして、ミネラルウェルズにあるデレンバーガーのファームハウスは一夜にして、UFOを捜して空を見上げるスカイウォッチャーたちの人気スポットとなった。その一方で、彼のもとには口をつぐんでいろと脅す電話がかかるようになった[13]。

一一月四日、コールドはウッディーとのコミュニケーションを再開し、同僚の車の助手席に乗っていた彼の頭に、突如テレパシーで語りかけてきた。コールドは、自分はラヌロスという星の住人で、地球によく似たその惑星はガニメデ（またはジェネメデス）銀河にあると説明した。ウッディーと同じように、彼にもキミという妻と二人の息子がいた。ラヌロス星人の寿命は一二五年から一七五年で、飢饉や貧困、暴力、絶望は存在しないという。ウッディーの意識に入りこんでいくらもたたないうちにコールドは去り、あとには刺すような頭痛だけが残った。

またあるときには、ファームハウスの前に一台の黒いフォルクスワーゲンがとまり、黒いスーツ姿の男が降りてきたが、スカイウォッチャーたちはそれに気づかなかったようだ。ウッディーはそのとき、男のファーストネームが「インドリッド」であることを知る。インドリッド・コールドはウッディーと数分にわたり言葉を交わしたのち、胃の不調に効く薬が入った小瓶を渡した。ウッディーによれば、その薬はよく効いたらしい。[14]

全米空中現象調査委員会（NICAP）というUFO研究団体からの強い要請を受け、ウッドロー・デレンバーガーはパーカーズバーグにあるセント・ジョセフ病院へ行き、精神科医と脳波検査技師の診断を受けた。簡単に言えば、彼らは「デレンバーガー氏は正常」[15]と判断したのだが、その後まもなく、精神科医は自分たちのテレビから不可思議な声が聞こえるようになったと言い出した。[16]

デレンバーガーが主張するところによれば、しばらくして「NASA保安警察」のブルース・パーソンズ警部がミネラルウェルズにやってきて、ケープ・ケネディ（現在のケープ・カナベラル）への一週間の旅に一家を招待したという。一家はクリスマスのあとフロリダの宇宙センターを訪れ、壮大な施設を案内されたと思われる。旅行中、ウッディーは夜になると秘密の場所へ連れていかれ、インドリッド・コールドとのやりとりについて広範囲にわたる質問を受けた。質問者のひとり、チャーリーという男は、じつは自分はNASAの長官だと名乗った。一週間が過ぎるころ、彼らはウッディーに、ほかの「被接触者《コンタクティ》」からも話を聞いたが、彼らは宇宙人とのコミュニケーションについて、ほぼ同じことを語ったと説明した。そして地図上のある星を指さし、「彼らはここから来たんですよ」[17]と言った。

一家がミネラルウェルズへ戻るさい、ウッディーはケープ・ケネディの写真のほかに宇宙服の素材を持ち帰ったが、それは初めて会ったときにコールドが着ていた金属のような服を思い出させた。インドリッド・コールドをはじめ何人かのラヌロス星人がウッディーとその妻子に会うのは、それからまもなくのことだった。夫とは違い、デレンバーガー夫人は彼らの存在に戦慄を覚え、邪悪な意図があると感じていた。彼女はジョン・キールとのインタビューで、ラヌロス星人は人間と非常によく似ているため、少しずつ人間界に溶けこんでいるかもしれないと懸念を語った。スカイウォッチャーたちがようやくデレンバーガーの農場からいなくなった一九六七年三月、インドリッド・コールドは宇宙船を畑に着陸させ、ウッディーを乗せたとされている。ウッディーによれば、この最初の旅で、コールドは彼を乗せてブラジルまで飛んで引き返したが、そのうちにラヌロス星まで連れていってくれるようになったという。[18]それからは、ウッディーが幹線道路のわきで待っているとコールドの黒いフォルクスワーゲンがやってきて彼を拾い、宇宙船のある場所まで乗せていくようになった。コールドは定期的にウッディーをガニメデ銀河へ連れていったが、それは宇宙旅行というよりもタイムトラベルのようなものだった。というのも、何日もかけて宇宙を巡っているように感じられたが、地球へ戻ってみると、ほんの二時間ほどしかたっていなかったからだ。[19]

ウッディーはまた、宇宙にいるインドリッド・コールドの側近たち――アルド、クリネル、ハッサン、ケミ、そしてクレトロー――にも紹介され、彼らに特段の便宜をはかってもらったという。たとえば、こんなことがあった。ボーガル・リッジに車をとめていた若いスカイウォッチャーのカップルが、赤と白と緑の光のかたまりを目撃し、その直後、不思議な赤い光を放つ男にテレパシーで呼びかけられた。その男は、カップルの男性のほうに車から降りろと命じ、近くの森へ連れていって腕時計と靴下、靴を奪った。ウッディー・デレンバーガーが宇宙人と遭遇したのを知っていたカップルは、翌日ミネラルウェルズのファームハウスを訪ね、前夜の出来事を語った。その日の晩、ウッディーは二人をボーガル・リッジの同じ場所へ連れていき、インドリッド・コールド、カール・アルド、デモ・ハッサンに会わせた。ラヌロス星人たちは、二人を襲ったのは「人型生物《ヒューマノイド》」の盗賊で、もっとひどい目に遭わなかったのは不幸中の幸いだったと言った。コールド、アルド、ハッサンは、必ずや犯人を見つけ出して盗まれたものをお返ししますと約束し、その翌日、カップルの男性はピカピカに磨かれた靴ときれいな靴下、それに腕時計が、その日の朝刊にくるまれて置かれているのを見つけたのである。[20]

モスマンやUFOの目撃談が無数に存在したことから、ウッドロー・デレンバーガーが宇宙人の実験で妊娠させられたという噂がオハイオ川流域に広まりはじめたとき、人々はそれを一蹴するよりも、むしろおおかた真に受けた。さらに一年がたつころには、この一帯で多発するおかしな現象に慣れすぎて、人々はもはや何があっても驚かなくなっていた。

ウッドロー・デレンバーガーの話を総合的に評価し、キールは最終的に、「彼は世界で最も説得力のある嘘つきで、妻や子ども、友人たちにもうまいこと嘘の片棒をかつがせたか、UFO研究の限界を超えるきわめて特異な経験をしたかのどちらか[21]」だと結論づけた。一九七一年、ウッドロー・デレンバーガーは、インドリッド・コールドとの経験を詳細に綴った『Visitors from Lanulos（ラヌロスからの訪問者）』という本をヴィンテージ・プレス社から自費出版した。現在、この初版本はせいぜい五、六冊ほどしか存在しないだろうと言われている。

ポイントプレザントで調査を始める前から、そして調査中も、ジョン・キールは「コンタクティ」たちの広範なネットワークを築き、ウッディー・デレンバーガーをはじめ宇宙人からのメッセージを受け取った者たちから定期的に電話で報告を受けるしくみをつくっていた。すると一九六七年の八月か九月ごろから、コンタクティたちは「電磁波の影響」について口にするようになった。それは、一二月の半ばに大規模な停電が起き、アメリカの広大なエリアに影響が及ぶというものだった。[22] ほかにも、ドルの暴落や中国の国連加盟に関する予言に加え、ロバート・ケネディ上院議員はホテルを避けるべきだ、人類は月への到達を断念しなければならないといった不可解な警告もあった。宇宙人はさらに、オハイオ川で大惨事が起きて何十人もの人が死ぬと予告し、工場の壊滅的な爆発もほのめかしていた。

実際、一九六七年の後半には、オハイオ川流域の住民は、自分たちの小さなコミュニティーに恐ろしい何かが降りかかると薄々気づいていた。そして一九六七年一一月二日、ヴァージニア・トーマス夫人は、ＴＮＴエリアから発する大きな甲高い音を聞いた。「壊れたファンベルトのような……だけど、それよりもずっと大きな音です。外に出てみると、音はイグルー（火薬庫としてつくられたドーム型の建物）のひとつから発しているようでした。そのとき私は、草地に巨大な影が広がっているのを見たのです。ちょうど正午過ぎで、そんな影ができるはずがないのに。それがあらわれたのは、そのときです。人間のようにまっすぐに立って歩いていましたが、全身が灰色で、あんな大きな人間は見たことがありません。それはまたたく間に草地を横切って、木々のあいだへ消えていきました。歩くというよりも滑るような動きで……あんなに速く走れる人間はいません。狩猟シーズンでしたから、ハンターじゃないのはわかりました。まともなハンターなら、灰色の服なんて着ませんから。このあたりでは、みんな赤い上着に赤い帽子をかぶるんです。それに、熊や何かでもありませんでした。あれを見たときは、心底ぞっとしました[23]」と語る夫人は、その生き物に危害を加えられたわけではなかったが、そのあと恐ろしい悪夢に悩まされた。何台ものトラックが奇妙な人々を乗せてシルバー橋を渡り、オハイオ川のポイントプレザント側へ向かっている。そして到着すると、彼らはTNTエリアを急襲し、夫人は子どもたちとともに避難を余儀なくされるという夢だ。

キールが前年の一二月に会った地元紙の記者メアリー・ハイアもまた、恐ろしい夢を見ていた。たくさんのクリスマスプレゼントがオハイオ川に浮かび、溺れかけた人々が必死に手足をばたつかせている光景を見たのだ。[24]彼女は何かが起きる前兆を感じていたが、それはおそらく町の人々も同じだった。ふたたびポイントプレザントを訪れたジョン・キールは、多発していたモスマンやUFOの目撃がにわかにやんだことを知る。それに代わって、多くの人々が何かがおかしいと感じはじめていた。

一二月の初旬になると、コンタクティたちからキールへ報告される恐ろしい「電磁波の影響」は、かなり具体的なものとなっていた。ホワイトハウスの芝生で行なわれる毎年恒例のクリスマスツリー点灯式で、リンドン・ベインズ・ジョンソン大統領がスイッチを入れた瞬間に、全国規模の停電が起きるだろう、と彼らは警告した。宇宙人がそう企てているというのだ。インドリッド・コールドとその仲間たちの緻密な計略については熟知しているつもりなので、キールはその警告を信じた。

一二月一五日の午後五時ごろ、ジョン・キールはマンハッタンのアパートでテレビのスイッチを入れ、ツリー点灯式を報じる番組にチャンネルを合わせた。短いスピーチのあと、テキサス州出身の大統領がスイッチを入れると、クリスマスツリーがホワイトハウスの芝生を明るく照らし、人々の歓声が上がった。だが、キールのアパートの照明は消えるどころかちらつきもしない。宇宙人を呪う言葉を吐きかけたそのとき、急に沈鬱な声で、「番組の途中ですが、速報です。ついさきほど、オハイオ州ガリポリスで、ラッシュアワーで混雑する橋が崩落しました。詳細については、わかり次第お伝えします」[25]とアナウンスが入った。キールは即座に察した。オハイオ州ガリポリスの橋といえば、シルバー橋のほかにない。凍るように冷たい水にかかる、ガリポリスとポイントプレザントとを結ぶあの橋だ。一二月一五日に何が起きるかを、宇宙人たちはずっと前から知っていたのだろうか。知っていて、（キールが）警告を発するのを阻止するために、誤った方向へ導いたのか。ポイントプレザントにいる人々と連絡をとろうと何度も試みたのち、日付が変わった午前二時、やっとメアリー・ハイアと電話がつながった。

「あんな恐ろしい光景を見たのは初めてよ」そう言って彼女は泣いた。「私が見た夢の話をしたでしょう……あの夢とまるで同じだった。川に浮かぶプレゼントの包み、助けを求めて泣き叫ぶ人たち。あの夢が現実になったのよ」[26]

その後キールが知ったところでは、午後五時ごろ、橋のガリポリス側の信号機の「青」が点灯したままになり――普段は「赤」の時間が長すぎると評判の悪い信号機で、人々は日常的に信号無視をしていた――そのせいでシルバー橋の上が大渋滞におちいったのだった。そして五時四分、すべての車の重みで、橋はけたたましい金属音とともに崩落し、火の粉をまき散らしながらオハイオ川の水に落下した。

事故後に行なわれた残骸の調査で、橋を補強するチェーンの輪のひとつに瑕疵《かし》が見つかった。建造された一九二八年当時は肉眼で識別できない程度の傷だったが、それが年月を経て徐々に悪化し、崩落を引き起こしたのだ。シルバー橋はもともと、重量七〇〇キロ以下の乗用車や積載量一〇トン以下のトラックがたまに通る程度を見込んで建造されたもので、一九六〇年代半ばのように、一八〇〇キロを超えるセダンや積載量が三〇トン近いトラックがひっきりなしにオハイオ川を渡る状況を想定したものではなかった。

アメリカ全土の人々が、この惨劇を伝えるニュースをテレビで見て、あるいは地元紙で読み、オハイオ川流域の住民と、凍るような水のなかで亡くなった、子どもを含むすべての男女を思い胸を痛めた。川からは合計三八人の遺体が引き上げられたが、ほかにもオハイオ、ウェストバージニア両州で突然の行方不明者が出たことから、当局は橋とともに落下した可能性が高いと結論づけた。最終的に死者は四六名と推定され、そのなかにはUFOの目撃者が多数含まれていた。

シルバー橋の事故のあとまもなく、キールがインタビューしたコンタクティや目撃者の多くが不幸な出来事に見舞われた。離婚した者もいれば、みずから命を絶った者、自然死した者、精神を病み施設に収容された者もいた。[27] ジョン・キールはその後もUFOや超常現象の研究を続け、二〇〇九年七月三日、ニューヨーク市で七九年の生涯を閉じた。

『ウルフクリーク／猟奇殺人谷』（二〇〇五年）

アイヴァン・ミラットの犯罪
ピーター・ファルコニオ殺人事件

『ウルフクリーク／猟奇殺人谷』は、人里離れた場所でサイコパスに遭遇するという、バックパッカーにとってこの上ない悪夢を描いた映画だ。監督のグレッグ・マクリーンは、オーストラリアで最も有名な、そして人々を最も不安にさせた二つの殺人事件をもとに脚本を書いた。それは、アイヴァン・ミラットが引き起こした「バックパッカー連続殺人事件」と、ブラッドリー・マードックによるピーター・ファルコニオ殺害およびジョアン・リーズ誘拐未遂事件である。

『ウルフクリーク／猟奇殺人谷』が公開されると、過度にリアルな暴力描写と、絶望的な窮地に追いこまれる主人公に心底感情移入できる点が称賛を浴びた。

オーストラリアのアウトバック（人のまばらな奥地）で立ち往生した三人のバックパッカー――青年一人、若い女性二人――は、その地で暮らすミック・テイラーという親切そうな男の助けを得る。だがテイラーはその後、彼らを薬で眠らせ、一方の女性をレイプしようとして拷問する。逃げ出した女性二人をミックは追いつめ、彼女たちを助けようとした人もろとも殺害する。女性二人とは別の場所に監禁され、おそらく忘れられていた青年はどうにか自力で脱出し、脱水症状を起こして茂みに倒れていたところを、通りかかったスウェーデン人のカップルに救助される。犠牲者たちの遺体も、ミック・テイラー自身も発見されることはなかった。

グレッグ・マクリーン監督は、オーストラリアの「バックパッカー殺し」アイヴァン・ミラットの事件と、それと類似点のあるブラッドリー・ジョン・マードックによるピーター・ファルコニオ殺人事件について知り、もともとあった『ウルフクリーク／猟奇殺人谷』のシナリオを一九九七年に書き換えた。そして、ミラットとマードックがもつ邪悪なキャラクターと彼らのバックグラウンド——ミラットは銃器を所持する、オフロードカー好きのいかついアウトドア派、一方のマードックは整備士兼トラック運転手——を融合させ、ミック・テイラーという恐るべき〝フランケンシュタイン〟を生み出したのだ。マードックの裁判が行なわれる前に完成したこの映画は、二〇〇五年一一月三日にオーストラリア全土の映画館で封切られたが、継続中の裁判への影響を考慮し、ノーザン・テリトリー州の劇場では上映差し止めとなった。封切りから四〇日後の二〇〇五年一二月一三日、マードックはピーター・ファルコニオ殺害と、ジョアン・リーズに対する暴行および誘拐未遂で有罪判決を受けた。

一九九〇年一月二五日、オーストラリアを旅行していたイギリス人のポール・オニオンズは、シドニーから近くのリヴァプール郊外まで電車で移動した。そこからヒッチハイクでヒューム・ハイウェイを南下し、メルボルンへ行く計画だった。リヴァプール郊外のキャスラへ到着し、飲み物を買いに店に立ち寄った彼は、そこである男に声をかけられる。四〇代前半くらい、カイゼル髭をたくわえた黒髪の男は、オニオンズが背負っている重たそうなバックパックに気づいたのか、車に乗せてやろうかと訊いてきた。男は身長が一八〇センチ近くあり、筋肉質で、どことなくオーストラリアのクリケット選手マーヴ・ヒューズを思わせる風貌だが、[1]とてもフレンドリーに見えた。メルボルンを目指しているとオニオンズが告げると、じゃあキャンベラまで乗せていってやろうと男は言った。行程のほぼ三分の一だ。オニオンズは大喜びで申し出に応じ、二人は駐車場にとめてある白いトヨタの4WDランドクルーザーへ向かった。口髭の男は「ビル」と名乗った。オニオンズはバックパックを車の後部座席に積んで助手席に飛び乗り、二人は南へ向けて快調に走りだした。最初のうち、ビルは親切で、オニオンズに旅のことを訊いたり、どんな仕事をしているのかと尋ねたりした。会話の途中でビルは、自分はリヴァプールの道路交通局で働いていて、いつもオーストラリア南東部を巡回していると言った。

出発して四五分ほどたったころ、ランドクルーザー内の空気が変わりはじめた。オニオンズが何気なく、シドニーに日本人がおおぜいいてびっくりしたと言うと、ビルの顔が曇った。

「あいつらをこの国にのさばらせておくべきじゃない」と彼は苦々しげに言った。「お前ら英国人《ブリット》も同じだ、北アイルランドにいるのはまちがいなんだ」[2]

オニオンズはぎょっとして、別の話題に方向転換しようとするが、ビルの怒りは強まるばかりだった。一五分ほど張りつめた沈黙が続き、不安が増すなか、ビルがちらちらとバックミラーに視線を走らせるのにオニオンズは気づく。車が減速しはじめ、フロントシートの下からカセットテープを取りたいといったことをつぶやきながら、ビルは路肩に車をとめた。すでに手の届くところにテープがあるのに気づき、オニオンズはますます不安をつのらせた。ビルは車から降り、運転席の下をごそごそと探りはじめた。そして突然、長いロープを手に、黒いリボルバーをオニオンズの顔に向けた。

「強盗だ」[3]ビルが吠えるように言った。

助手席のオニオンズは、必死になってシートベルトをはずしにかかった。英国海軍に所属していたときに受けた訓練が、このとき大いに役立った。彼は勢いよく車から飛び出すと、ジグザグに走りながら、前方から迫る車の流れに入っていった。

「止まれ、撃つぞ！　止まらないと撃つぞ！」ビルがそう叫ぶ声が聞こえ、銃声が響いた。何台もの車が彼をよけようとハンドルを切ったが、車を止めて助けようとする者はいなかった。肩越しに振り返ると、ビルが追ってくるのが見えた。

「戻れ、車に戻れ！」[4]

草の生えた中央分離帯で追いついたビルに右袖をつかまれ、シャツが引き裂かれた。わが身に迫る危機を察したオニオンズは、ハイウェイの東側へ駆け出し、次にやってくる車を何がなんでも止めようと決意する。一台のバンが見えたとき、彼はその真ん前に立ちふさがり、ドライバーに無理やりブレーキを踏ませた。ダッシュで助手席側に回りこむと、スライドドアをこじ開けて乗りこみ、急いでドアをロックする。オニオンズが顔を上げると、あっけにとられた表情で、女性が運転席からじっと見つめていた。

「銃を持ってる、あの男は銃を持ってる！」[5]オニオンズは、草の上にいる男を指さして言った。

女性はすぐにUターンし、反対側に向かって走りだした。オニオンズは車の窓越しに、ビルが急いでランドクルーザーに戻り、そのままキャンベラ方向へ走りだすのを見た。

のちに、そのときの危機一髪の状況を思い出し、ポール・オニオンズは語った。「あのロープを見てすぐに察しました。時間をかけていたぶり、それから思い通りにするつもりなんだと……。ここは『逃げるか死ぬか』だと考えて、シートベルトをはずし、すぐに車から飛び降りて駆け出したのです」[6]

女性にボーラル警察署まで乗せていってもらったオニオンズは、被害届を提出し、次の列車でシドニーへ引き返した。彼はパスポートとバックパックを失ったが、命は守りぬいた。そして三年後、自国イギリスでニュース番組を見ていた彼は、あのとき逃げ出さずにいたらどれほどひどい事態になり得たかを知ったのである。

一九九三年、ミネアポリスで結成されたバンド〝ソウル・アサイラム〟が、大ヒット曲となる『ランナウェイ・トレイン』をリリースした。この曲のミュージックビデオは、行方不明の子どもたちが多数いる状況を打開する目的でつくられ、「一〇〇万人を超える子どもたちが、アメリカの路上で姿を消した」という字幕に続き、アメリカの幼い子どもやティーンエイジャー三六人の名前と写真、行方不明になった日付が映し出された。同様にイギリス版とオーストラリア版も制作され、それぞれの国で行方不明になった子どもや若者たちの写真や情報が表示された。そのオーストラリア版に登場する行方不明者のなかに、一九八九年一二月三〇日にシドニーからヒッチハイクで南下し、音楽祭が開催されるオルベリーへ向かう途中で消息を絶った一九歳のデボラ・エヴェリストとジェームズ・ギブソンの姿があった。そしてミュージックビデオのリリースから数カ月後、想像しうる最も痛ましい状況で二人は発見されたのである。

そのおよそ一年前の一九九二年九月一九日、ベラングロ州立森林公園内のロングエーカー・ファイアー・トレイル（山火事にそなえて消火用につけた道）の近くでオリエンテーリングに参加していた二人の男性が、岩棚の下から発するひどい悪臭に気づいた。岩の下をのぞきこんだ二人は、木の枝や葉で雑に覆い隠された骨と衣類を見つけ、すぐにボーラル警察署に通報した。現場に駆けつけた捜査官によって成人女性の腐乱死体が発見されるが、そばに落ちていた絞殺の道具から、忌まわしい行為の犠牲者であることに、ほぼ疑問の余地はなかった。詳しく調べた結果、女性は首と胴体を少なくとも一四回刺されていることがわかった。[7]

翌朝、警察の捜索チームが、女性の遺体発見現場から三〇メートルほど離れた場所で、同じように落ち葉で隠された第二の女性の遺体を発見する。頭部に赤い布が二重に巻かれ、顔が見えない状態だった。検死の結果、二二口径のライフル銃で頭部を一〇回撃たれていることがわかり、それを裏付けるように、三、四メートル先でウィンチェスターライフルの空薬莢《やっきょう》がいくつも見つかった。奇妙なことに、犯人が女性の頭を射撃の的に使ったかのように、弾丸はさまざまな方向から撃ちこまれていた。[8] 最初の犠牲者と同様、上半身には複数の刺し傷や切り傷があった。衣服とアクセサリーを除き、二人が所持していたと思われる旅行道具や身の回り品はいっさい残されていない。しかし、第二の遺体のそばでタバコの吸殻が六個見つかり――そのうち五つは、オーストラリアの「ロングビーチ」という銘柄――これが非常に有力な手がかりとなった。

法医病理学者によって、最初の犠牲者は英国ウェールズのマイステグから来たジョアン・ウォルターズ（二二歳）、そして赤い布を巻かれていた女性は、一緒に旅をしていた同じくイギリス人のキャロライン・クラーク（二一歳）と公式に特定された。若き二人のバックパッカーが最後に目撃されたのは一九九二年四月一八日で、その日二人はシドニーのキングスクロスにあるユースホステルを出て、アデレードへ向けて出発した。また、クラークがロングビーチを吸っていたことも判明した。二人の遺体には、性的暴行を受けた痕跡も残されていた。[9]

ニュー・サウス・ウェールズ州で姿を消したバックパッカーが過去三年間で七人にのぼることを十分に認識していた当局は、四〇人の警察官を動員して付近の捜索に当たった。だが七日たってもさらなる証拠や遺体は発見されず、捜索は打ち切られた。そして人員を増やす代わりに、殺人犯の逮捕および有罪判決につながる情報に対し、ニュー・サウス・ウェールズ州は一〇万ドルの謝礼金を出すことにした。

それから一年以上が経過しても、警察はキャロライン・クラークとジョアン・ウォルターズを殺した犯人の逮捕には一歩も近づいていなかった。行方不明になったほかのバックパッカーたちも、ベラングロ森林公園のどこかで朽ちているかもしれない。そう思った地元のアウトドア活動愛好家ブルース・プライアーは、モリス・ファイアー・トレイル沿いに捜索を始めた。さらに範囲を広げてクリアリーズ・エグジット・ファイアー・トレイルに入っていくと、木々に囲まれた空き地に出た。彼はそこで何かの骨を発見するが、もしかして人間のものではないかと思うほど大きい骨だった。その後まもなく下顎のない人間の頭蓋骨が見つかり、それはもはや憶測ではなくなった。骨を布でくるむと、プライアーは近くのオリエンテーリング・クラブに駆けこみ、警察に通報した。そして三〇分後にやってきた捜査官に頭蓋骨を渡し、空き地へ案内した。

現場周辺を見渡していたスティーヴン・マーフィー刑事の目が、茂みから顔をのぞかせる一足のスニーカーをとらえた。一本のゴムの木の根元にあったのは、女物の衣服に包まれた白骨死体だった。衣服の布は何度も激しく切り裂かれてずたずたにされ、腐肉をあさる動物によって解体された骨が、空き地のあちらこちらに散らばっていた。捜査陣は、骨にからまる小さな十字架とブレスレットを発見した。さらに、そこから一八〇メートルほど離れた別の木の根元で、木の葉の茂みの陰に隠れたもうひとつの白骨死体が発見されたが、こちらは男性のものだった。女性と同様、完全に衣服を身につけたままで激しく刺され、切りつけられていた。男性の遺体から四〇〇メートルほど離れた場所で、幹が銃弾で穴だらけになった木が発見され、七発の弾が回収されたが、二二口径の一発を除き、あとは科学分析ができない状態だった。[10]

このおぞましい発見が明るみに出ると、メディアはすぐさま、遺体の身元について論じはじめた。ジェームズ・ギブソンとデボラ・エヴェリスト——行方不明者として『ランナウェイ・トレイン』のミュージックビデオに登場したティーンエイジャー——の運命が、ついに明らかになったのか？　一九九一年一二月二六日にバックパックを背負ってキングスクロスのユースホステルを出たのを最後に消息を絶った若いドイツ人カップル、ガボール・ニュージバウアーとアンジャ・ハブシードなのか？　それとも、彼らとはまったく別の誰かの遺体なのか？　だが数日後には、法医病理学的および歯学的分析の結果、遺体は実際にギブソンとエヴェリストのものであると確認され、こうしたメディアの無神経な憶測も終息した。

一年一カ月のあいだにベラングロ森林公園から四人の遺体が発見され、三五〇〇ヘクタールを超えるマツ林には、ほかにも無数の遺体が隠されている可能性があることから、犯人を逮捕し地域に秩序を取り戻すべく、クライヴ・スモール刑事は「タスクフォース・エアー」[11]を結成した。三三人の捜査官、一一人の情報分析官に加え、科学捜査の専門家を多数そろえた一大捜査チームだ。クラークとウォルターズよりも二年以上も前に殺害されたギブソンとエヴェリストの遺体を早期発見できなかったのは警察の恥であるばかりでなく、捜査に大幅な遅れをきたした。そのため、タスクフォース・エアーはまず、ベラングロ森林公園一帯の徹底的な捜索に乗り出した。事前に一九八〇年代後半から当時までの衛星画像を比較して植生パターンの変化を頭に入れ、八〇キロ近くに及ぶ林道およびファイアー・トレイルと、その両側それぞれ約一五〇メートル分の面積に当たる、およそ四〇平方キロメートルのエリアをくまなく捜索する戦略を立てた。三〇〇人からなる捜索チームが四〇人ずつのグループに分かれ、横一列になって進むのだ。

そして一九九三年一一月一日、彼らの努力が実を結び、マイナーズ・デスペア・ファイアー・トレイルから四〇メートルほど離れた場所で、五人目の犠牲者となる女性の頭蓋骨および上半身が、落ちた枝の山から突き出ているのが発見された。今回もやはり衣服はすべて身につけたままで、胸と背中に複数の刺し傷を負っていた。脊髄が切断されているのは、身動きできなくするための意図的なものだろう。ジョアン・ウォルターズの遺体発見を彷彿させるように、一本のワイヤロープが遺体のそばに落ちていたが、それは殺しの道具というよりも拘束のために用いられたようだ。女性が身につけていたアクセサリー、衣服、バックパックの中身のほか、前が切り開かれた赤いTシャツも付近で見つかった。だが、二人のイギリス人女性とオーストラリア人カップルのときと同様、バックパックそのものはどこにも見当たらなかった。殺された女性は、行方不明になっていたドイツ人バックパッカー、シモーネ・シュミドルだった。最初は額に巻かれた特徴あるヘッドバンドから非公式に身元が割り出され、その後、法医病理学的および歯学的分析によって正式に特定された。友人たちに「シミ」と呼ばれていた彼女は、一九九一年一月二〇日の朝に、シドニーで旅行仲間のジャネット・ミュラーと別れてひとりで出発した。シミはジャネットの警告には耳を貸さず、「オーストラリア人はみんな、やさしくてフレンドリー」[12]だし、護身用にナイフを持ち歩いているから大丈夫だと自信たっぷりに言っていた。ドレッドヘアにヘッドバンドを巻いた長身のシミは、キャスラでハイウェイのわきに立っているところをドライバーたちに目撃されたのを最後に消息を絶った。

一一月三日、ベラングロで片方だけ見つかった革のサンダルが、すっかりおなじみになった方法で隠された新たな二つの白骨死体へと捜査チームを導いた。こうして、二一歳のガボール・ニュージバウアーと、彼のガールフレンドで二〇歳のアンジャ・ハブシードが発見されたが、アンジャの頭部は見つからなかった。ジョアン・ウォルターズとシモーネ・シュミドルと同じように、アンジャもまたピンク色の服をまとった上半身をめった刺しにされ、遺体のすぐそばには、彼女の腕時計とアンクルバンド（裾止め）と一緒に、おそらく拘束用に使われたと思われる、両端を輪にした長さ四メートル半の青と黄色のロープが捨てられていた。一方のガボール・ニュージバウアーは射撃の的として使われ、弾丸でハチの巣にされた頭蓋骨は、いまだ布のさるぐつわを噛まされた状態だった。[13]周囲をくまなく捜索した結果、彼の名前が記載された航空券の入ったジッパー付きのビニール袋と、二人の国際学生証にトラベラーズチェック、現金が入ったウエストポーチが発見された。そのウエストポーチがあった場所から二〇メートルほど離れたところには、黒いプラスチックの結束バンドと黒い絶縁テープ、コード、革ひもでつくった、輪のついた拘束具が落ちていた。また、ガボールの遺体から二〇〇メートルも離れていない地点から、ライフル弾五〇発用のホルダーのほか、アンジャのピンク色のジーンズ、さらに二二口径弾の空き箱が二つ見つかった。ひとつはウィンチェスターライフル用、もうひとつはエレー社のサブソニック・ホローポイント弾だ。監察医はガボールの頭蓋骨から二二口径の弾丸を四発（もっとも、弾が打ちこまれた跡は合計六カ所あった）、上胸部から五発目を取り出した。加えて、捜査陣が遺体のそばの木の幹から六発の弾丸片を回収していた。

ベラングロ森林公園が秘密をすっかり吐き出したとスモール刑事が満足するまで、捜索はさらに一二日間続いた。犯人がおぞましい行為の在庫を補充しようと次に動きだすまで、あとどれだけ時間があるだろうか？　今後の捜査は先手を打つものでなければならない。情報への謝礼金は五〇万ドルに増額され、タスクフォースは二四時間で五〇〇〇本以上の電話を受けた。[14]

そのうちの三本が、「ベラングロ森林公園の殺人鬼《フォレスト・キラー》」に法の裁きを与えるのにひと役買うことになる。最初の電話は、一九九〇年一月にキャンベラのジョアン・ベリーという女性がかけてきたもので、ヒューム・ハイウェイを走行中、ベリマ付近にさしかかったとき、ひとりの青年が無理やりバンに乗りこんできて、「助けて、あの男は銃を持ってる！」[15]と言ったという内容だった。年配の男が追いかけてくるのを見て、女性はスピードを上げてその場を離れた。ボーラル警察署へ向かう途中、逃げてきた青年はポール・オニオンズと名乗り、ヒッチハイクで車に乗せてもらったところ、運転していた男が急に銃を突きつけてきたと語ったという。

その二日後には、ポール・オニオンズ本人がイギリスからタスクフォースに電話をかけてきた。ベラングロ森林公園で明るみに出た恐ろしい新事実のニュースはイギリスにも届き、メディアで広く報じられていた。オーストラリアのニュー・サウス・ウェールズ州で危うく死にかけたことを思い出し、オニオンズはその体験を是非とも伝えなければならないと思ったのだった。彼は自分を攻撃した男を「四〇代前半、健康そうで……身長は一八〇センチ弱、マーヴ・ヒューズ風の口髭を生やし……髪は黒」と描写し、「白いトヨタの4WDランドクルーザーに乗り、シートには羊毛のカバーがかかっていた」[16]と語った。

三本目の電話では、4WD車を所有し、所持する数本の銃でいつも射撃の練習をしているアイヴァン・ミラットという地元の男の名が挙がった。彼は犯罪者だという確かな根拠のある噂や、銃への異常な執着、そして奇行から、ミラットはすでに捜査線上に浮かび上がっていたのだが[17]、この三本目の電話を受け、タスクフォースはアイヴァンにターゲットを絞った。クライヴ・スモール刑事が、四八歳になるこの男の前科を詳細に調べさせたところ、一〇代のころにさかのぼる窃盗と投獄の歴史が明るみに出た。年を経るにつれて彼の犯罪は悪質化し、武装強盗やレイプへとエスカレートしていった。一九九一年に撮影された写真から、アイヴァンが銀白色の日産の4WDを所有していたことが確認された。彼はその車を一九九二年九月まで所有していたが、キャロライン・クラークとジョアン・ウォルターズの遺体発見とほぼ同時期に別の車に買い替えていた。その日産車は、ポール・オニオンズが語ったトヨタのランドクルーザーと酷似していた。アイヴァンが「ビル」という別名を使っていることや、道路交通局で働いていることも知られており、オニオンズの話と辻褄が合った。一九七一年四月には、ヒッチハイカーの女性二人を車に乗せ、ナイフで脅してレイプした罪で告発されている。その犯行手口と被害者像は、「ベラングロ・フォレスト・キラー」のそれを予見させるもので、さらに彼は、殺人が行なわれたいずれの日にも出勤していなかった。

一九九四年二月二六日、さらなる犯罪や証拠隠滅を行なわないよう、アイヴァン・ミラットは二四時間体制の監視下に置かれた。殺害行為を追体験するために、殺人者は犠牲者たちの思い出の品を持ち帰るという。その仮説どおり、イーグル・ヴェールにあるアイヴァンの自宅からは、犠牲者たちから奪い取った「記念品」が山ほど出てくるに違いない。五月二日にポール・オニオンズがイギリスからシドニーにやってくると、アイヴァンの首にかけられた縄はさらにきつく締められた。一三人の男の写真を見せられたオニオンズは、そこに含まれるアイヴァン・ミラットの写真を、これが自分を拉致しようとした「ビル」だと容易に見分けた。[18]

一九九〇年にポール・オニオンズを攻撃した容疑で、アイヴァン・ミラットを逮捕する決定がすぐになされた。これで彼を保釈なしで拘留し、その間にイーグル・ヴェールの自宅を捜索できる。アイヴァンの家には被害者たちの身元を解き明かす鍵が必ずあるはずだと確信していた捜査陣は、アイヴァンが逮捕されたら、まず彼の親族が所有する土地建物に片っ端から予告なしで踏みこみ、一方でミラット一族への尋問を開始することにした。アイヴァンが武器を所有する危険人物であることを十分に踏まえ、スムーズに逮捕できるよう、四人の交渉人と二一人の捜査官、さらに州防衛隊作戦ユニットのメンバー二六人からなるチームが編成された。そして一九九四年五月二二日、夜が明けてまもなく、アイヴァン・ミラットは自宅で逮捕された。イーグル・ヴェールのその家からは、以下を含む数多くの証拠物が押収された。ウィンチェスター・ウィナーとエレー社の二二口径弾、ガボール・ニュージバウアーとアンジャ・ハブシードがインドネシアから持ち帰った通貨、ニュージバウアーとハブシードの遺体発見現場で回収されたものと一致する黒い絶縁テープのロールと結束バンド、デボラ・エヴェリストとシモーネ・シュミドルの寝袋、シュミドルと関連づけられる十数点のキャンプ用具、キャロライン・クラークの持ち物だった衣類を身につけたアイヴァンの女友達の写真一枚、ベラングロ州立森林公園の地図、三二口径のブローニング拳銃、弾道学の専門家によって、クラークとニュージバウアーの殺害に使われた銃器のひとつと特定されたルガー10／22ライフルの残骸、二二口径ライフルのひとつに合うサイレンサー。[19]

一九九六年七月二七日、アイヴァン・ロバート・マルコ・ミラットは、ジェームズ・ギブソン、デボラ・エヴェリスト、シモーネ・シュミドル、ガボール・ニュージバウアー、アンジャ・ハブシード、キャロライン・クラークおよびジョアン・ウォルターズ殺害で有罪判決を受けた。彼は残りの人生を刑務所で過ごし、食道がんによる短い闘病生活ののち、ロング・ベイ刑務所の療養棟で二〇一九年一〇月二七日に死亡した。ベラングロ森林公園での殺人についても、彼に容疑がかかったその他十数件の殺人についても、いっさい罪を認めることはなかった。

残念ながら、その数年後、人口がまばらなオーストラリアのアウトバックを利用し、無防備な旅行者をかどわかしていた殺人者はミラットひとりではなかったことが明らかになる。ミラットの逮捕から七年が過ぎたころ、また別の残虐な犯罪がオーストラリアを震撼させるのである。

一九九六年、ピーター・ファルコニオとジョアン・リーズは、イングランド北部ハダーズフィールドにあるナイトクラブ〈ヴィサージュ〉で出会い、恋に落ちた。二人ともウェスト・ヨークシャー育ちで、二〇代前半だった。当時、ジョアンは地元にある旅行会社トーマスクックの支店に勤務し、ピーターはイングランド南部にあるブライトン大学で、建築と建設管理の学位取得のために勉強中だった。新たな恋人のいる南部へ移り住みたいと望んでいたジョアンは、会社が彼女をホーヴへ転勤させてくれることになったとき、大喜びした。二人は海岸に近いワンベッドルームのアパートへ引っ越し、素朴な生活を楽しみながら、休暇はギリシャやイタリア、ジャマイカで過ごし、ピーターは学位取得へ着実に近づいていた。いずれは建設現場の監督になって二人の生活を支えていくつもりでいたが、ピーターもジョアンも、もっと広い世界を見るまではまだ身を固めたくなかった。一九九八年、ピーターの勉強が終わったら一年かけて世界を巡ろうと、二人は計画を立てはじめ、ジョアンが会社から持ち帰る旅行のパンフレットを眺めながら多くの夜を過ごした。

　ピーターは二〇〇〇年に卒業し、一一月の半ば、恋人たちはネパールの首都カトマンズに降り立った。二人はそれから二カ月かけて雪を戴くヒマラヤ山脈に挑み、その後シンガポールへ飛んだ。そこからバスでマレーシアを縦断し、タイ南部へ入る。ネパールの僧院やタイのきらびやかな寺院のとりこになった二人は、カンボジアでクメール王国の仏教遺跡をどうしても見たくなった。こうして、若く豪胆な二人は飛行機でカンボジアの首都プノンペンへ向かうが、到着して二日もたたないうちにスリに現金と航空券、トラベラーズチェックを奪われてしまう。[20]幸い、旅の仲間からお金を借りて、どうにかバンコクへ戻ることができた。東南アジアでの日々は人生観を一変させるような経験となったが、少し調子に乗りすぎていたと二人は反省した。そろそろオーストラリアへ向かうべき時期だった。「このまま旅を続けよう。起こりうる最悪の事態は乗り切ったんだから」[21]と、ピーターはジョアンに言った。ワーキングホリデービザを取得したのち、二〇〇一年一月一六日の朝、ピーター・ファルコニオとジョアン・リーズは飛行機に搭乗した。地上に降り立った彼らは、ちょうど夏真っ盛りの美しい国際都市シドニーにいた。

ノース・ボンダイ・ビーチでアパートを借り、二人ともすぐに仕事を見つけた。ジョアンはシドニーの街に魅了され、できるだけ長くいたいと思った。だがピーターは、オーストラリアの真の魅力は、現実世界を超越した大自然の無限の広がりのなかにあると考えていた。ジョアンが情報収集をし、ピーターは今後の旅の足となる車を探しはじめ、キングスクロス・カーマーケットでそれを見つけた。オレンジ色をしたフォルクスワーゲン・コンビのポップアップルーフ付きバンで、車内には小型冷蔵庫、ガスレンジ、CDプレーヤー、それにシンクがついている。元の所有者である二人のイギリス人旅行者と交渉して、三〇〇〇ドルから一二〇〇ドルにまけさせた。ピーターは五月二四日にその車を購入し、それから一カ月かけてあちこちいじり回した。ジョアンが美しいハーバー・シティを離れたくないのはわかっていたが、やはりこの国のほかの部分も見ておかなければならない。

二〇〇一年六月二五日の朝、二人はシドニーの友人たちに手を振って別れを告げると、ポンポンと音をたてて走るオレンジ色のポンコツ車で出発し、世界遺産ブルー・マウンテンズを経由して南へ向かった。それから二週間かけて、キャンベラを通ってメルボルンへ行き、そこから西へ向きを変えて南オーストラリア州に入り、州都アデレードへ向かった。次に、オーストラリアを東西に分けるセンターラインとも言うべきスチュアート・ハイウェイ（別名トラック）に沿って北上し、ノーザン・テリトリー州へ入った。州の人口約二〇万人が、約一三五万平方キロメートルもの広大な土地に散らばっている。そこはまさしく、たまに峡谷に分断される以外はどこまでも岩と低木地が続く、ほとんど人の住まない荒野だ。そのひと気のなさにこそ、危険は潜んでいるのかもしれない。

七月一一日水曜日の時点で、ピーター・ファルコニオとジョアン・リーズは、すでにウルル＝カタ・ジュタ国立公園に到達していた。聖なる一枚岩、ウルル（エアーズロック）がある場所だ。それまでに訪れた無数の人々と同様、彼らもまた畏敬の念に打たれ、タイで感じて以来のある種スピリチュアルな共鳴を覚えた。二人はそこでカナダから来たバックパッカーのグループと親しくなり、北へ行くなら一緒に乗っていかないかと誘った。一行はトラック沿いにさらに北上し、途中キングス・キャニオンに立ち寄ってアリススプリングスへ向かい、そこで別れた。ピーターとジョアンは、町はずれにコンビをとめて夜を過ごした。木曜日から金曜日にかけてアリススプリングスに滞在し、ハイキングコースや峡谷を訪れ、航空券を購入し、図書館で電子メールに目を通した。住民二万人のこの小さな町は、さらに一二〇〇キロ以上北にあるダーウィンに到着するまでは、文明に最も近い場所だった。七月一四日の午後、二人はブラザーズカイト・パークで毎年開催されるラクダレースを見にいき、背中にこぶのある生き物が埃っぽいレーンをぎこちなく疾走するさまを見物した。その後まもなく、コンビに乗ってアリススプリングスを離れ、トラックに沿ってさらなる冒険旅行《オデュッセイ》を続けた。午後六時二〇分ごろ、運転していたジョアンは給油のためにガソリンスタンド〈ティーツリー・ロードハウス〉に車を入れ、二人はマリファナ入りタバコに火をつけて交互に吸いながら、低木に覆われた乾燥地帯にゆっくりと日が沈むさまを眺めていた。シドニーはエキサイティングな街だったが、この数日間もそれに少しも劣らず魅惑的だった。

それから三〇分もたたないうちに、二人は路上に戻っていた。すでに日は落ちて、行く手には、カンボジアで遭遇したつまらない窃盗などどうでもよく思えるほどの、はるかに悪い運命が二人を待ち受けていた――。

午後七時三〇分、ピーターが運転し、トラック沿いのひと気のない場所にさしかかったとき、バックミラーにヘッドライトが映った。驚いたことに、白いピックアップトラックが近づいてきて、ほぼ横並びになった。車内のライトがついていて、ドライバー――黒い野球帽をかぶり口髭を生やした男――が止まれと合図している。ひと気のない奥地で夜間に車を止めるのをジョアンは不安がったが、ピーターはなにか大事な用があるのだろうと判断した。二台はハイウェイのわきに停車し、ピーターが外に出てピックアップトラックに近づいていった。トヨタの車だ。窓越しに見ていたジョアンは、助手席に犬がいるのに気づいた。ピーターと男は、コンビの排気管《テールパイプ》から火花が出ているという話をしていた。

戻ってきたピーターが、排気をチェックするからエンジンを高回転させてほしいとジョアンに告げた。ジョアンはうなずいて運転席側に移動し、ピーターはタバコの箱をつかみ、男と一緒にコンビの後部に回りこんだ。アクセルのペダルを踏み、それから足を離したとき、「バンッ」と大きな音がして、ジョアンは車がバックファイアーを起こしたのだろうかと思った。[22] だがそのとき、黒い野球帽の男がいつのまにか運転席の窓の外に立ち、銀色のリボルバーをこれ見よがしに振り回していた。エンジンを切れ、と男は命じた。ジョアンは手が震えてその簡単な作業がなかなかできず、男が横に乗りこんできて自分でエンジンを切った。男はジョアンのこめかみに銃口を押しつけ、両手を背中に回して下を向いていろと命じた。そして両手首を結束バンドで縛り、助手席側のドアから彼女を地面に押し出した。さらに馬乗りになって足首をロープで縛ろうとするが、ジョアンは両脚をばたつかせ、激しく蹴りつけ抵抗した。男はかっとなってジョアンの頭を殴りつけ、茫然となった彼女の襟首をひっつかみ、ジョアンは大声でピーターの名を呼ぶが、無駄だった。

　男は白いトヨタのほうへジョアンを引きずっていき、テープで口をふさごうとした。だがジョアンは必死に抵抗し、助けを求めて叫びつづけた。そこで男は、口をふさぐ代わりに頭から袋をかぶせ、車の助手席に押しこんだ。そのあと男が袋をはずすと、運転席に座っている白黒の犬がジョアンの目に入った。それから自分を拉致した男のほうを向き、その顔をまじまじと見た。しわが刻まれた額、白髪混じりの口ひげ、襟にかかる長さの髪から判断して、四〇代半ばだろうか。目は垂れて落ち窪み、頬はそげている。[23] サイズの合わないチェック柄のシャツ、黒っぽいTシャツ、上背のある骨格にぶら下がっているような分厚いズボン。男は次に、ジョアンをトラック後部の幌《ほろ》の下へ乱暴に押しこみ、ジョアンが話しかけようとすると、黙らないと撃つぞと脅した。男がトラックから離れてコンビのほうへ歩いていき、続いて何か重たいものが地面を引きずられていく音がした。いまがチャンスだと、ジョアンは荷台の上を身をよじりながら進み、側面に両脚をかけて道路に滑りおりた。そして足が地面に触れた瞬間、茂みのほうへ一気に駆け出した。乾いた木の枝に引き裂かれながら、低木林をがむしゃらに突き進む。道路からだいぶ離れたところまで来ると、背の高い茂みの陰にしゃがみこみ、じっと身をひそめた。道のほうから男が動いている音が聞こえてきた。からまり合う低木の茂みを懐中電灯で照らしながら彼女を探しているが、そのうちにライトが消えた。そして数分後、車のドアが開き、バンと閉まる音がして、続いてエンジンが唸りを上げた。ヘッドライトが一瞬ハイウェイを照らし出し、すぐに道の先へ消えていった。[24]

賢明にも、ジョアンはそのまま隠れていた。しばらくすると、男がもう一台の車を取りに犯行現場に戻ってきたのが音でわかった。男がふたたび夜の闇に消え去ったあと、ジョアンは結束バンドをほどこうとするが、うまくはずれない。疲れ果て、ふらつきながら道路わきまで出てきたところで崩れるように倒れこんだ。野球帽の男がまた戻ってこないとも限らない。そこでジョアンは草むらに横たわり、朝になってロードトレイン（トレーラーを連結した大型トラック）が通るのを待つことにした。普通車は危険すぎる。あの男が、どんな車に乗ってまたやってくるかわからないからだ。やがて一台のロードトレインが見えると、彼女はよろよろと道へ出ていき、手を振って止めた。乗っていた二人の男性――ヴィンス・ミラーとロドニー・アダムズ――に工具で結束バンドを切ってもらいながら、ジョアンは何があったかを語り、いなくなった恋人を見つけなければならないと訴えた。ミラーとアダムズがあたりを懸命に捜索したが、ピーター・ファルコニオはどこにも見当たらなかった。二人はジョアンを近くのバロー・クリークという町へ連れていくことにした。ジョアン・リーズがその町に着いたのは、午前二時ごろだった。

午前四時二〇分、アリススプリングスから警官が到着し、ジョアン・リーズ本人から法医学的証拠を採取し、事情聴取を行なった。午前七時まで待って道路を封鎖し、犯行が行なわれたエリアを捜索したが、ピーターが流した大量の血液とジョアンの足跡、最初の攻撃現場から八〇メートルほど離れた茂みに隠されたコンビのほかは何も見つからなかった。その後の数週間、十分な補強証拠がないことから、警察は捜査をほぼ断念していた。ピーター・ファルコニオは、依然として行方不明のままだ。

　恐ろしい苦難に見舞われたジョアン・リーズは多大な同情を集めるが、ピーター・ファルコニオを殺したのは彼女ではないか、あるいは誰かと共謀したのではないかと、ありもしないことを書きたてる怪しげな本や新聞記事が登場するのに、さほど時間はかからなかった。そうした根拠のない非難はおもに、事件に関するジョアンの記憶に食い違いがあったこと、テレビインタビューで見せた態度や身なりが不適切な印象を与えたこと、また、シドニーに滞在中、彼女がピーターを裏切り浮気をしたという驚きの新事実が明かされたことに端を発していた。[25]

　ノーザン・テリトリー州警察の不十分な捜査に厳しい目が向けられると、彼らは急に動きだし、ジョアンのTシャツと手首を縛った結束バンド、コンビのシフトレバーから、身元不明の男性のDNAを採取することに成功した。警察はさらに、アリススプリングスにある〈シェル〉のトラックサービスエリアで撮影された防犯カメラ映像を公開した。そこには、七月一五日の午前〇時三八分にレジで支払いをした男の顔が映し出されていた。警察はこの男に対し、容疑を晴らすために名乗り出るよう呼びかけたが無駄だった。そこで、逮捕および有罪判決につながる情報に対し、二五万ドルの謝礼金を出すことになった。こうして情報提供者から映像の男として挙げられた三六人の名前と、一九九一年から九九年までにトヨタの4WDランドクルーザーの所有者として登録した人物とを照合し、警察は四三歳のブラッドリー・ジョン・マードックを割り出した。

　一九五八年二月一九日に西オーストラリア州で生まれたマードックは、一三歳のときに州都パースに転居した。乱暴ないじめっ子として知られ、一五歳で中学を退学してトラック運送会社を始め、コフィン・チーターズという暴走族に加わった。一九八〇年、二一歳になったマードックは運転中にサイクリストを襲って殺害し、危険運転による致死罪で執行猶予付きの有罪判決を受けた。[26] 彼はその年に結婚するが、一九八三年に運送会社が倒産。妻ダイアンへの身体的虐待が原因で一九八六年に夫婦は別居する。このころマードックはトラック運転手として働きながら、麻薬の運び屋をしていた。一九九〇年代になると、白人至上主義の思想を抱くようになり、白人至上主義結社クー・クラックス・クラン（KKK）の支部に加わった。彼の左腕には、両脚を火で焼かれ処刑されるアボリジニの男のタトゥーがあり、右腕に入れたタトゥーには、KKKの団員が別のオーストラリア先住民を指さす図が描かれていた。一九九五年八月二〇日、マードックは酒に酔い、西オーストラリア州キンバリーでアボリジニの集団に向けてボルトアクションライフルを発射し、その後一五カ月間投獄され、釈放後は西オーストラリア州ブルームに移り住んだ。

二〇〇一年一一月一日、ブルームの警察はマードックを連行し尋問するが、なぜかDNAサンプルの提供を求めず、不可解な無能ぶりを示した。だが幸いにして、翌年の五月一七日、ピーター・ファルコニオ事件特別捜査本部はマードックと組んでいた麻薬密売人を逮捕し、その人物から、一般に公開されていない事件の詳細が明かされた。マードックの兄弟から採取されたDNAと、ジョアンのTシャツおよびコンビから採取されたサンプルとのあいだに近い血縁関係が認められたことから、ブラッドリー・マードックの逮捕状が発行された。ところが、そのときすでに彼は行方をくらましていた。

警察の尋問を受けたあと、マードックは逃亡し、南オーストラリア州にある、元売春宿経営者が所有する農場へ身を隠したのだ。その農場には、オーナーの恋人である三三歳の女性と、一二歳になるその娘も住んでいた。潜伏中、マードックは幾度となく、警察が自分をピーター・ファルコニオ殺しの犯人に仕立て上げようとしていると主張していた。アンフェタミンの常用は彼の精神状態をさらに悪化させ、二〇〇二年八月二一日、マードックは女性と娘に銃を突きつけて連れ去り、ランドクルーザーの後部に取り付けた手枷《かせ》で二人を拘束したと伝えられる。このとき彼が一二歳の少女をレイプしていたことが、のちに判明する。[27] 車で州を横切るあいだ、彼はファルコニオ事件のことと、自分がいかにして罪を着せられたかをとりとめもなく語りつづけていたが、そのとき彼はその行方不明のイギリス人の持ち物である（と彼自身が認めた）Tシャツを身につけていた。母親と娘を二五時間にわたり拘束したのち、彼は二人を解放する。その後まもなく、ブラッドリー・ジョン・マードックはポート・オーガスタにあるスーパーマーケットの外で逮捕された。車内を捜索した警察は、ナイフ、テレスコピックサイト（照準器）が装着された三〇八口径ライフル、装填済みの二二口径ベレッタ半自動拳銃、電気ショックを与えるキャトルプロッド（牛追い棒）、クロスボウと一三本の太矢、チェーン、手枷、弾薬八〇〇発分、暗視ゴーグルを発見した。マードックは、二件のレイプおよび不法監禁、一件の暴行で起訴された。[28]

南オーストラリア州で行なわれた裁判の過程で、警察はマードックがふたたび麻薬密売に手を染め、南オーストラリア州のセダンという町からトラックを北上してアリススプリングスへ大量の大麻を運び、そのあと自宅のあるブルームへ戻っていたことを知る。この違法ビジネスで、彼は毎年数十万ドルを稼いでいた。マードックは結局、レイプ、監禁、および暴行については陪審員の多数評決により無罪となったが、裁判の過程で得られた彼のDNAが、ファルコニオ事件のサンプルと一致した。さらに二〇〇二年一一月、ノーザン・テリトリー州警察がジョアン・リーズに接触し一連の写真を見せたところ、彼女はブラッドリー・ジョン・マードックを約二年前にトラックで自分を襲った男だと特定した。[29]

二〇〇五年四月、マードックはノーザン・テリトリー州に引き渡され、ピーター・ファルコニオ殺害およびジョアン・リーズに対する暴行および誘拐未遂で起訴された。その年の一〇月一七日にダーウィンで裁判が始まり、マードックはいずれの容疑についても無罪を主張するが、一二月一三日、すべての容疑について全員一致で有罪の評決が下され、最低二八年間は仮釈放を認めない終身刑が言い渡された。以来、彼はダーウィンで最も警戒の厳しいベリマ刑務所およびダーウィン刑務所の独房で無罪を主張しつづけ、刑事司法制度を非難し、特例を求める嘆願をくり返している。

二〇〇七年、ジョアン・リーズの著書『Joanne Lees: Murder in the Outback（ジョアン・リーズ　アウトバックの殺人）』が出版され、あのとき何が起きたのかが当事者の視点で語られた。残念ながら、現時点でピーター・ファルコニオの遺体はまだ発見されていない。

『死霊館』（二〇一三年）
『アナベル 死霊館の人形』（二〇一四年）
『死霊館 エンフィールド事件』（二〇一六年）

悪魔にとりつかれたペロン農場
アナベル人形の事件
エンフィールドのポルターガイスト

『死霊館』は、近年で最も評価が高く、商業的にも成功したホラー映画のひとつだ。現に、その成功はかなりのもので、続々とフランチャイズ映画が生まれ、「死霊館ユニバース」と呼ばれる一大シリーズを形成している。そしてこの死霊館シリーズには、ひとつの共通点がある。それは、どの作品もエド&ロレイン・ウォーレン夫妻が手がけた実際の事件をベースにしている点だ。

心霊研究家のエド・ウォーレンとその妻で透視能力者のロレインは、一九七〇年代から九〇年代にかけて手がけた数々の功績によりアメリカで最も有名なゴーストハンターとなった、賛否両論はあるが魅力的な人物だ。ジェームズ・ワン監督は夫妻の「事件ファイル」を大胆に使い、二一世紀で最も成功したホラー映画シリーズとなる「死霊館ユニバース」をつくりあげた。第一作目の『死霊館』は三億一九五〇万ドルという桁外れの興行成績を上げ、そのスピンオフ作品『アナベル 死霊館の人形』も大ヒットし、前作の三分の一以下の製作費で二億五七〇〇万ドルを稼ぎ出した。次の『死霊館 エンフィールド事件』もまたみごとな作品となり、三億二〇〇〇万ドルという記録的な興行成績を上げた。『死霊館』の有名なハイド・アンド・クラップ（鬼役の子が目隠しをして、手を叩く音《クラップ》をたよりに隠れている他の子たちを見つける遊び）のシーンや、『死霊館 エンフィールド事件』で〝へそ曲がり男〟が出現するシーンなど、このシリーズには毎回、血の凍るようなシーンが登場する。加えて、コンピューター生成画像（ＣＧＩ）の効果的な使用、魅力的な背景設定、ゆるぎないストーリー展開。この死霊館シリーズで、ジェームズ・ワンは二一世紀で最も重要なホラー映画制作者のひとりとして確固たる地位を築き上げた。

『死霊館』（二〇一三年）は、一九七〇年代初頭に、英国植民地時代《コロニアル》に建てられたロードアイランド州のファームハウスに引っ越してきたペロン一家の物語だ。悪魔にとりつかれたその家で、一家は怪現象に苦しめられ、救いの手をさしのべたウォーレン夫妻は、その地所にはバスシーバ・シャーマンという名の、わが子を悪魔のいけにえに差し出そうとした魔女の霊がとりついていることを知る。やがて一家の母親キャロリン・ペロンがバスシーバの霊にとりつかれ、自身の子どもたちをいけにえにしようとしたため、エド・ウォーレンはやむをえず、キャロリンの体から悪魔を追い払うために、悪魔祓いの儀式を行なうことになる。この映画にはまた、霊にとりつかれたアナベル人形も登場する。

『死霊館』の最初のスピンオフ映画『アナベル 死霊館の人形』（二〇一四年）では、アナベル人形の来歴のひとつが語られる。ストーリーは、医師ジョン・フォームと妊娠中の妻ミアが、カリフォルニア州サンタモニカのアパートでカルト信者に攻撃されるところから始まる。隣家の娘でカルト信者のアナベル・ヒギンズが、ミアのアンティーク人形を抱えたまま自分の喉を切り裂き自殺する。その後も不思議な現象が続いたため、ジョンとミアは人形を捨て、生まれたばかりの赤ん坊リアを連れてパサデナのアパートへ引っ越すが、捨てたはずの人形がふたたびあらわれ、さまざまな超常現象も起きはじめる。ミアは当初、アナベル・ヒギンズの霊が関係していると思っていたが、隣人のエブリンとともに調べるうちに、じつはカルト信者たちが呼んだ悪魔が人形にとりついていたことを知る。その後、悪魔に操られた司祭の手で赤ん坊のリアが誘拐されると、ミアはわが子を助けるために自分の魂を悪魔に差し出そうとするが、過去に自分の娘を死なせてしまった罪悪感にさいなまれるエブリンが、ミアの身代わりに人形とともに窓から飛び降りる。こうして、リアは無事に両親のもとへ戻り、一家に対する悪魔の攻撃はやんだ。ある母親がアンティークショップで娘デビーへのプレゼントに人形を買うところで映画は終わり、それが『死霊館』のオープニング・シーンへつながるシーンとなっている。

次の『死霊館 エンフィールド事件』（二〇一六年）の冒頭、アミティヴィルにあるラッツ一家が暮らす家（『悪魔の棲む家』）を調べていたロレイン・ウォーレンは、そこで悪魔のような修道女と遭遇し、その後も自宅でふたたび遭遇するが、その件を十分に調べることもできないまま、夫妻はイギリスのロンドン北部エンフィールドへ呼ばれていく。そこでは前例のないレベルのポルターガイスト現象が起き、ホジソン一家、なかでも一二歳のジャネット・ホジソンを怯えさせていた。ウォーレン夫妻がそこで出会ったイギリス人の心霊現象研究家二人のうち、一方のモーリス・グロスは憑依が本物だと信じ、もう一方のアニタ・グレゴリーは懐疑的だった。ジャネットを媒介として、死後もその家を離れようとしない老人ビル・ウィルキンスの霊との交信が行なわれるが、やがてグレゴリーによって、この家で起きている怪現象はジャネットのでっちあげである証拠が示されると、ウォーレン夫妻は一家のもとを去り帰国しようとする。だが突如、ロレインは悟る――あの邪悪な修道女がウィルキンスの霊を操り、ジャネットに憑依しやすい状況をつくっていたのだと。夫妻が引き返すと、ジャネットは完全に悪魔にとりつかれ、ほかの家族は家から閉め出されていた。その後、ロレインが悪魔の名――〝ヴァラク〟――を呼んで追い払い、一家はようやく平穏を取り戻す。

以上、死霊館シリーズの最初の三作品は、エド&ロレイン・ウォーレン夫妻がロードアイランド州ハリスヴィル、コネティカット州、そしてロンドンのエンフィールドで行なった実際の心霊調査にもとづき制作された。

一九七〇年、巡回セールスマンのロジャー・ペロンと妻キャロリンは、ロードアイランド州プロビデンス郊外で五人の娘たちと暮らしていた。二人は一九五七年に結婚し、以来おおむね幸せな生活を送ってきたが、その夏、恐ろしい不運が続けざまに一家を襲った。かわいがっている犬を、一〇代の若者が運転する車が猛スピードで轢いて走り去っていったのだ。娘たちはそれを何もできず見ているしかなかった。また、一家が休暇中に近所に暴徒が出没し、休暇から戻ってくると家が荒らされ、三匹の猫が殺されていた。また、一二歳になるペロン家の長女アンドレアが、ある少年に暴力をふるったと訴えられたがアンドレアに言わせれば、悪いのはその少年のほうだった。告訴は取り下げられたが、一家にとって不運な夏はさらに続き、隣人が運転中に心臓発作を起こし、トラックでペロン家の芝生に突っこんだ。そればかりか、その男の妻がキャロリンを「信仰を捨てて堕落したカトリック教徒」呼ばわりし、魔術を使って夫を殺したと責めたのだ。[1]

ペロン一家にとっては、この地を離れる潮時だった。キャロリンは夫に相談せず、プロビデンスの約二五キロ北西に位置する田舎町ハリスヴィルに建つファームハウスの手付金を払うことを決めた。ロジャーは当然ながら動揺したが、本来ものわかりのいい彼は、一七三六年に建てられたコロニアル様式の美しい家を見て、きみの判断は正しかったよと言って妻を安心させた。

ペロン一家がトラックに箱をいっぱい積みこんで新居に到着したのは一九七一年一月の、みぞれ混じりの暴風雨が吹き荒れる日だった。ロジャーは長女のアンドレアに、これをキッチンにいるママのところへ持っていきなさいと箱をひとつ渡した。アンドレアは言われたとおり、箱を持って応接間を通り、家のずっと奥にある食料室《パントリー》へ向かって歩いていった。ダイニングルームに入ると、時代遅れの服を着た男が、この家の元住人で売り主のケニヨン氏をじっと見ていた。礼儀正しいアンドレアは見知らぬ男におはようございますと挨拶するが、男は挨拶を返さなかった。肩をすくめ、アンドレアはそのままパントリーへ向かう。

「ねえママ、ダイニングルームでケニヨンさんと一緒にいるもうひとりの男の人、だれ？[2]」箱を渡しながらアンドレアが尋ねると、キャロリンは「もうひとりの男の人なんていないわよ[3]」と答えた。

そのとき、まるでタイミングを合わせたように、ほかの四人の娘たち――一〇歳のナンシー、九歳のクリスティン、七歳のシンディ、五歳のエイプリル――がやってきて、「ダイニングルームにいたあの男の人が、消えちゃった！」[4]と訴えた。ケニヨン氏は帰りぎわ、一家に別れを告げると、ロジャーに向かって「家族のために、夜は明かりをつけたままにしておいたほうがいい」[5]と忠告した。

引っ越して間もないある晩、アンドレアがベッドのなかでまだ眠れずにいると、妹のシンディが部屋に入ってきた。シンディがここで一緒に寝てもいいかと訊くので、アンドレアはベッドカバーをめくって入れてやった。「わたしの部屋で、いろんな声が聞こえるの」とシンディは言った。「みんながいっぺんに話すんだけど、言ってることはおんなじ」[6]その声はなんて言っているのとアンドレアが尋ねると、「七人の死んだ兵隊さんが壁に埋められてるって」[7]とシンディは答えた。

最初のうち、この家――あるいは、この家を支配しているなんらかの力――は、シンディに最も興味があったようだ。ある日、そろって二階にいた五人の娘たちは、かくれんぼをして遊ぶことになり、全員がそれぞれ別の方向に散らばった。いい隠れ場所はないかと、懐中電灯を手にシンディが一階を歩きまわっていたとき、地下室へ通じるドアが急にギイと音をたてて開いた。ちょうどよかったと、シンディは懐中電灯をつけて暗闇のなかへ下りていった。がらくたやクモの巣をくまなく照らしているうちに、木の収納箱があるのに気づいた。蓋は閉まっているが、掛け金や留め金はかかっていなかったので、これだと思って駆け寄り、シンディは蓋を開けてなかへもぐりこんだ。ところが驚いたことに、なかは異常なほど暑かった。外へ出たくなり、蓋を押し上げようとするが、誰かが上から押さえつけているかのように蓋はびくともしない。シンディは動揺し、声を限りに叫びながら、箱の側面を叩いたり蹴ったりしはじめた。空気がだんだん少なくなっていくなか、シンディは姉妹たちが助けにきてくれるのを祈っていた。意識が遠のきそうになったとき、ようやく蓋が開き、姉妹たちが心配そうに上からのぞきこんでいるのが見えた。「箱がわたしを出してくれないの」[8]とあえぎながら言うシンディの顔からは、すっかり血の気が失せていた。

次に地下室での不吉な出来事に遭遇したのは、九歳のクリスティンだった。ある晩、皿洗いを言いつかった彼女は、流しで皿を洗いながら暗い窓の外を見ていた。すると不意に、足首のまわりを冷たい風が吹き抜け、背後で蝶番《ちょうつがい》がきしむ音がした。振り返って見ると、地下室のドアが開いていた。そのあとまた窓のほうに顔を戻したクリスティンは、ぎょっとして飛びのいた。窓ガラスに人の顔が映っているように見えたのだ。つまり、彼女のすぐ後ろに誰かがいるということだ。とっさに振り向いてみたが、見えるのは開いた地下室のドアとその先の闇だけだった。

地下室にまつわる最後の怪現象は、アンドレアがひとりで家にいたときに起きた。大家族の長女にとって、ひとりきりで過ごせる時間はめったにないご褒美のようなものだ。彼女がベッドに腰かけて宿題をしていると、赤ん坊の泣き声が聞こえてきた。家には誰もいないし、まして赤ん坊などいるはずがないのに。けれども泣き声はやまず、アンドレアを部屋から誘い出し、階段を下りて泣き声のするほうへ行かせようとしているように思えた。その泣き声には、赤ん坊が苦しんでいるような痛々しさがあった。そのとき不意に地下室のドアが開き、吐く息が白くなるほど急激に気温が低下した。次にドアが急にバタンと閉まったため、アンドレアは悲鳴を上げた。ちょうどそのときロジャーが帰宅し、廊下で怯えている娘を発見した。アンドレアから何があったかを聞いたロジャーは、ドアを調べてみることにした。ひとりでに開いたという娘の主張に反して、ドアは掛け金をはずさなければ開かない状態で、掛け金にもなんら問題はなかった。

ロジャーはドアを開け、地下室を探索してみようと下りていった。暗闇を進んでいく途中、背中を右から左へ手で撫でられる感覚があり、きっと妻のしわざだと思ったが、振り向くと誰もいなかった。何が起きているのかわからなかったが、いま自分の身に起きたことは普通の現象ではないと彼は確信した。アンドレアが同じように不安な思いをしたのも、たんなる偶然ではないだろう。ロジャーは一階へ戻ると、しっかりとドアを閉め、かなづちと釘を取ってきて地下室を封鎖した。[9]

アンドレア・ペロンは恐ろしい夢を見ていた。両親の寝室の隅に立ち、恐怖に凍りついたまま、両腕のあるべき場所から棒が突き出た老婆が母親の上に浮かんでいるのを見ている夢だ。キャロリンの隣に横たわるロジャーは、獰猛な野獣に襲われたかのようにずたずたに引き裂かれていた。アンドレアは身動きせず音もたてずにいたが、彼女の存在に気づいた老婆が顔を向けた。そこで急に夢から覚めたアンドレアは、びっしょりと冷や汗をかいていた。少し時間をおいて気持ちを落ち着かせたあと、起き出して一階へ下りていくと、キャロリンがテーブルにいて、紙に鉛筆で何かを書いていた。キャロリンのコーヒーをひと口もらおうと手を伸ばしたとき、紙に描かれた絵がちらりと見え、アンドレアはぎょっとした。それは、袖から木の棒が突き出たあの老婆——悪夢のなかで母親の上に浮かんでいた、あの醜い魔女の絵だった。アンドレアは夢のことを語り、もしかして本当に襲われたのと尋ねると、キャロリンはそうだと答えた。そのときロジャーが階段を下りてきた。アンドレアとキャロリンは、上半身裸のロジャーの背中に、まるで爪跡のような裂傷ができているのに気づき、傷がついているわよと彼に教えた。そして二人は夜中に起きたことをロジャーに語ったが、自身の怪我に動揺しながらも、彼は二人の訴えをありえないと真に受けず、過去数時間に起こった出来事に納得のいく説明をつけようと知恵を絞ったが、結局は何も思いつかなかった。

その数日後の晩、キャロリンはまた深い眠りから目覚めた。寝室にタバコのにおいが漂っていた。そして二人の背の高い男が戸口の横に立っているのを見て、恐怖に身がすくんだ。何が起きているのかわからずにいるうちに、黒髪の女が火のついた大きな松明《たいまつ》を持って部屋に入ってきた。そしてベッドに近づいてくると、原始的なリズムで松明の端を床に打ちつけ、眠りを誘う言葉をとなえはじめた。別の世界から何か邪悪なものを呼び出そうとしているのだ、とキャロリンは直感した。そのとき、脚に突き刺すような痛みを感じ、ベッドカバーをはがして見ようとすると、男女の姿が消えた。その瞬間、ロジャーも目を覚まし、何かあったのかと尋ねた。キャロリンの脚を見ると、針で刺したような傷ができ、血がにじみ出ていた。もはや否定はできない。夢で起きることが、そのまま現実の世界でも彼らを蝕んでいるのだ。

その日を境に、キャロリン・ペロンはそれまでの彼女ではなくなった。外見も三〇代前半の女性から、一夜にして何十歳も年老いた別人に変貌した。あたかも、別の存在に生命力を吸い取られているかのようだった。自分たちの家に災いをもたらしている邪悪な何かは、この家の歴史に関係していると悟ったキャロリンは、過去に何が起こっていたのかを熱心に探求しはじめた。地域の歴史文書を丹念に調べた彼女は、この家が数知れぬ悲劇の舞台となったことを知る。「ジョン・アーノルド夫人」なる人物が、九三歳のときに納屋で首を吊ったらしいとわかった。だがそれは、この地所で何世紀ものあいだに起きた数多くの自殺や溺死、その他の死亡事故のひとつにすぎなかった。しかし、判明したそれらすべてを合わせても、バスシーバ・シャーマンの物語の前にはかすんで見えた。かつてこの地所を所有していたアーノルド家に生まれたバスシーバは、美しさと並外れた残酷さを兼ね備えた女性だったようだ。彼女はある時期おおぜいの子どもの面倒を見ていたが、そのときに赤ん坊がひとり死んでいることをキャロリンは知る。遺体を調べた郡検視官の報告書によれば、赤ん坊の脳天には針が一本突き刺さっていた。永遠の美と若さを手に入れるために、バスシーバはその赤ん坊をいけにえとして捧げたと言われている。正式に殺人罪に問われたわけではないが、地元の人々は彼女の所業と決めてかかり、バスシーバは死ぬまで疑いを晴らすことができなかった。針による殺人と似たような現象が自分の脚に起きていることに気づいたキャロリンは、この家にとりついているのは、バスシーバ・シャーマンの霊にまちがいないと確信する。

しかし、過去に魅入られたキャロリン・ペロンは、いまや歴史文書を掘り下げるだけにとどまらず、年代物の衣服をまとい、話し方まで昔風になっていた。何かにとりつかれたか精神を病んでしまったかに見えるキャロリンに代わり、アンドレアが妹たちの母親役をつとめていた。そんな一九七三年のある晩、誰かが訪ねてきた。クリスティンが玄関の扉を開けると、そこには見知らぬ男女がいて、この家で問題が起きていると聞き、助けにやってきたと告げた。

エド&ロレイン・ウォーレン夫妻はまず、そう時間はかからないので、家のなかを見せてほしいと言った。二人でひとつひとつ部屋を見ていくうちに何か霊的なものを感じたのか、ロレインは立ち止まって急に震えだし、がくんと膝をつくと、「この家には、悪意をもつ何かがいるわ。彼女の名はバスシーバ」と叫んだ。[10] そしてキャロリンのほうを向き、その名前に心当たりがあるかと訊いた。キャロリンはうなずき、エドは子どもたちをそっと別室へ移し、大人だけで話をした。

当初、時間はかからないと言っていたウォーレン夫妻だが、調査は結局一年半に及び、ドラマチックな結末を迎えることになる。「あなたたちの家には悪魔が棲みついているわ。だから交霊術を行ないたいの」ロレインは、ロジャーとキャロリンにそう告げた。

長いあいだ苦しんできたキャロリンは藁にもすがりたい思いだったが、ロジャーはそんなことをしてもどうにもならないと感じていた。それでも最後には彼も折れ、交霊術を行なうことに同意した。

その後まもなく、ウォーレン夫妻は司祭と霊媒、一部始終を映像に収めるカメラマンをともなってやってきた。ペロン家の子どもたちは、全員二階にいるよう厳しく指示されていたが、一五歳のアンドレアと妹たちの何人かはこっそり下へおりてきて、六人の大人がテーブルを囲み、手をつないで座っているようすを、ダイニングルームのドアの隙間からのぞいていた。ロレインがまず、家にいる霊たちに向かって、姿をあらわし何が不満なのか聞かせてほしいと呼びかけた。すると二分が経過したころ、家が揺れはじめた。それからテーブルがゆっくりと床を離れるさまを、ペロン一家は信じられない思いで見つめていた。テーブルが浮き上がるにつれてキャロリンのまぶたが閉じてきて、体からすべてのエネルギーが流れ出ていくかのように、がっくりとうなだれた姿勢になった。顔が歪み、最初は苦しそうなしかめ面になったかと思うと、しだいにまったく別人の顔貌に変わっていった。それと同時に、折り曲げた両膝を抱えて身をひねり、普通なら骨が折れてもおかしくない無理な体勢になった。醜悪なその姿は椅子に収まったまま宙に浮き、その場にいる誰も聞いたことのない理解不能な言葉を吐いた。そうかと思えば、キャロリンは隣接する応接間まで後ろ向きに五、六メートル飛んでいき、ものすごい音をたてて床に頭をぶつけ、床板の上にぐったりとのびてしまった。

あんたたちが妻を殺したんだ、この家からすぐに出ていってくれ、とロジャーはウォーレン夫妻を怒鳴りつけた。夫妻が逃げるように出ていくのと同時に、アンドレアとシンディが部屋に駆けこんできた。二人の娘とロジャーはキャロリンにすがりつき、私たちを置いて逝かないでと懇願しながら、どうにか生き返らせようと揺り動かした。絶望的な状態だったが、意外にもこれが功を奏した。キャロリンはのちに、そのときの経験をみずからの視点でこう語っている。「ありったけの力と気持ちが必要でした。私を引き戻したのは、まちがいなく子どもたちの強い思いです。でも、わたしはもうだいぶあちらに行ってしまっていたので……[11]」

ペロン夫妻は、霊媒がうっかり家に呼び入れてしまった悪魔が一時的にキャロリンにとりつき、この家に棲みついている他の霊たちを怯えさせ、黙らせたのだろうと考えた。こうして平穏な日々が何カ月か続いたが、徐々にまたおかしなことが起こりはじめ、ついにある晩、応接間に足を踏み入れたキャロリンは、ドアの閉まったダイニングルームから発する声を聞いた。そちらに目を向けると、大家族が家にあるものと全然ちがうテーブルを囲み、とうの昔にふさがれた暖炉では、ひとりの女性が家族のために料理をしていた。その女性は子どもたちに席につくよう指示をし、男たちのひとりが応接間のほうに視線を向け、キャロリンと目が合った。すると奇妙なことに、男は隣にいる別の男をそっと肘で突き、キャロリンのほうを指さした。その瞬間、キャロリン・ペロンは悟った。このコロニアル様式のファームハウスは、じつは時空をつなぐ入口《ポータル》で、いま自分は亡霊として過去の男たちの前に出現しているのだと。キャロリンはのちに、それがわかったおかげで身辺の出来事と折り合いがつけられるようになったと語っている。一九八〇年六月、ペロン一家はついにハリスヴィルのこの家を売却してジョージア州へ引っ越し、生活は改善されたようだが、ロジャーとキャロリンはその後離婚している。

案の定と言うべきか、交霊術の映像はなぜか儀式の途中で終わっていて、ペロン夫妻の主張を第三者が精査することはできなかった。とはいえ、彼らの壮大な物語をひもとく手段は、ささやかながらほかにも存在し、それらはキャロリン・ペロンが家の過去にこだわっていたころに綿密に調べたという歴史文書のなかにあった。二〇一三年に『死霊館』が公開されると、ペロン一家が暮らしたファームハウスを三三年前から所有しているノーマ・サトクリフの生活はめちゃくちゃになった。人里離れ、それまでは平穏だった家に、超常現象好きの旅行者が昼夜を問わず聖地詣でに訪れるようになったからだ。この襲来に辟易《へきえき》し、生来の懐疑論者であるサトクリフは、ジャーナリストのケント・スポッツウッドと協力してペロン一家の主張について調査を行なった。

その結果、バスシーバ・シャーマンが赤ん坊を殺して悪魔のいけにえにしたと疑われていた証拠は何ひとつないことが判明した。さらに、一家の超常現象体験を詳述した三つの大著の著者であるアンドレア・ペロンが、地元の歴史家に相談し、その情報の真偽を確認したというのが嘘であることもわかった。するとアンドレアは、バスシーバ・シャーマンの話は完全にウォーレン夫妻の説だったことにして、代わりに一七〇〇年代に地所の納屋で首を吊ったとされるジョン・アーノルド夫人の幽霊を、一家を恐怖におとしいれた悪霊に仕立て上げようとした。しかしこの新たなアイデアも、ジョン・アーノルド夫人が首を吊ったのは一八六六年で、場所も一・五キロほど離れた家だったことがわかると、もろくも崩れ去った。

ここで疑問が生じる。もしウォーレン夫妻のバスシーバ・シャーマン説がまちがっていて、ペロン夫妻のジョン・アーノルド夫人説もまちがっているとしたら、ペロン一家に降りかかったと伝えられる数々の出来事に、ひとつでも真実はあるのだろうか？　それどころか、超能力者や霊媒を名乗りそうした結論を導き出した者たちの話は、せいぜい良く言っても「不正確」、むしろ「ぺてん」と言えるのではないだろうか。魔術や殺人と結びつける証拠もないまま、ウォーレン夫妻とペロン夫妻が罪のない女性を悪者にしたのなら、そうした欺瞞はより罪深い。真相はどうであれ、人々の記憶に残るかぎりこれからもずっと、バスシーバ・シャーマンの名には邪悪で、身勝手で、悪意に満ちたイメージがつきまとうことになるのだから。

　アナベル人形の話もまた、始まりは一九七〇年、コネティカット州でルームメイトとして一緒に暮らしていた二人の若い看護師、ドナ・ジェニングズとアンジー・ステープルトンに関わる物語だ。その年のドナの誕生日に、これでアパートの部屋がぱっと明るくなるわよと、母親が愛らしいラガディ・アン人形をくれた。思いがけないプレゼントに喜んだドナは、毎朝きれいにベッドを整え、その上に人形を置いていたが、そのさい人形は両腕を体の横にそろえ、両脚をまっすぐ伸ばした状態だった。

　帰宅したドナが、人形が腕を組み両脚を交差させた状態になっているのに気づいたのが異変の最初の兆候だった。[12]この不思議な現象が一週間続いたあと、ドナとアンジーはある実験を試みた。腕と脚をすでに組んだ状態にして出かけたらどうなるだろうか？　驚いたことに、二人が帰宅したときには、組んでいったはずの腕と脚は必ずほどけており、それればかりか、人形はおかしな具合にねじ曲がったさまざまな体勢に変わっているのだった。ドナはつねに人形を自分の部屋に起き、ドアも閉めて出かけていたが、そのうちに、人形はアパートのあちらこちらに出没するようになった。ある晩二人が帰宅すると、人形は居間のソファーに座っていた。また別の晩には、玄関のドアを開けると人形が椅子の上で正座をし、じっとこちらを凝視しているのを見て、二人はぎょっとした。そのあと自分たちで何度も試したが、人形を正座の姿勢でずっと座らせておくことはできないとわかった。すぐに倒れてしまうのだ。アンジーの婚約者ルー・カーロは、奇妙な出来事の話を聞くとすぐに、この人形には自分の意思があるんだ、かわいくもない、ただ不気味なだけの人形だとけなした。彼に言わせれば、「いまいましい呪いのブードゥー人形[13]」だった。

それからまもなく、ドナとアンジーが仕事から戻ると、小さなメモが置かれていた。鉛筆で書かれた手書きのメモだ。羊皮紙《パーチメント》風の紙に子どもっぽい文字で、「わたしたちをたすけて」や「ルーをたすけて[14]」といった、短い不穏な言葉が書かれている。これらのメッセージは、ドナもアンジーもアパートに鉛筆やパーチメントを置いていないという事実に照らすと、よけいに奇怪だった。不思議なことに二人はここに至ってようやく、誰かよその人が合鍵を使うか、窓をこじ開けるなどしてアパートに侵入し、いたずらをしているのではないかと考えた。しかし、侵入できそうな場所にはこじ開けたような跡はなく、第三者がアパートに侵入した形跡も何ひとつなかった。

そんなある日の晩、ラガディ・アン人形は、置かれたままの姿勢でドナのベッドに座っていた。意外に思って人形をよく調べてみると、胴体の部分に血が三滴、さらに手の甲にも赤い染みがついていた。それを見て二人はぞっとしたが、この赤毛の人形を捨てようとは思わなかった。そして迎えたクリスマスの日、ステレオの上にチョコレートでできた小さな靴が出現した。ドナもアンジーも、二人の知り合いも、誰ひとりそれをアパートに持ちこんではいない。この時点で、説明のつかない現象が起きはじめてから約六週間が過ぎていた。

しばらく前から、人形に何かがとりついているのではないかと疑っていた二人の看護師は、ここでようやく霊媒に相談した。そうして行なわれた交霊術で、霊媒は、アナベル・ヒギンズという七歳の少女が野原で遊んでいるときに亡くなり、そこに建てられたこのアパートに少女の霊がとりついているのだと二人に告げた。アナベルは、ドナとアンジーとなら仲良くなれると思い、二人の気を引くために人形を動かしていたのだった。すでに二人が気づいてくれたいま、亡くなった幼い少女は、ただ愛してほしいのだと認め、人形に宿ってもいいかと二人に許可を求めてきた。どうやら悪意はなさそうな、かわいそうな少女の霊に同情した二人は、その願いを受け入れた。だが、あとになって思えば、それがまちがいだった。

ルーは、強烈な悪夢を見るようになった。ある晩、自宅で目覚めたとき、圧倒的な恐怖感に襲われていたと彼は言った。部屋を見まわしても何も見えなかったが、足元に目をやると、あの人形、アナベルが、宙に浮かんで彼のほうへ近づいてきた。恐怖に凍りつきながら見ていると、アナベルは胸の上に浮かび、彼を絞め殺そうとするかのように両腕で首を挟みこんだ。そして人形から電流があふれ出し、彼の全身を走った[15]。

また別の日には、夜の一〇時ごろ、ルーがアンジーと二人きりで彼女のアパートにいて、近々行く予定の旅行のために地図を見ていたとき、ドナの寝室から騒々しい音が聞こえてきた。ルーが急いで部屋に行ってみると、アナベルが部屋の隅の床に転がっていた。よく見ようと近づいたとき、すぐ後ろに何かがいる気配を感じた。だが振り向いてみても誰もいなかった。そのとき突然、胸に鋭い痛みが何度か走り、苦痛のあまりかがみこんだ。部屋に駆けこんできたアンジーは、ルーのシャツが血で染まっているのを見た。居間に戻り、シャツのボタンをはずしてみると、ルーの皮膚には爪跡のようなものが残り、そこから血がにじみ出ていた。横に四本、縦に三本走る深い切り傷は、焼けるように熱かった。[16]

傷は二日後には消えたが、超自然的な何かがアンジーとドナのアパートに棲みついていて、それが邪悪なものであるのは明らかだった。そのため、三人は近くにある米国聖公会の親切な司祭、ヘイガン神父に相談することにした。神父は親身になって彼らの話を聞き、同じ教会の先輩にあたるクック神父に連絡をとってみると約束してくれた。

エド&ロレイン・ウォーレン夫妻が、コネティカット州の自宅でクック神父からの電話を受けたのは、それからまもなくのことだった。神父は状況の大まかな見立てに加え、二人の看護師の名前と電話番号を伝えた。エドは二人に電話をかけ、状況を確認して住所を聞き出した。

二時間後、エドとロレインは二人が住むアパートの前に立っていた。ドナ・ジェニングズがドアを開け、夫妻を迎え入れた。いつものように、エドは黒いアタッシェケースとカメラ、テープレコーダーを持参した。ドナは、アンジーとコーヒーを飲んでいたキッチンへ二人を通し、全員が自己紹介をした。エドはまず、ドナとアンジーから話を聞き、すぐにアナベルのことを把握した。人形はどこにあるのかとエドは尋ね、二人は居間へ案内した。エドは無邪気そうに見える小さな人形をソファーから持ち上げて調べ、また質問に戻った。そして三人それぞれの話を総合し、ある結論を導いた。

「ここでは誰も霊的なものを見てはいない」[17]とエドは切り出した。「だがルーは、攻撃される前に部屋で何かの気配を感じたと言っている……」ここでアンジーが割り込み、自分とドナはアパートに人形と一緒にいるのが耐えられないので、ここを出て別のアパートを探すつもりだと言った。するとエドは、引っ越しても無駄だろうと告げた。その言葉の意味をドナが尋ねると、「ようするに、きみたちは迂闊にも、このアパートへ――そしてきみたちの日常に――霊を招き入れてしまったんだ」とエドは答え、続けて「そう簡単に霊から逃れることはできない。だが我々が力になれると思う、さっそく今日これからでも。まずはクック神父に電話をして、ここへ来てもらおう」[18]と言った。アパートへ来て悪魔祓いをすることをクック神父が了解してくれたので、エドはふたたびテーブルに戻り、アンジー、ドナ、ルーの三人に状況を詳しく説明することにした。

「そもそも、アナベルなどいないんだ！　初めから存在しない。きみたちは騙されたんだ。ただ、我々が向き合う相手は、たしかに霊だ」とエドは断言した。「きみたちが留守のあいだに起きた人形の念力移動《テレポーテーション》、パーチメントに書かれたメモの出現、象徴的《シンボリック》な三滴の血や人形がとった体勢、そのすべてに意味がある。それらは意図の存在を、起きた現象の裏で知性が働いていることを物語っているんだ。だが幽霊は――つまり人間の霊は――単純だから、そのような現象を、しかもそこまで強く引き起こすことはできない。彼らにはそんな力はない。ここを支配しているのは人間ではないもの……悪魔だ。普通は、人が悪魔的な霊にさいなまれることはない。みずから招き入れるような何かをしない限りはね。だが残念ながら、きみたちは悪魔を招き入れるようなことをしてしまったんだよ」[19]

　エドはさらに、看護師たちがラガディ・アン人形に注意を向けすぎたのがまちがいだったと説明した。それは、彼女たちの気を引くための悪魔の手口だった。悪魔の誘惑を最初に封じてしまわず、ドナとアンジーは自分の好奇心に――それによって悪魔に――負けてしまった。彼女たちが霊媒を呼び入れ、悪魔の霊がラガディ・アン人形に宿るのを許した時点で運命は決まったのだ。

「人の心と体を真に乗っ取るためには、悪魔はどうにかして相手からその許可を得なければならない」とエドは説明した。「そしてきみたちは不運にも、みずからの意志でその許可を与えてしまった。それはまるで、狂暴な相手に弾丸入りの銃を手渡すようなものだ[20]」と。アナベルなど存在しなかったし、人形に何かがとりついていたわけでもない。二人を騙して心身を乗っ取る許可を得るために、悪魔が幻想をつくりだしたのだ。

「きみたち全員が支配される恐れがあった。それが悪魔の真のねらいだったんだ」とエドは語った。「ところが、まやかしを信じないルーは、悪魔にとってつねに脅威だった。なんらかの形で対決しなければならない。それで何が起きたか。まず、ルーを絞殺しようとした。それが失敗に終わると、今度は彼を切りつけ、シンボリックな爪跡を残した[21]」エドは三人に、ロレインと自分はかつて別のケースでも同じ爪跡を見たことがあるが、それはまちがいなく悪魔の印だと言った。

そのとき、クック神父が到着した。ウォーレン夫妻は神父に、悪魔の性質と、それが若い三人をどのように悩ませたか、そしていまは悪魔憑きの三段階（侵入、憑依、支配）の第一段階にあることをざっと説明した。実際にお見せしましょうかと言うと、「いや結構。やるべきことをやってしまいませんか？[22]」とクック神父は答えた。そして彼はアパートの部屋ひとつひとつ、その場にいるひとりひとりに対し、時間をかけてじっくりと聖公会式の悪魔祓いの祈りをとなえた。それは悪霊を追い払うというよりも、この場所に神の力を吹き込むための祈りだった。ここにはもう悪魔はいないとロレインは断言したが、それでもドナは、ラガディ・アン人形を持ち帰ってほしいとウォーレン夫妻に頼んだ。

どうやら、ドナがそう求めたのは賢明だったようだ。帰宅途中、ウォーレン夫妻の車は何度もエンストを起こし、エドが人形に十字架の形に聖水をふりかけるまでそれが続いた。[23] アナベル人形はそのあと数日間をウォーレン家で過ごし、椅子から浮かび上がって、いろいろな部屋に出没していたようだ。人形のそばに、どこからともなく黒猫があらわれることもあった。ある日の晩、米国聖公会の教会員と会っていたロレインが帰宅すると、人形は彼女に向かって唸り声を上げた。またあるときは、ロレインが留守電のメッセージを確認すると、ヘイガン神父からの二件のメッセージの合間にその恐ろしい唸り声が入っていた。

その後の何年間かで、ほかにもアナベル人形と関わったあとで不運に見舞われる人が出たようだ。ウォーレン夫妻のもとを訪れたあるカトリックの司祭が、冗談で人形をけなした。エドはやめたほうがいいと制止し、司祭が帰るさい、ロレインは運転に気をつけてと忠告した。その後まもなく、夫妻は司祭から電話を受け、ロレインが運転に気をつけるようにと言った理由を尋ねられた。車の制御がきかなくなり事故が起きるかもしれないとわかっていたからよ、と彼女は答えた。すると司祭は「そのとおりになった。ブレーキがきかなくなり、危うく事故で死ぬところだった。車はめちゃめちゃだ」[24] と言ったという。

また、ある日エドが、オカルト的な要素がありそうな殺人事件について地元警察の刑事と話をしていたとき、長距離電話が入ったから二階へ来てとロレインに呼ばれた。その場を離れる前に、オフィスにあるものを自由に見ていいが、絶対に触ってはいけないとエドは刑事に警告したのだが、彼が五分後に戻ってきたとき、刑事は真っ青な顔をして、あの人形は「本物《リアル》」[25] だとつぶやいた。それ以降、相談は刑事のオフィスで受けるようになった。ところで問題の人形だが、それはいまもウォーレン・オカルトの博物館にあり、「警告、絶対に開けないこと」と注意書きが付されたケースに入れて保管されている。

一九七七年、ホジソン一家はノース・ロンドンのエンフィールド区、グリーン・ストリート二八四番地に住んでいた。一家のあるじ、四七歳のペギーは数年前に離婚し、生活保護と元夫からの養育費で生活を維持していた。子どもは男女二人ずつ、一三歳のマーガレットと、一一歳のジャネット、一〇歳のジョン、そして七歳のビリーの四人。

八月三〇日の夜、そんなホジソン一家の生活が一変する。ジョンとジャネットが二階の寝室へペギーを呼び、ベッドのひとつが揺れていると訴えた。そのあと数えきれないほど起きる出来事の、それが始まりだった。だがこのときペギーは、子どもたちがふざけているのだろうと思って真に受けなかった。翌日の夜の九時半、ペギーが長女マーガレットと末っ子のビリーに寝る支度をさせているとき、ジャネットとジョンが自分たちの部屋で話している声が聞こえた。もうとっくに寝ているはずの時間なのにと苛立ちながら、「何をしているの」とペギーが暗い部屋に踏みこむと、ジョンとジャネットは、床の上で椅子が動いているような音が聞こえたと言った。その部屋から椅子を引っぱり出し、また電気を消して出ていこうとしたそのとき、ペギーの耳にも音が聞こえた。ふたたび明かりをつけて部屋を見まわすが、何も変わったことはなさそうだった。ところが電気を消した瞬間、また音が聞こえた。今度は、スリッパをはいて床をすり足で歩いているような音だった。そのとき、ペギー、ジャネット、ジョンの三人は、壁をノックする大きな音をはっきりと聞いた。ペギーがその場に立ち、何が起きているのか納得のいく説明を見つけようとしていたとき、驚いて見つめる三人の目の前で、重たい整理《チェスト》だんすが床を滑るように五〇センチほど移動し、寝室のドアから廊下へ出ていった。かと思うと、向きを変え、戸口をふさいでしまった。押しのけようとしてもびくともせず、目に見えない力で反対側から押されているようだったとペギーは語った。やっとのことでチェストをわきに押しやると、ペギーは子どもたちのシーツと毛布をつかみ取り、一階に降りるようにと全員に命じた。[27]

子どもたち四人が居間に集まったところで、隣のノッティンガム家の明かりがついているのに長女マーガレットが気づいた。まだ起きているに違いない。そこで一家は、このさい助けを求めるしかないと判断した。

ペギーが隣家へ行って話をしても、ヴィクとマギーのノッティンガム夫妻は、内心では疑いながら聞いていた。ちょっと見に来てもらえないだろうかと頼まれたヴィクは、わかったと隣へ行き、妻と二〇歳になる息子ゲイリーもついてきた。彼らは屋根裏も含めて家じゅうをくまなく調べ、そのあと同じように庭も調べた。そして屋内に戻った直後、壁を四回ノックする、くぐもった音が聞こえた。ノッティンガム一家の耳にもそれは聞こえた。壁の反対側で叩いているように聞こえたが、急いで外に出てみても、家のわきの路地には誰もいない。そこでまた家に入ると、ふたたびノックが始まったが、今回はヴィクが家のなかを移動するのについてまわるように、壁から壁へと音も移動した。まるで壁の向こう側に誰かがいて、なかへ入ろうとしているかのようだった。これで、その場にいる全員が不思議な現象を確認したわけだが、どうすればいいかわからず、警察に通報することにした。

キャロリン・ヒープス巡査と彼女の相棒は、グリーン・ストリート二八四番地に到着するとまず、ホジソン家とノッティンガム家の計七人から事情聴取をし、そのあとペギー・ホジソンに案内されて二階の整理《チェスト》だんすを見にいった。ヴィク・ノッティンガムは、また動くかどうか明かりを消してみることにした。すると、驚いたことにチェストは本当に動きだし、ヒープス巡査も相棒もそれを目撃した。その直後、四回のくぐもったノックの音も聞こえ、二人の巡査があらためて屋内を捜索したが、何も見つからなかった。だが居間に戻ったとき、一〇歳のジョン・ホジソンが「あれを見て」とヒープスに指し示す方向を見ると、肘掛け椅子が前後にぐらぐらと揺れていた。と、また別の椅子が床を一メートル近く滑ってキッチンの方へ移動し、八人は目を丸くしてそれを見つめた。[28] ペギーとヴィクと同様、巡査たちもまた何をすればいいかわからなかった。なにしろ、なんの犯罪も起きていないのだから。彼らはホジソン一家に科学者に相談するよう勧め、夜半過ぎに帰っていった。ペギーは居間に一時しのぎの宿営地をつくり、一家はその晩、そこで眠りにつこうとした。

もしもそれ以上何も起きなかったら、ホジソン家とノッティンガム家の人々はすぐに八月三一日の出来事を頭から追い出し、いつもどおりの暮らしに戻っていたに違いない。ところが翌朝、末っ子ビリーのビー玉とレゴブロックが、まるで誰かが放り投げているように勝手に宙を飛びはじめた。ペギーはノッティンガム夫妻を呼びに隣家へ走り、夫妻はふたたび助っ人としてやってきたが、今回はマギーの父親のリチャードソン氏も一緒だった。彼らはこの空飛ぶおもちゃを目撃しただけではなく、ビー玉がリチャードソン氏の頭をかすめるように通過し、かろうじて直撃をまぬがれた。氏が床に落ちたビー玉を拾い上げると、指が火傷しそうなほど熱かったという。[29]

これらの怪現象――動く家具に、自力で飛んでいるかに見える物――は、ほぼとぎれることなく九月四日日曜日の晩まで続き、そのころにはペギー・ホジソンもすっかり途方に暮れていた。警察は親身になってくれたが、役には立たない。そこで彼女はデイリーミラー紙（タブロイド版日刊紙）に電話をかけ、家で起きた不可解な出来事について報告した。記者のダグ・ベンスとカメラマンのグレアム・モリスが駆けつけてみると現場は驚くほど平穏で、二人は夜通し詰めていたが、九月五日月曜日の朝を迎えるころには、時間の無駄だったと感じていた。二人は一家に別れを告げ、外へ出て車へ向かった。ところが彼らが玄関のドアを閉めたとたん、レゴブロックの猛攻撃が再開した。リチャードソン氏が急いで外へ出て、走り去る寸前の二人を連れ戻した。

ニコンのカメラのシャッターを切りながら屋内に駆け戻ったグレアム・モリスは、角のとがった大型のレゴブロックに頭を直撃され、痣ができた。その瞬間に撮った写真から、彼に向かってブロックを投げつけることが可能な位置にいたのは、記者のベンスとペギー・ホジソンだけだったことがのちに判明する。しかし、そのときベンスの両手はポケットのなかにあり、ペギーは腕を組んでいた。

ベテラン記者のジョージ・ファローズが応援にやってきたときには、ホジソン家は空っぽだった。精神的打撃を受けた一家は、同じグリーン・ストリートにあるペギーの兄弟の家へ避難していたからだ。ファローズはすぐに彼らを追いかけて、最初から経緯を話してほしいとペギーに頼んだ。

「その話は本当だと思います。私は専門家ではありませんが、この手のことに関する本はいろいろ読んでいます」聞き終えると、ファローズは言った。「あなたの家で起きているのは、おそらくポルターガイストでしょう[30]」

ファローズは〝ポルターガイスト〟についてペギー・ホジソンに説明したが、それは一九五八年にアメリカのニューヨーク州シーフォードに住むハーマン一家（『ポルターガイスト』のモデルとなった一家）が受けた説明とほぼ同じだった。彼はペギーと子どもたちに、自分もあなたがたの家についていって何時間か一緒にいるから、そのあいだに少し休養をとってはどうかと勧めた。

グリーン・ストリート二八四番地へ戻って三〇分ほどたったころ、またノックが始まった。音の発生源は見つからず、ファローズはペギーに、この手の事象の調査経験をもつ組織に連絡してみると言い、通りの端にある公衆電話へ行き、心霊現象研究協会（SPR）に電話をかけた。SPRは一八八二年にケンブリッジで設立された、広く世に認められるれっきとした組織で、そのメンバーには、マリー・キュリー、アーサー・ケストラー、コリン・ウィルソン、さらには英国の首相アーサー・バルフォアまで、歴史に名を残す錚々たる面々が名を連ねていた。[31]

一時間後、グリーン・ストリート二八四番地の前に一台の赤いジャガーがとまり、頭のはげかかった、眼鏡にカイゼル髭の男が玄関にあらわれた。これがホジソン一家とモーリス・グロスとの出会いだった。五八歳の発明家で、ダンケルク（第二次世界大戦でドイツの侵攻を受け、イギリス軍が大撤退したフランス北部の海港）からの撤退者であるグロスは、娘の悲劇的な死をきっかけに、一年前から超心理学の研究に身を投じていた。一家に自己紹介をしたあと、彼はさっそくSPRの三つのプロトコルに則って、このケースは調査に値すると判断し、ポルターガイストは一般に思われている以上によくある現象で、すぐにおさまる可能性が高いと言って一家を安心させ、超常現象らしきものが起きたらすべて記録しておくようにとペギーに告げた。

九月五日月曜日から七日水曜日までは、モーリス・グロスが思いがけない幸運をもたらしたようだ。

ジョンは寄宿学校へ戻ることができ、異常なことは何も起きなかった。ところが、木曜日の午前一時一五分、グロス、ジョージ・ファローズ、さらにデイリーミラー紙から来ていた二人の男性が二階の踊り場で寝ずの番をしていたとき、ジャネットの部屋で大きな音がした。すぐにドアを開けて駆けこむと、ベッドの横に置かれていた椅子が、元の場所から一メートル以上離れたところで逆さになっており、ジャネットはすっかり眠りから覚め、怯えていた。さらにその一時間後にまた同じことが起き、カメラマンのデイヴィッド・ソープは、ふたたび位置を変えた椅子を写真におさめることができた。このときジャネットはずっとベッドにいて、ぐっすり眠っていたようだ。[32]

それから数日間、グロスは飛ぶビー玉やわけもなく鳴り出すチャイム、何度も開閉するドア、飛び交う衣類などをその目で目撃する。九月一〇日土曜日には、LBC（ロンドン放送）の「ナイトライン」というラジオ番組に、モーリス・グロス、ペギー・ホジソン、隣人のマギー・ノッティンガムが二時間半にわたり出演した。その後まもなく、グロスは同じくSPRのメンバーであるガイ・ライアン・プレイフェアから、支援を申し出る電話を受けた。二人は結局、一年以上をエンフィールドのホジソン家で過ごして何千という超常現象を記録し、何百もの現象をじかに目撃し、プレイフェアはそれらをまとめた著書『This House is Haunted（悪霊にとりつかれた家）』を一九八〇年に出版することになる。

グリーン・ストリート二八四番地で起きたポルターガイスト現象はあまりにも頻繁で激しく、しかも長期に及んだため、時系列で語ったり個別の現象を掘り下げたりするのは不可能だった。すり足で歩くような音や、動く家具、依然としておさまらないビー玉やレゴブロックの嵐に加え、いっさいの論理的説明を否定するかに見える現象も起きた。物が〝非物質化〟し、壁や天井をすりぬけるのだ。たとえば、どこからともなくコインがあらわれ、グロスの頭に落ちてきた。また、テーブルやキッチンの設備など、大の大人でも容易に動かせないようなものが、突然ひっくり返ったり、かなりの距離を移動することもあった。これらの現象を、巧妙なトリック、ましてや子どものいたずらと見なすのは無理があった。そもそもドー一家（『エクソシスト』）やハーマン一家（『ポルターガイスト』）のケースでは、逆さまになったり宙に浮いたりした物体はつねに、子どもでも放り投げられそうな軽いものだった。さらにまた、数年にわたって、ホジソン一家をはじめ隣人たちや訪問者など多くの人々が、白髪の老婦人や青いコートを着た年配の紳士、幼い少年、長い爪をもつ男といった、さまざまな幻影を見ていた。近所のある女性は、ドアの陰から自分をのぞいているグロスの姿を見たが、その時刻に彼は別の場所にいたことがわかっている。[33]

グロスとプレイフェアは、何百時間分もの現象をテープレコーダーで記録することに成功したが、録音機器を持ってその家に入る者はほぼ全員、急なバッテリー切れや、なぜか音が歪むといった原因不明の誤動作を経験した。また、ポルターガイスト現象はグリーン・ストリート二八四番地だけで起きるとは限らなかった。ホジソン一家や訪問者たちについていき、隣のノッティンガム家やペギーの兄弟の家、さらにはモーリス・グロスの自宅でも起きているのだ。

マーガレットとジャネットは毎晩何度もベッドから投げ出され、家族を含めた多くの人々が、二人の少女がマットレスから離れて宙に浮くのを目撃した。ときには天井近くまで高く浮かび上がることもあった。目撃者のうち二人は、グリーン・ストリートを通ったさい、ジャネットの体が浮揚して上下に動くのを寝室の窓越しに見ている。あるとき、宙に浮くジャネットの姿をグレアム・モリスが撮影したのは有名な話で、象徴的なその画像はいまなお議論と論争の火種となっている。また、ひとりでに発火する現象も何度か起きている。グロスとプレイフェアは、「イエス」ならノック一回、「ノー」なら二回で答えてほしいと霊とのコミュニケーションを試み、この方法でやりとりが始まることはたびたびあったが、すぐに混乱状態におちいり、うまくいかなかった。

そのうちに、まずジャネットが、次いでマーガレットが、喉の奥から絞り出すようなしわがれた男の声で語りはじめた。初めのうち、二人がその声で話すのは誰も見ていないときに限られていたが、しだいに誰かがいてもかまわずに話すようになった。声の主は、ヴィク・ノッティンガムの死んだ父親フレッド（フレディ）、もしくはトミーという五歳の少年のいずれかを名乗った。モーリス・グロスに、自分の口からその声が出ているときはどんな感じなのかと尋ねられたマーガレットは、「ただ喉が振動するだけ」で「真後ろに何かがいるような感じ」[34]だと答えた。

少女たちのトリックを疑う要素は、たしかにいくつもあった。この家を訪れたプロの腹話術師レイ・アランはすぐに、少女たちが基礎的な腹話術を使っていると確信した。また、SPRの他の二人のメンバーが少女たちのトリックを嗅ぎつけるのにさほど時間はかからなかった。心理学および超心理学の専門家であるアニタ・グレゴリーとジョン・ベロフは、密かに隣の部屋にビデオカメラを仕掛けておき、ジャネットがこっそりスプーンを曲げ、鉄の棒でも同じことを試みているようすを撮影した。さらに、マットレスから跳ね上がる練習をしているようすも映像にとらえたが、その姿はまるで浮揚しているように見えた。[35]不思議なことに、グレゴリー、ベロフ、プレイフェアの三人はともにSPRのメンバーで、しかもプレイフェアは自身の著書で、スプーン曲げを悪魔憑きの証拠として挙げているにもかかわらず、仲間による発見については何も触れていない。
一九五〇年代のハーマン一家（『ポルターガイスト』）とは異なり、ペギー・ホジソンは、いまやアメリカ奇術師協会の会長となったミルボーン・クリストファーを家に入れて調査させることになんの支障も感じなかった。だが、それはもしかすると、ペギーがクリストファーを「エリック・ホワイト」という男だと思っていたからかもしれない。素性を明かせば一家の行動に影響を及ぼすかもしれないと、クリストファーとプレイフェアが共謀し、この偽名をでっちあげたのだ。
その晩、ジャネットがベッドに入った直後、例の妙な声が出はじめた。モーリス・グロスが少女の口に大きな絆創膏《ばんそうこう》を貼ったが、それでも声はやまなかった。ジャネットの部屋のドアを大きく開け放ったまま、プレイフェアはわざと大きな足音をたてて階段を途中まで下り、それからそっと引き返し踊り場まで到達したとき、「出ていけ！」[36]という怒りに満ちた声が二階から聞こえた。何かが起きると確信したプレイフェアは、足音をしのばせて一階へ下り、自分の代わりにクリストファーを上に行かせたが、結局は何も起きなかった。クリストファーはのちに、プレイフェアにこう語った。「きみが下におりて、ぼくがあそこにいたとき、（ジャネットが）そっと――物音ひとつたてずに――階段の下を見にくるのを待って……ぼくはその瞬間、空中にぱっと光を放ったんだ。マジシャンがよく使う手だよ。すると彼女はすぐに手を引いた。だからぼくは、あとは何も起きないだろうと考えた……あの子は階段に誰かいないか確かめにきたんだと思う。いないとわかったら、何かが起きていただろうね」[37]
一九七八年一月、プレイフェアは少女たちを現行犯でとらえた。ある朝、二階に置いてきたテープレコーダーが、あとで取りにいくとなくなっていた。三〇秒ほど探したのち、そばにある戸棚のなかで見つかったが、テープを再生してみると、ジャネットがレコーダーを手に取って戸棚にしまいこむ音がはっきりと録音されていた。プレイフェアがレコーダーを持って一階へ行きジャネットに見せたところ、その表情から、彼女のしわざであることは一目瞭然だった。モーリス・グロスは、そのあとジャネットを厳しく叱った。その数日後、ドアを開け放った寝室の外に立っていたプレイフェアは、マーガレットの手がベッドのヘッドボードの裏を探っているのを見た。すると、その手がドアの端をつかんでぐいと押した。プレイフェアは、ドアがバタンと閉じないよう足を差し入れて、また扉を開けておいた。そのあと部屋に入っていくと、マーガレットはベッドに横たわり、眠っているように見えた。[38]

霊らしきものに自分たちの生活がかき乱されているこの状況で、それが悪い冗談か何かのようにさらにいたずらまでするとは、少女たちはいったいどういうつもりなのか？　この二つの出来事に、プレイフェアは腹を立てたに違いないが、彼はそれを理性的に分析し、この家には実際に霊がとりついているという従来の考えを変えることはなかった。それどころか、ジャネットの悪ふざけについて彼はのちに、「私はすぐにいたずらを見抜いた。ということは、それ以前にもいたずらがあったとしたら、それも見抜いたはずだと考えるようになった。また、ジャネットはさほど問いつめなくとも白状したことから、根っからの嘘つきではないと思われた[39]」と記している。同様に、ドアを閉めるところを見られたとき、マーガレットに驚いたようすはなく眠っているようだったので、無意識に閉めたに違いないとプレイフェアは信じた。ベロフ、グレゴリー、アラン、そしてクリストファーによる調査結果に照らして考えると、「超常現象はそれが起こりうると信じる者の目の前でしか起きないことが明らかになってきた[40]」というプレイフェアの認識は、妙に無頓着に思える。

しかし、ある出来事はとりわけ、世界的陰謀論以外のあらゆる論理的解釈を超越していた。ジャネットの部屋からおかしな音が聞こえてきたので、たまたま訪れていた隣人のマギー・ノッティンガムが見にいってみると、一二歳の少女はぐったりと疲れたようすでベッドに横たわっていた。「ああ、疲れた！　いま壁を通り抜けたの……」とジャネットはマギーに言った。「おばさんの部屋に入ったら……真っ白だった[41]」

マギー・ノッティンガムはいつものように、ジャネットの言うことを信じた。この少女が自分の家の寝室に一度も入ったことがないのを知っていたからだ。それに、その部屋にはまぶしいほど白い壁紙が貼られていた。もう一度試してみてとジャネットに言って、マギーは自宅に戻り、二階にある寝室へ向かった。部屋には誰もいなかったが、ベッドの横の床に『子どものための楽しい遊びとゲーム』という本が置かれているのに気づいた。ノッティンガム家にはない本だが、それが何かはすぐにわかった。ほんの数分前に、ジャネットの部屋のマントルピースの上で見た本だ。こんなに短い時間で、いったいどうやって壁をすりぬけて家から家へ移動したのか、まったく理解できなかった。また、少女たちに重たい家具を事もなげに放り投げることができたとは信じがたいし、モーリス・グロスも「それらの事実の目撃者は三〇人を下らない。ホジソン一家、ノッティンガム一家、バーコム一家（ペギーの兄弟の一家）……加えて、一家の友人に近隣住民、親戚、さらに警察やジャーナリスト、地元の商人、ソーシャルワーカーといった多くの人々が見ている……。それ以上、どんな証拠が必要だというのか？[42]」と語っている。

結果的に、超自然的なものの存在を信じる人の多くは、エンフィールドのポルターガイスト事件を超常現象が実際に存在する証拠ととらえたが、一方で懐疑的な人々は、エネルギーを持て余した二人の少女が、見ている方が心配になるほど信じやすい二人の超心理学者をまんまと騙した悪ふざけとして一蹴した。どちらの側にも、自分の見解に合致する事実のみに光を当て、そうでないものを無視する、いわゆる〝確証バイアス〟の傾向がある。こんにちに至るまで、エンフィールドのポルターガイスト現象については、双方の側が主張するほど明快な答えは出ていない。じつに驚くべき物語なのである。

当然ながら、一九七七年から七八年にかけて数多くの超能力者たちがホジソン家を訪れ（なかには、はるばるブラジルからやってきた者もいた）、起きている事象に関する多種多様な解釈と、まったく役に立たないアドバイスを提供した。そして、最後のほうに訪れた人々のなかに、コネティカット州からやってきた夫婦――自称〝悪魔研究家〟の夫と、その妻で拍子抜けするほど感じの良い霊媒――がいた。

エド&ロレイン・ウォーレン夫妻がグリーン・ストリート二八四番地を訪れた一九七八年の夏には、嵐のごときポルターガイスト現象は、すでに五月雨ていどにおさまっていた。グロスとプレイフェアが行なったように、エド・ウォーレンもジャネットを通じて霊と話をしたと本人は主張している。「きみは誰？」とエドが尋ねると、声はジャネットを介して「フレッ…ディ」[43]と答えた。「そうか、フレディか、へえ？」と、エドがその答えをあやしみ、「本当の名前は？」[44]と尋ねると、霊は吐き出すような不快な音を返した。さらに促され、自分は五〇〇歳だと主張したが、そのうちに別のキャラクターに――トミーという幼い少年に――変わった。「トミー、この家でいやなことが起きないようにするには、どうすればいいと思う？」とエドが尋ねると、「ゴーストたちを殺しちゃえばいいんだよ！」[45]と少年は答えたという。

トミーはさらに、この家には自分とフレディ、ビリー、チャーリー、ディックの五人の霊がいるとエドに伝えた。その後どうやら、またフレディに戻り、エドとのあいだで堂々巡りの会話がしばらく続き、いま何月だと思うとエドが尋ねると、おれはアメリカ人が嫌いだ、テープレコーダーを叩き割ってしまえとフレディは要求した。エドは最終的に十字架を突きつけ、「十字架を見たからには、きみはもう長くはここにいられない」[46]と言い、「次に私がここへ来るまでに消えたほうがいいぞ、フレッド。次に来るときには、すこぶる腕のいい悪魔祓い師《エクソシスト》を連れてくるからな。きみがけっして関わり合いになりたくないような相手だ」[47]と告げた。

しかし、ウォーレン夫妻がふたたびグリーン・ストリート二八四番地を訪れることはなかった。それどころか、彼らはアメリカへ戻ってある作家と契約を結び、マーガレットとジャネットが一九七六年にウィジャボードで遊び、自分たちの家に霊を呼び入れたとする本を書かせた。夫妻によれば、アナベル人形に苦しめられたコネティカット州の看護師たちと同じように、二人の少女は騙されて悪霊を家に招き入れてしまった。また、エド自身の記憶では、彼はエンフィールドに一週間滞在したことになっているが、ガイ・ライアン・プレイフェアはこれに反論し、夫妻がホジソン家に滞在したのはたった一日だったと主張している。

「彼らはたしかに、一度エンフィールドにやってきたと思います。覚えているのは、エド・ウォーレンに、この一件できみを大儲けさせてやれると言われたことです。それで私はなるほど、それだけ聞けば十分だ、と思い、彼とは関わらないようにしたのです。それはあまり感心しませんね、と私は答え……彼があの家を訪れたのは、そのときだけだったと思いますよ。いつだったか、長々としたインタビュー記事を読んだことがあります。彼が少女たちのひとりに行なったというインタビューの内容が書かれたものでしたが、彼女たちはそれを思い出せませんでした。ありとあらゆる驚くべき怪現象が語られていましたが、私はそれが実際に起きたことだとは思いません[48]」

『ウィッチ』(二〇一五年)
『ライトハウス』(二〇一九年)
セイラムの魔女裁判
スモールズ灯台の悲劇

ロバート・エガースは、過去の出来事にインスピレーションを得た作品で、ホラー映画監督として名を成した。彼が世に送り出した最初の長編作品である『ウィッチ』と『ライトハウス』はいずれも、孤独と狂気を描いた、見る者の心をざわつかせる不穏な物語だ。二つの作品はそれぞれ、一六九二年から九三年にかけて行なわれたセイラムの魔女裁判と、一八〇一年に起きたスモールズ灯台の悲劇という忌まわしい史実に基づいている。

二〇一五年、アメリカの映画制作者ロバート・エガースは、監督デビュー作となる『ウィッチ』で批評家や観客の喝采を浴びた。一七世紀のニューイングランド地方を舞台としたこのサイコロジカル・ホラー映画は、製作費四〇〇万ドルの一〇倍の興行収入を上げ、ホラー映画の傑作である『エクソシスト』、『悪魔の棲む家』、『ポルターガイスト』にも匹敵する評価を得た。こうして、それまで無名だった三二歳のエガースは、一躍、世界で最も有望な映画監督のひとりとなったのである。

『ウィッチ』は、ニューイングランドに住むピューリタン（新教徒）一家をめぐる物語だ。村から追放され、深い森のなかにぽつんとある農地への移住を余儀なくされた一家は、ある日、まだ洗礼を受けていない赤ん坊のサミュエルがさらわれたのをきっかけに、混乱の渦へ巻きこまれていく。さらに不可解な不運に見舞われた一家は、自分たちが魔術によって苦しめられていると思いこむようになり、非難の応酬が行なわれるうちに、長女トマシンに魔女の疑いがかかる。やがて家族は内側から崩壊し、トマシンを除く全員の死と、ブラックフィリップという名をもつ恐ろしいヤギとの不吉な対峙で映画は終わる。

エガース監督は次なる成功を急ぐことなく、第二作『ライトハウス』は四年以上の時を経て発表された。前作と同様、こちらもニューイングランドを舞台としたサイコロジカル・ホラーである。この一九世紀の物語は批評家の称賛を得て、アカデミー賞の撮影賞にノミネートされた。撮影監督ジェアリン・ブラシュケは、この作品を白黒で撮影し、閉塞感を強調するために横幅を狭めた一・一九対一のアスペクト比（縦横比）を用いたが、この比率で撮影された映画はフリッツ・ラングの『M』以来である。

若い灯台守イーフレイム・ウィンズローは、ニューイングランド沖の離れ小島にある灯台での四週間の任務に派遣される。島へ到着した彼は、トーマス・ウェイクという年老いた短気な灯台守と対面する。これからしばらく共に過ごす唯一の仲間だが、二人は最初から反りが合わず、嵐で島に閉じこめられ、奇怪で超自然的な出来事が次々と起きるうちに、ウィンズローは深い狂気におちいっていく。

『ウィッチ』は、歴史に忌まわしい名を残したセイラムの魔女裁判と、それを生んだピューリタン文化をベースとした作品で、ブラックフィリップの特徴やヤギと悪魔とのつながりは、ヨーロッパ大陸の美術や文学に根差したものだ。一方の『ライトハウス』は、ウェールズ南西岸沖で一八〇一年に起きた「スモールズ灯台の悲劇」をベースにして描いた作品だ。二つの映画は異なる世紀が舞台だが、どちらも歴史を振り返り、孤独のなかで困難や奇妙な現象に直面したときに、ごく普通の人々がどう考え、何を信じるのかに目を向けている。

『ウィッチ』で不運なピューリタン一家が発する言葉はすべて初期近代英語で、灯台守トーマス・ウェイクの発音や語彙、言い回しは、イングランド西部地方の船乗りの方言を連想させる。両作品はまた、何かが起きたときに「迷信」(いわゆる「魔女」の性質や所業に関する迷信や、海とそこに生息する生き物に関する迷信)が、いかに主人公たちの予想や解釈に影響を与えるかにも着目している。さらにエガース監督は、『ライトハウス』でウィレム・デフォーとロバート・パティンソンが演じたキャラクターは、ギリシャ神話の海神プロテウス(「海の老人」と呼ばれる)と神々から火を盗んだプロメテウスがモデルだと語っている。数々のインスピレーションをたくみに組み合わせてつくりあげた二作品はじつに独創的で、シュールで、いかようにも解釈ができる。エガースは二〇一〇年代で最も称賛されたホラー映画制作者であり、彼の登場によって、歴史に刻まれるホラー映画の傑作が今後も誕生することがほぼ確実となった。

ボストンの北東約二〇キロ、ダンバーズ川の河口に位置するマサチューセッツ州セイラムの町は、一六二六年にピューリタンが入植した場所だ。もともとはナアムキーグという名だったが、不毛な土地に植民地が建設されると、まもなく漁業と農業がさかんな町となり、一六二九年、「平和」を意味するヘブライ語の「shalom」にちなんで「Salem（セイラム）」と改名された。一六九二年に行なわれた悪名高き魔女裁判のおもな舞台となったのは、この町のはずれにある別の入植地、セイラム村である。

一六九一年一二月、セイラム村の若い女性と少女合わせて八人が謎の「ディステンパー（心身の異常）」に悩まされ、痙攣や体の奇妙な歪みに加えて、叫び声を上げる、意味不明な言葉を発する、部屋じゅうに物を投げつけるといった症状を示した。説明のつかないこの異常行動に地元の医者たちが困惑していた一六九二年二月、医者のひとりウィリアム・グリッグスが魔術の可能性に言及した。三九歳になるセイラム村の牧師サミュエル・パリスは、最初のうちそれを一笑に付したが、やがて彼の娘で九歳のベティー、次いで一一歳の姪アビゲイル・ウィリアムズにも同じ症状があらわれる。そのためパリスは近隣教区の牧師を招集したが、焦らずしばらく様子を見るよう説得された。[1]

ピューリタン文化には、ずっと前から魔女狩りの種が蒔かれていた。ヨーロッパの歴史にはその前例があり、教会や神権国家の統治者たちが異教信仰を根絶しようとしたことから、一四九〇年代から一六五〇年代にかけて、火刑や絞首刑により推定五万人が虐殺された。現代人にはそうした過剰反応がばかばかしく思え、当時のヨーロッパの人々にとって魔女がいかに恐ろしい存在であったかをつい忘れてしまうのだが、魔女が行なうとされた数々の恐ろしい行為のひとつに、まだ洗礼を受けていない赤ん坊の腸を使い、ほうきで空を飛べるようになる膏薬をつくるというものがあった。また、毒を盛るという話もよくあり、エリザベス朝時代のイングランドで魔女として告発されたある女性は、子どもたちに毒入りリンゴを与えたと噂された。[2]

啓蒙主義の夜明けとともに、従来の神中心の思想に代わって、科学的手法や非宗教的統治が台頭すると、旧世界では魔女狩りに終止符が打たれた。しかし、おもに英国国教会との信仰上の相違から新世界に移住したピューリタンたちは、そうした新たな文化の届かない隔絶された場所に住んでいた。さらにまた、彼らは出エジプト記二二章一七にある「呪術を行う女を生かしておいてはならない」(聖書協会共同訳)という言葉を、文字通り厳格に解釈していた。この言葉は神学的に魔女の存在を裏付けているばかりか、魔女への対処法まで示している。

ハーバード大学を出た学者で牧師のコットン・マザーは、有名な著書『Memorable Providences, Relating to Witchcrafts and Possessions(魔術および憑依に関する特筆すべき神の摂理)』のなかで、一六八八年に魔術が引き起こした「病気」にかかったとされる、ボストンのグッドウィン家の子どもたちについて記している。魔女のそしりを受けたのは、アン・グラバーという女性だった。オリバー・クロムウェルのアイルランド征服によって捕虜となり、奴隷として西インド諸島のバルバドス島へ売られた、アイルランドのカトリック教徒だ。カトリックの教義を捨てなかった夫が処刑されたのち、アンは子どもたちを連れてボストンへ逃れ、ジョン・グッドウィン家の使用人になった。あるとき、一三歳になるグッドウィン家の娘マーサが、布地を盗んだとアンの娘を責めたため、アンはマーサに大声で抗議をした。これが、彼女の苦難の発端となった。その直後、マーサとグッドウィン家のほかの子どもたちがそろって「病気」になったのだ。原因究明を任された医者は、子どもたちは魔術をかけられたのではないかと言い、当然ながら、手近なアン・グラバーに疑いがかかった。

魔術を使ったとして、アンは逮捕され裁判にかけられた。ゲール語が母語の彼女は、アイルランドの言葉とラテン語とが混ぜこぜになって「主の祈り」をうまくとなえることができず、これが「魔女は神聖なる言葉を発することができない」という俗信と符合した。さらに「霊的証拠」――幻覚や夢に魔女の霊があらわれたとする「犠牲者たち」による証言――も加わり、アン・グローバーは有罪判決を受け、一六八九年一一月一六日にボストンで公開絞首刑に処された。[3] グッドウィン家の子どもたちの「病気」はその後も続いたが、コットン・マザーはそれについて、「（魔術からの）解放を願う我々の期待に背くためではなく、あの忌まわしい者たちをさらに発見し根絶させるための、神のはからいであろう」[4]と言い抜けた。つまり、マサチューセッツ湾植民地には魔女がもっと存在し、それを徹底的に捜し出さなければならないということだ。コットン・マザーのこの残酷な信念が、その三年後にベティー・パリスとアビゲイル・ウィリアムズが見舞われる「病気」の解釈を左右する土台を築いたのである。

セイラム村で多発する「病気」に改善の徴候が見られないなか、サミュエル・パリス牧師の隣人メアリー・シブリーは、パリスの奴隷のひとりティトゥバを説き伏せ、粗挽きのライ麦粉とベティーの尿が入った「魔女のケーキ」を焼かせた。[5] メアリーはそのケーキを犬に与えたが、それは、もし少女たちが魔術をかけられているならば、その魔力が犬にも伝わり、魔女のところへ導かれていくはずだと考えたからだ。魔術に対抗する魔術として民間に伝わる「魔女のケーキ」をつくったと知ったパリスは激怒し、教会の信者が「悪魔と戦うために悪魔の手を借りようとするとは何ごとか。きっとそうやって、我々のあいだに悪魔が呼び覚まされたのだろう。悪魔の怒りは激しく恐ろしいものなのだぞ」[6]と諭した。ところがそのパリスも、しだいに娘と姪の「病気」は魔力によるものだと信じるようになり、お前たちを苦しめているのは誰なんだと、二人から無理やり聞き出そうとした。するとベティーとアビゲイルはグッドウィン家の子どもたちと同様、自分たちよりも社会的地位の低い使用人で、なおかつ民族性も異なるひとりの女性を槍玉にあげた。浅黒い肌をした、西インド諸島バルバドス出身のティトゥバだ。これは、ピューリタンたちが入植地の先住民は悪魔崇拝者だと考えていたこととも合致する。彼らがそう考えるようになったのは、おもに植民地の拡大が原因でアベナキ族インディアンとのあいだに紛争が起きていたせいだと思われる。少女たちはその後、さらに二人の女性——サラ・グッドとサラ・オズボーン——の名を挙げ、ティトゥバ、グッド、オズボーンの三人は、その霊が少女たちのもとを訪れたとの容疑で一六九二年二月二九日に逮捕された。

ティトゥバが魔術を使ったという話を伝え聞き、トーマス・パトナムに雇われる一八歳の使用人マーシー・ルイスが、突如「病気」を発症した。ルイスの幼少期はまさに、植民地社会がたえずさらされていたに違いない恐慌状態そのもので、彼女は一六七六年にメイン州ファルマスで起きた、男性一一人、女性と子ども二三人が犠牲となった、アベナキ族による残虐な殺戮を生き延びていた[7]。雇い主のトーマス・パトナムはサミュエル・パリス牧師の親友で、パトナム自身の娘アンもまた、まもなく「病気」にかかる。三月になると、セイラムの四人の女性、メアリー・ウォルコット、メアリー・ウォーレン、エリザベス・ブース、エリザベス・ハバードが同様の〝悪魔憑き〟的徴候を示しはじめた。

このように目に見えて状況が悪化したことで、ピューリタンの悪魔狩り熱に火がつき、そこから同年に行なわれた一連の見せしめ裁判へとつながっていくのである。魔女として告発された者には、罪を告白し別の魔女の名を挙げるか絞首刑かの選択肢が与えられ、当然ながら、大半は前者の道を選んだ。それは魔女狩りの急増を意味し、その結果、一九人が絞首刑に処された。この茶番劇じみた忌まわしい裁きへの協力を拒んだジャイルズ・コーリーという男は、自白を強要され石責《いしぜ》めにあった。二日にわたる拷問のすえ彼は命を落としたが、最後まで屈することはなかった。[8]

集団的狂気がついに収束したのは、裁判がマサチューセッツ州最高裁判所に引き継がれた一九六三年一月のことだった。告発された五二人が裁判にかけられたが、うち四九人は無罪となり、有罪となった三人も処刑はされなかった。その年の五月には、ウィリアム・フィップス総督が刑の執行延期を命じ、魔女として告発された一五〇人以上が釈放された。[9]

心理学者のリンダ・キャポラエル博士は、サイエンス誌の一九七六年四月号で、論議の的ではあるが人々がいまなお好んで話題にするセイラムの魔女狩り騒動について、ピューリタンは向精神性の真菌——麦角菌《ばっかく》——による幻覚を見ていたのではないかという仮説を述べている。麦角菌はライ麦などの穀物に寄生し、麦角アルカロイドのイソエルギンは幻覚剤LSDの約一〇パーセントの効きめをもつ、アサガオの種子にも含まれる物質だ。つまり、問題の「病気」の初期症状は不慮の中毒によるもので、ピューリタンがそれを邪悪な魔術によって引き起こされたと思いこんだ可能性があるというのだ。しかし、「病気」の症状が断続的であった点が、麦角菌説が正しくない証拠として挙げられている。もうひとつの解釈は、おそらく麦角菌説よりももっと恐ろしい。それは、「病気」を社会の心理状態、いまで言う集団心因性疾患——つまり、ある種の社会的感染ととらえる見かただ。パリスの娘と姪も、村で「病気」にかかった他の多くの娘たちもみな、広く読まれた前述のコットン・マザーの著書に詳しく書かれた、グッドウィン家の子どもたちとまったく同じ症状を示したとされている。

『ウィッチ』のクライマックスは、魔女のそしりを受けた娘トマシンと、一家が飼育する大きく邪悪なヤギ〝ブラックフィリップ〟との対面シーンだ。ブラックフィリップはその直前、一家の父親を角で突き殺している。悪魔の顕現であれ、麦角菌による幻覚であれ、心底不気味なこのクライマックスシーンで、ブラックフィリップはトマシンの願いを聞き入れる。この映画に登場する他のシンボルと同様、エガース監督はブラックフィリップを豊富な歴史的情報をもとに描いている。この場合は、ヤギと悪魔のつながりにまつわるものだ。

悪魔とヤギを関連づけるのが一般的になったのは比較的最近のことで、そこには宗教的・歴史的背景がある。新約聖書の一節、マタイによる福音書二五章三一〜三三に、「人の子は、栄光に輝いて天使たちを皆従えて来るとき、その栄光の座につく。そして、すべての国の民がその前に集められると、羊飼いが羊と山羊を分けるように、彼らをより分け、羊を右に、山羊を左に置く」（聖書協会共同訳）とある。ここではキリストが羊飼いにたとえられ、彼の信者はヒツジの群れとして概念化されているが、それはヒツジが容易に誘導されやすい性質をもつ動物だからだ。それに対してヤギは扱いにくく、不愛想で、個人主義的な性質をもち、前述の一節でも、ヤギは神によって示された道に抗う者を表象している。『ウィッチ』でブラックフィリップ役を演じたヤギのチャーリーがまさにそうで、とにかく人の言うことをきかず、「暴れてほしいときに眠りたがり、じっと立っていてほしいときに狂ったように走りまわった」[10]という。

イギリスでは、ヤギ農家は下に見られていた。それにもかかわらず初期のイギリス人入植者が新世界へヤギを連れていったのは、ヤギには土地をきれいにするずば抜けた能力があり、また比較的小柄であるため一緒に移動しやすいからだ。歴史家のメアリー・ベス・ノートンは、「セイラムの記録にも、たしかアメリカにおける他の魔女裁判関連の記録にも、ヤギに関する記載はまったくない」[11]としているが、それはともかく、一七世紀のニューイングランドにおいて、ヤギは一般的な家畜だったと思われる。

じつは、イギリスやその植民地よりもむしろヨーロッパ大陸において、ヤギは魔女と密接に関連づけられており、研究者たちはこれについて数多くの説をとなえてきた。なかでも最も魅力的なのは、古代の「魔女」（実際には、ただの残存する多神教徒）が、ケルトの狩猟神ケルヌンノスと、角と二つに割れたひづめをもつギリシャの牧神パンのローマ版であるファウヌスとを融合させた、新たな「角のある男神」を崇拝しはじめたという説だ。勢力を拡大するキリスト教会と多神教徒との対立が、キリスト教の悪魔と異教のヤギ神との融合をもたらしたというわけだ。角をもつ悪魔は中世の宗教的肖像画によく見られ、中世後期には悪魔のようなヤギが描かれた木版画の傑作も数多く生まれたが、その代表格は、ドイツの画家ハンス・バルドゥング・グリーンによる、角の生えた獣に乗る裸の魔女を描いた作品だろう。

人々の意識のなかでヤギのイメージがはっきり悪魔と結びついたのは、一八世紀ないし一九世紀に入ってからだ。一七九八年、スペインのロマン派の画家フランシスコ・デ・ゴヤは、魅惑的な絵画『魔女の安息日』で、擬人化された一匹の大きなヤギが月明かりのなかで魔女の一団と浮かれ騒ぐさまを描いた。ゴヤはのちに、同様のテーマで『魔女の安息日、または偉大な山羊』を描いている。この流れは文学にも広がって、ほぼ同時期に、グリム兄弟の兄ヤーコプが『神様の動物と悪魔の動物』という民話を記述しており、そこに悪魔とヤギとのつながりがはっきりと示されている。

「神様はあらゆる動物を創り、オオカミを自分の犬に選んだ。そして悪魔は……ヤギを創った。ヤギは草地へ行ったが、いつも尻尾がイバラの垣根に引っかかり、悪魔はそのたびに行ってほどいてやらなければならならなかった。ついに腹を立てた悪魔は、ヤギの尻尾を残らず噛み切ってしまう。そうしてヤギを自由に草地へ放つと、あるとき果実の木をかじってだめにしてしまい、神様がそれに気づいた。心を痛めた神様はオオカミたちを呼び、オオカミはすぐにヤギたちを引き裂いた。それを見た悪魔は神様のところへ行き、「そなたが創った生き物が、私の生き物を殺した」と訴えた。すると神様は、「そなたはなぜ、害を及ぼす生き物を創ったのだ?」と尋ねた。悪魔は答えた。「そうするほかないのだ。私の心は邪悪な考えにとらわれているのだから、私が創るものが邪悪にならないわけがない」……(そして悪魔は)怒りにまかせ、生き残ったすべてのヤギの目玉を取り出し、そこへ自分の目を入れた。そういうわけで、ヤギはみな悪魔の目と、噛みちぎられた尻尾をもち、そして悪魔は好んでヤギの姿に化けるようになった[12]」

ヤギに化けた悪魔の最も象徴的なイメージは、エリファス・レヴィの一八五六年の著書『高等魔術の教理と祭儀』に描かれた邪神バフォメットから来ているのかもしれない。一九一〇年、そこからじかにヒントを得た半神半獣(顔がヤギ)の「悪魔」の姿が、ライダー・ウェイト版のタロットカードに描かれた[13]。

トーマス・ハウエルとトーマス・グリフィスが犬猿の仲なのは、ウェールズのペルブルックシャーでは有名な話だった。二人のあいだになんらかの遺恨があったのか、互いになんとなく癪に障るだけなのかはわからないが、年配の男と若い男は、人目もはばからずしょっちゅう言い争っていた。ハウエルとグリフィスはともに、スモールズ灯台の灯台守だ。この灯台は高さ約一二メートルの木造の塔で、[14]ウェールズの海岸から三〇キロほど離れた危険な岩礁に立っていた。建造を手がけたのは、リヴァプールの弦楽器製作者ヘンリー・ホワイトサイドで、彼は一七七七年、完成したばかりの灯台を見にいったさい、嵐のせいで一カ月ものあいだ足止めされ、危うく飢え死にしそうになったという。[16]ホワイトサイドがつくったこの灯台は、点滅灯のあるデッキと灯台守の宿泊設備から成り、それをオーク材でできた九本の柱が支えていた。海が荒れても、柱のあいだを水がすりぬける構造だ。

灯台守の多くがそうであるように、ハウエルとグリフィスはどちらも妻子持ちで、ほかの仕事ももっていた。キングへリオットに住むハウエルは樽職人で、グリフィスはソルヴァの村に住む肉体労働者だ。一八〇〇年から一八〇一年にかけての冬、二人は一カ月間の任務につくため、船でスモールズ灯台へ運ばれた。そして一、二週間が過ぎたころ、グリフィスが病気になったが、ハウエルには彼を助けるすべがなかった。遭難信号を出し、二人は辛抱強く船の到着を待つ。だが、やってきたのは船どころか、桁外れに大きな嵐だった。海のなかにぽつんとある岩のかたまりへ到達できる船はなく、グリフィスは何週間も苦しんで衰弱し、ついに息絶えてしまう。

同僚が死んだと気づいたとき、ハウエルは恐ろしい結論に達した。もし遺体を海に捨てれば、本土の人々は彼がグリフィスを殺し、隠蔽のために証拠を海に捨てたと思うかもしれない。万が一にもそうなっては困ると、ハウエルは救助の船が来るまで遺体を灯台に置いておくことにした。棺代わりの箱をこしらえ、そこにグリフィスの遺体を入れて蓋をし、極力そのことを考えまいとする。しかし嵐の勢いはいっこうに衰えず、何週間も、何カ月も続いた。

本土にいるハウエルとグリフィスの家族は、夜ごと崖に立って遠くの灯台をじっと見つめながら、救助の船はいつ着くのだろうと案じているほかなかった。ブリストル、ミルフォード、リヴァプールの税関には、スモールズ灯台にまだ遭難信号が出ているとの報告が数多く寄せられたが、みずからが遭難する危険をおかしてまで近づいてみる者はひとりもいなかった。

そのうちに、腐敗が進むグリフィスの遺体が放つ臭気にもはや耐えられなくなったハウエルは、棺を室内からデッキに出して手すりにくくりつけ、棺はそこで三週間雨ざらしにされた。

やがて吹き荒れる強風で棺の蓋が壊れ、グリフィスの腕が飛び出したが、次に何が起きたかについては風説によって大きく異なる。おおかたの説は、死んだ男の手が風にあおられて灯台の窓に打ちつけられ、ハウエルがそれをグリフィスの幽霊が窓ガラスを叩いていると思いこんだ、というものだ。[17]一方、遠くを航行する複数の船が、デッキで男が自分たちに向かって手を振っていると思い、灯台では何も問題が起きていないと判断したために遭難信号を黙殺してしまったという説もある。

四カ月後、ようやく天候が安定し、ミルフォード・ヘイヴンから交代の灯台守を二人乗せた船がやってきて、スモールズ灯台に錨を下ろした。彼らがトーマス・ハウエルのもとへ到着したとき、彼は髪が真っ白になり、飢餓と寒さで死にかけ、狂気の縁をさまよっていたと伝えられる。苦難に見舞われながら、彼はずっと灯火をともしつづけた。グリフィスの遺骸とともに本土へ連れ戻されたトーマス・ハウエルは、親しい友人が見ても彼だとわからないほど変わり果てていた。[18]

このスモールズ灯台の悲劇をきっかけに、イギリスでは灯台への人員配置が大きく変わった。以後、つねに三人で灯台を守るようになり、少なくとも一九八〇年代の大規模な自動化で灯台守が必要なくなるまでは、それが踏襲されていた。[19]

訳者あとがき

本書は、二〇二〇年にイギリスのＤＫ社から出版された『Behind the Horror: True Stories that Inspired Horror Movies』の邦訳です。そのタイトルが示すとおり、ホラー映画の題材となった実際の事件や出来事がたっぷり盛り込まれた読み応えのある本で、一七ある章で、合計二一本の映画と、それぞれの裏にある実話が紹介されています。ひと口にホラーといっても、殺人あり、超常現象あり、その他異色のものもあり、思いのほかバラエティに富んでいます。

著者のリー・メラー博士はイギリス生まれ、カナダを拠点に活動する犯罪学者で、猟奇殺人や性犯罪を専門とし、未解決事件の調査にも貢献しています。実際に起きた事件を扱いカナダでベストセラーとなった『Cold North Killers: Canadian Serial Murder』（二〇一二年）、『Rampage: Canadian Mass Murder and Spree Killing』（二〇一三年）をはじめ犯罪関係の著書が多数あり、日本では共同執筆した『犯罪学大図鑑』（ＤＫ社編・三省堂書店）が二〇一九年に刊行されています。一方、ミュージシャンとしてアルバムをリリースするなど、犯罪学者とはまったく別の顔ももつ、多才な人物のようです。

さて本書では、年代順に二一本のホラー映画がとりあげられています。ここで改めて一覧にしてみましょう。

（1）『M』（M: A City Searches for a Murderer）（一九三一年）
（2）『ロープ』（Rope）（一九四八年）
（3）『サイコ』（Psycho）（一九六〇年）
（4）『悪魔のいけにえ』（The Texas Chain Saw Massacre）（一九七四年）
（5）『フレンジー』（Frenzy）（一九七二年）
（6）『エクソシスト』（The Exorcist）（一九七三年）
（7）『ジョーズ』（Jaws）（一九七五年）
（8）『日没を恐れた街』（The Town That Dreaded Sundown）（一九七六年、日本未公開）
（9）『悪魔の棲む家』（The Amityville Horror）（一九七九年）
（10）『ポルターガイスト』（Poltergeist）（一九八二年）
（11）『エルム街の悪夢』（A Nightmare on Elm Street）（一九八四年）
（12）『ゾンビ伝説』（The Serpent and the Rainbow）（一九八八年）
（13）『羊たちの沈黙』（The Silence of the Lambs）（一九九一年）
（14）『スクリーム』（Scream）（一九九六年）
（15）『プロフェシー』（The Mothman Prophecies）（二〇〇二年）
（16）『ウルフクリーク／猟奇殺人谷』（Wolf Creek）（二〇〇五年）
（17）『死霊館』（The Conjuring）（二〇一三年）
（18）『アナベル 死霊館の人形』（Annabelle）（二〇一四年）

(19)『死霊館 エンフィールド事件』(The Conjuring 2)(二〇一六年)
(20)『ウィッチ』(The Witch)(二〇一五年)
(21)『ライトハウス』(The Lighthouse)(二〇一九年)

こうして見ると、名作ぞろいですね。なかには日本で視聴できないものや、字幕や吹き替えがないものもありますが、大半は日本語での視聴が可能です。今回、本書を訳すにあたって、ひとつずつ順番に見ていきました。これほどの数のホラー映画を一気に見たのは初めてでしたが、年代順に見ていくことで、ホラー映画ひいては映画そのものの進化のようなものも感じられました。

こうした名作映画が誕生した裏には、実際に起きた凄惨な事件や不可解な出来事があり、それが本書のメインの内容となっています。怖い話ばかりではなく、不思議な話やコミカルなものもあり、お楽しみいただけることは請け合いです。「事実は小説より奇なり」と言いますが、事実は映画よりも奇なりで、じつのところホラー映画がマイルドに感じられるケースも数多くありました。

ホラー映画に関する本や実際に起きた事件に関する本はたくさんあります。また、インターネットで検索すればいくらでもそうした情報が出てきます。それを一冊の本にまとめたところに本書の目新しさがあり、映画ファンにも、クライム系が好きな読者にも、ミステリファンにもお勧めの内容となっています。

本書を訳すにあたり、それぞれの事件や出来事について関連本を読んだり、インターネットで得られる情報に目を通したりしましたが、そのさい、たとえば年齢や日付、地名、事件現場の状況など、細部が出典によって微妙に異なるケースもたまにありました。本書の内容が明らかに誤りである場合は訂正しましたが、諸説あるものや、どれが正しいか判断できないものについては、原文に従って訳しています。

ところで、みなさんはこの本をどのようにお読みになるでしょうか。とりあえず最後まで読む、映画を見ながら少しずつ読む、前から順番に、あるいは知っている映画から……このように、いろいろな読み方ができるのも本書の特徴です。多くのかたは、読めば映画も見たくなるのではないでしょうか。なつかしい映画を見直したり、これを機に見逃していた映画を見てみたり、それぞれの形でお楽しみいただければ幸いです。

この本の原書をＤＫ社のウェブサイトで見つけたのは、二〇二〇年四月のことでした。そのときはまだ刊行前でしたが、それから一年余りでこうして日本の読者の皆様にお届けできるのは、版権交渉から編集作業までを迅速・着実にこなしてくださった青土社の篠原一平さんのおかげです。この場を借りて心よりお礼を申し上げます。

二〇二一年六月

五十嵐加奈子

原注

『M』（1931年）

1 "Prostitutes, Respectable Women, and Women from 'Outside': The Carl Grossmann Sexual Murder Case in Postwar Berlin" by Sace Elder in *Crime and Criminal Justice in Modern Germany*.

2–3 同上

4 *Die Welt*, 6 April 2008—"Der Mädchenfänger von Berlin"

5 Ibid

6 "Prostitutes, Respectable Women, and Women from 'Outside': The Carl Grossmann Sexual Murder Case in Postwar Berlin" by Sace Elder in *Crime and Criminal Justice in Modern Germany*.

7 *Die Welt*, 6 April 2008—"Der Mädchenfänger von Berlin"

8 *The Encyclopedia of Serial Killers* by Brian Lane & Wilson Gregg.（邦訳：ブライアン・レーン、ウィルフレッド・グレッグ著『連続殺人紳士録』中央アート出版社、1994年）

9 *Supernatural Serial Killers: What Makes Them Murder?* by Samantha Lyon & Dr. Daphne Tan.

10 同上

11 *Crimes of Horror* by Angus Hall. 12 *The Sadist* by Karl Berg.

13–15 同上

16 *Vampire Forensics: Uncovering the Origins of an Enduring Legend* by Mark Jenkins.

『ロープ』（1948 年）

1 *The Gay Science* by Friedrich Nietzsche.（フリードリッヒ・ニーチェ著『ニーチェ全集〈8〉悦ばしき知識』ちくま学芸文庫、1993 年、ほか）

2 *For the Thrill of It* by Simon Baatz.

3 同上

4 *The Loeb-Leopold Case* by Alvin V. Sellers.

5 *For the Thrill of It* by Simon Baatz.

6 1923 年 10 月 9 日に書かれたネイサン・レオポルドからリチャード・ローブへの手紙。以下のサイトで閲覧可能。http://www.crimearchives.net/1924_ leopold_loeb/html/letters.html

7 *For the Thrill of It* by Simon Baatz.

8–16 Ibid

『サイコ』（1960 年）、『悪魔のいけにえ』（1974 年）

1 *Necrophilic and Necrophagic Serial Killers: Understanding Their Motivations Through Case Study Analysis* by Christina Molinari.

2 *Cannibal Serial Killers: Profiles of Depraved Flesh-Eating Murderers* by Christopher Berry-Dee.

3 同上

4 *Deviant: The Shocking True Story of Ed Gein, the Original 'Psycho'* by Harold Schechter.（邦訳：ハロルド・シェクター著『オリジナル・サイコ—異常殺人者エド・ゲインの素顔』早川書房、1995 年）

5–13 同上

『フレンジー』(1972年)

1　*10 Rillington Place* by Ludovic Kennedy.（邦訳：L・ケネディ著『処刑された被害者―リリントン・プレース殺人事件』新潮社、1961年）
2　*Frenzy! Heath, Haigh, Christie: The First Great Tabloid Murderers* by Neil Root.
3–4　同上
5　*10 Rillington Place* by Ludovic Kennedy. 邦訳：L・ケネディ著『処刑された被害者―リリントン・プレース殺人事件』（新潮社、1961年）
6　*Frenzy! Heath, Haigh, Christie: The First Great Tabloid Murderers* by Neil Root.
7　同上
8　*Handsome Brute: The True Story of a Ladykiller* by Sean O' Connor.
9　*Frenzy! Heath, Haigh, Christie: The First Great Tabloid Murderers* by Neil Root.
10–18　同上
19　*Sadistic Killers: Profiles of Pathological Predators* by Carole Anne Davis.
20–21　同上
22　*Found Naked and Dead* by Brian McConnell. 23–31 Ibid

『エクソシスト』(1973年)

1　*Possessed: The True Story of the Most Famous Exorcism of*

Modern Time by Thomas Allen.

2–26　同上

27　*American Hauntings* by Robert E. Bartholomew and Joe Nickell.

『ジョーズ』（1975年）

1　*Twelve Days of Terror: A Definitive Investigation of the 1916 New Jersey Shark Attacks* by Richard G. Fernicola.

2–25　Ibid

26　*History*, 31 January 2019—"USS Indianapolis: Survivor Accounts From the Worst Sea Disaster in U.S. Naval History"

27–33　同上

34　*In Harm's Way* by Doug Stanton.（邦訳：ダグ・スタントン著『巡洋艦インディアナポリス号の惨劇』朝日新聞社、2003年）

35　https://www.history.navy.mil/research/library/online-reading-room/title-list- alphabetically/s/sinking-ussindianapolis/narrative-of-the-circumstances.html

36　同上

37　*Insight on the News*, 5 June 2000—"For the Good of the Navy"

38　*East Hampton Star*, 2 July, 2014—"Janet Mundus, 88"

39　*Lowell Sun*, 16 July, 2019—"Turning in a hook report on Dad' s shark hunting"

40　*New York Times*, 16 September 2008—"Frank Mundus, 82, Dies; Inspired 'Jaws' "

41　http://www.fmundus.com/frank_mundus_frequently_asked_qu.htm

42　同上

『日没を恐れた街』（1976年）

1　*The Texarkana Moonlight Murders* by Michael Newton.

2–11　同上

『悪魔の棲む家』（1979年）

1　*The Amityville Horror* by Jay Anson.（邦訳：ジェイ・アンソン著『アミティヴィルの恐怖』徳間書店、1978年）

2–19　同上

20　*Snopes*, 15 April 2005—"Was 'Amityville Horror' Based on a True Story?"

21　*People*, 13 February 1978—"The Amityville Horror Lives On—in a Snarl of Lawsuits and Suspicions"

22　*The Big Con: Great Hoaxes, Frauds, Grifts, and Swindles in Amer- ican History* by Nate Hendley.

23　*People*, 13 February 1978—"The Amityville Horror Lives On—in a Snarl of Lawsuits and Suspicions"

24　同上

25　*The Big Con: Great Hoaxes, Frauds, Grifts, and Swindles in Amer- ican History* by Nate Hendley.

26　*Washington Post*, 16 September 1979—"The Calamityville Horror''

27　*New York Times*, 25 June 1992—"'Amityville' Prisoner Says Movie Money Tainted Defense"

28 *Washington Post*, 16 September 1979—"The Calamityville Horror''

29 *New York Times*, 25 June 1992—"'Amityville' Prisoner Says Movie Money Tainted Defense"

30 同上

31 *Skeptical Inquirer*, January/February 2003—"Amityville: The Horror of It All"

32 同上

『ポルターガイスト』(1982 年)

1 *American Hauntings* by Robert E. Bartholomew and Joe Nickell.

2–5 同上

6 *Life Magazine*, 17 March 1958—"The House of Flying Objects"

7 *Life Magazine*, 7 April 1958—Letters

8 *American Hauntings* by Robert E. Bartholomew and Joe Nickell.

『エルム街の悪夢』(1984 年)

1 *La Crosse Tribune*, 3 November 2015—"Hmong vets to shed light on a secret war"

2 *The Black Book of Communism: Crimes, Terror, Repression* by Stéphane Courtois et al.(邦訳:ステファヌ・クルトワほか著『共産主義黒書 アジア篇』筑摩書房、2017 年)

3 *The Times*, 30 July 2006—"No Way Out"

4 同上

5 *Medical aspects of chemical and biological warfare* by F.R. Sidell.

6 *Tragic Mountains: The Hmong, the Americans, and the Secret Wars for Laos, 1942–1992* by Jane Hamilton-Merritt.

7 *Los Angeles Times*, 26 February 1981—" 'Nightmare Syndrome?' Deaths of Laos Refugees Puzzle Officials"

8–9 同上

10 *Los Angeles Times*, 14 July 1981—"Mysterious Fatal Malady Striking Hmong Men"

11–12 同上

13 *Los Angeles Times*, 26 February 1981—" 'Nightmare Syndrome?' Deaths of Laos Refugees Puzzle Officials"

14–17 同上

18 *Los Angeles Times*, 10 July 1983—" 'Night Deaths of Asian Men Unexplained"

19 同上

20 *Journal of the American Heart Association*, 3 March 2018—"Sudden Unexplained Nocturnal Death Syndrome: Hundred Years' Enigma"

21 *Wes Craven: The Man and His Nightmares* by John Wooley.

22 同上

23 *Dream Weaver* by Gary Wright. ゲイリー・ライト『夢織り人』（楽曲）

24 *Wes Craven: The Man and His Nightmares* by John Wooley.

25–28 同上

『ゾンビ伝説』（1988年）

1 *The Serpent and the Rainbow* by Wade Davis.（邦訳：ウェイド・ディヴィス著『蛇と虹―ゾンビの謎に挑む』草思社、1988年）
2–11 同上
12 *The Guardian*, 14 January 2010―"Haiti: a long descent to hell"
13 *The Serpent and the Rainbow* by Wade Davis.（邦訳：ウェイド・ディヴィス著『蛇と虹―ゾンビの謎に挑む』草思社、1988年）
14–19 同上

『羊たちの沈黙』（1991年）

1 *The Only Living Witness* by Stephen Michaud & Hugh Aynesworth.
2 同上
3 *KSBW8*, 11 October 2011―"Santa Cruz Serial Killer Spotlighted In TV Documentary"
4 *Front Page Detective Magazine*, March 1974―"Edmund Kemper Interview"
5 *Cosmopolitan*, 17 August 2019―"The True Story of 'Mindhunter' Killer Edmund Kemper Is Almost Too Disturbing to Tell"
6 *SF Weekly*, 30 August 2016―"Yesterday's Crimes: Big Ed Kemper the Coed Butcher"
7 *Cosmopolitan*, 17 August 2019―"The True Story of 'Mindhunter' Killer Edmund Kemper Is Almost Too Disturbing to Tell"

8 *Lust Killer* by Ann Rule.

9 同上

10 *The Times*, 31 July 2013—"Unmasked: doctor who was real life Hannibal Lecter"

11 同上

12 *The Sun*, 5 April 2016—"My chilling meeting with the elegant killer doctor who inspired Lecter character"

13 *The Killer Department* by Viktor Bukarov.

14 *The Monster of Florence* by Douglas Preston and Mario Spezi.

15–16 同上

『スクリーム』（1996 年）

1 *United States Court of Appeals Eighth Circuit. Mueller v. Powell et al.*

2 同上

3 *Killer Legends* (film) directed by Joshua Zeman.

4 *Columbia Daily Tribune*, 7 March 2010—"Who killed Janett Christman"

5 *Killer Legends* (film) directed by Joshua Zeman.

6 *Columbia Daily Tribune*, 7 March 2010—"Who killed Janett Christman"

7 *United States Court of Appeals Eighth Circuit. Mueller v. Powell et al.*

8–10 同上

11 *Columbia Daily Tribune*, 7 March 2010—"Who killed Janett Christman"

12 *United States Court of Appeals Eighth Circuit. Mueller v. Powell et al.*

13 同上

14 *Columbia Daily Tribune*, 7 March 2010—"Who killed Janett Christman"

15 同上

16 *The Making of a Serial Killer* by Sondra London & Danny Rolling.

17 *Beyond Murder* by John Philpin & John Donnelly.

18 *The Making of a Serial Killer* by Sondra London & Danny Rolling.

19–22 同上

23 *The Gainesville Ripper* by Mary Ryzuk. 邦訳：メアリ・S・リザック著『ゲインズヴィルの切り裂き魔』（中央アート出版社、1997年）

24 *The Making of a Serial Killer* by Sondra London & Danny Rolling.

25 *Daily Art Magazine*, 12 December 2016—"The Mysterious Road From Edvard Munch's The Scream"

26 *Fangoria*, January 2000—"The Face of Scream"

『プロフェシー』（2002年）

1 *The Mothman Prophecies* by John Keel.（邦訳：ジョン・A・キール著『モスマンの黙示』国書刊行会、1984年）

2–27 同上

『ウルフクリーク／猟奇殺人谷』（2005年）

1 *Milat: Inside Australia's Biggest Manhunt, a Detective's Story* by Clive Small.

2–5 同上

6 *News Australia,* 2 November 2019—"Death of Simi: The terrifying story of Simone Loretta Schmidl's murder"

7 *Milat: Inside Australia's Biggest Manhunt, a Detective's Story* by Clive Small.

8–11 同上

12 *News Australia,* 2 Nov 2019—"Death of Simi: The terrifying story of Simone Loretta Schmidl's murder"

13 *Milat: Inside Australia's Biggest Manhunt, a Detective's Story* by Clive Small.

14–19 同上

20 *And Then the Darkness: The Disappearance of Peter Falconio and the Trials of Joanne Lees* by Sue Williams.

21 同上

22 *The Telegraph,* 19 October 2005—"Backpacker tells of Outback attack and points out her boyfriend's alleged killer in court"

23 *Murdoch v The Queen*

24 同上

25 *And Then the Darkness: The Disappearance of Peter Falconio and the Trials of Joanne Lees* by Sue Williams.

26 *The Age*, 15 December 2005—"Massive search for Falconio remains"

27 *The Guardian*, 13 December 2005—"A gun-obsessed thug"

28 *The Independent*, 13 December 2005—"Falconio killer 'a gun-obsessed thug' "

29 *Murdoch v The Queen*

『死霊館』(2013年)、『アナベル 死霊館の人形』(2014年)、『死霊館 エンフィールド事件』(2016年)

1 *American Hauntings* by Robert E. Bartholomew and Joe Nickell.

2 https://www.youtube.com/watch?v=514di7CMcPY; Spot on *San Antonio Living*.

3–4 同上

5 *American Hauntings* by Robert E. Bartholomew and Joe Nickell.

6 https://www.youtube.com/watch?v=514di7CMcPY; Spot on *San Antonio Living*.

7 同上

8 *Paranormal Witness*; Season 4, Episode 10, *The Real Conjouring* [sic], directed by Sebastian Smith.

9–25 同上

26 *This House is Haunted: The Amazing Inside Story of the Enfield Poltergeist* by Guy Lyon Playfair.

27–34 同上

35 *Poltergeists: Examining Mysteries of the Paranormal* by Michael Clarkson.

36 *This House is Haunted: The Amazing Inside Story of the Enfield Poltergeist* by Guy Lyon Playfair.

37–47　同上

48　*Week in Weird*, 7 January 2016—"Conjuring the Truth: Enfield Poltergeist Investigator Says Ed and Lorraine Warren Never Investigated Case"

『ウィッチ』(2015年)、『ザ・ライトハウス』(2019年)

1　*Account of the Life and Character of Rev. Samuel Parris of Salem Village* by Samuel Page Fowler.

2　*Slate*, 3 February 2016—"All of *The Witch*' s Most WTF Moments, Explained: A Spoiler-Filled Interview With the Director"

3　*The History of the United States, Volume II* by George Bancroft.

4　*Memorable Providences, Relating to Witchcrafts and Possessions* by Cotton Mather.

5　*In the Devil' s Snare: The Salem Witchcraft Crisis of 1692* by Mary Beth Norton.

6–8　同上

9　*Salem Witchcraft, With an Account of Salem Village and A History of Opinions on Witchcraft and Kindred Subjects, Volume II* by Charles W. Upham.

10　*Hollywood Reporter*, 2 March, 2016—"Black Phillip: The Real Story Behind the Breakout Goat From 'The Witch' "

11　*Slate*, 26 February, 2016—"Why Are Goats Associated With the Devil, Like Black Phillip in *The Witch*?"

12　*The Lord' s Animals and the Devil' s* by The Brothers Grimm.

13　*The Pictorial Key to the Tarot* by A.E. Waite.

14 *The Commissioners Appointed to Inquire into the Condition and Management of Lights, Buoys, and Beacons with Appendix and Index Vol. II*

15 https://www.nationaltrust.org.uk/solva-coast/features/heritage- hunting-along-the-solva-coast

16 *John Phillips and the Smalls Lighthouses Part II* by John S. Rees.

17 *BBC Wales*, 30 September, 2014—"From the Skerries to the Smalls, the automation of Welsh lighthouses"

18 *John Phillips and the Smalls Lighthouses Part II* by John S. Rees.

19 *The Story of the British Isles in 100 Places* by Ncil Oliver.

図版クレジット

The publisher would like to thank the following for their kind permission to reproduce their photographs:

(Key: a-above; b-below/bottom; c-centre; f-far; l-left; r-right; t-top)

Insert 1 Alamy Stock Photo: Historic Images (crb); SilverScreen (tl); The History Collection (c). **Getty Images:** ullstein bild Dtl. / Contributor (clb); John Springer Collection / CORBIS (tr); Bettmann / Contributor (cr); Imagno / Contributor (bc). **Insert 2 Alamy Stock Photo:** AF archive (tl, tc); Everett Collection Inc (tr); Everett Collection Historical (cl). **Getty Images:** Bettmann / Contributor (br); New York Daily News / Contrib- utor (bc); Chicago Sun-Times / Chicago Daily News collection / Chicago History Museum (bl). **Insert 3 Alamy Stock Photo:** AF archive (tl); PictureLux / The Hollywood Archive (tr); Pictorial Press Ltd (cl). **Getty Images:** Bettmann / Contributor (cra, br); Frank Scherschel / The LIFE Picture Collection (bc). **Insert 4 Alamy Stock Photo:** Collection Chris- tophel (tr); Everett Collection Inc (tl); Trinity Mirror / Mirrorpix (bc). **Getty Images:** Daily Mirror / Mirrorpix / Contributor (crb); BIPS / Stringer / Hulton Archive (ca); Staff / Mirrorpix / Contributor (clb); Keystone / Staff / Hulton Archive (br). **Insert 5 Alamy Stock Photo:** AF archive (tr, cl); Moviestore Collection Ltd (crb). **Getty Images:** Discovery / Handout (b); Silver Screen Collection / Contributor (tl). **Insert 6 Alamy Stock Photo:** Everett Collection, Inc. (tl); ScreenProd / Photononstop (tr);

Everett Collection Inc (cra); PJF Military Collection (clb); James Nest- erwitz (crb, br). **Insert 7 Alamy Stock Photo:** Archive PL (bl); United Archives GmbH (tr); Everett Collection Inc (cra). **Getty Images:** Ed Clark / The LIFE Picture Collection / Contributor (crb); LMPC / Contrib- utor (tl). **Insert 8 Alamy Stock Photo:** Everett Collection, Inc. (tc). **Getty Images:** Hulton Archive / Stringer (cra); Stan Wolfson / Newsday LLC / Contributor (cl); Paul Hawthorne / Staff (crb). **Rex by Shutterstock:** Red / AP (br). **Insert 8 Alamy Stock Photo:** Everett Collection, Inc. (tc). **Getty Images:** Hulton Archive / Stringer (cra); Stan Wolfson / Newsday LLC / Contributor (cl); Paul Hawthorne / Staff (crb); Twentieth Century Fox Film Corporation / Michael Ochs Archives / Stringer (tl). **Rex by Shutterstock:** Red / AP (br). **Insert 9 Alamy Stock Photo:** AF archive (tl); TCD / Prod.DB (tc); Photo 12 (cra). **Getty Images:** Nina Leen / The LIFE Picture Collection / Contributor (cl, cb, crb, bl) **Insert 10 Alamy Stock Photo:** AF archive (tr); Photo 12 (clb); © Universal Pictures / Everett Collection, Inc. (crb). **Getty Images:** Alex Bowie / Contributor (tl); Serge viallet / Sygma / Contributor (cra); Jean-Claude FRANCOLON / Gamma-Rapho / Contributor (bc). **Insert 11 Alamy Stock Photo:** AF archive (tc); Pictorial Press Ltd (cla); Entertainment Pictures (tr); American Photo Archive (cr). **Getty Images:** Bettmann / Contributo (clb); Bett- mann / Contributor (cl, cb); David Rentas / New York Post Archives / (c) NYP Holdings, Inc. / Contributor (br). **Insert 12 Alamy Stock Photo:** AF archive (tl, tr). **Getty Images:** Acey Harper / The LIFE Images Collection / Contributor (ca, ca/Tracy Paules, clb); Wiktor Szymanowicz / Barcroft Media / Contributor

(cra). **Rex by Shutter- stock:** Uncredited / AP (br); Chris O' Meara / AP (bl). **Insert 13 Alamy Stock Photo:** Entertainment Pictures (tr); TCD / Prod.DB (tl); Everett Collection, Inc. (ca); Jesse Thornton (br). **Getty Images:** Bettmann / Contributor (c). **Insert 14 Alamy Stock Photo:** AF archive (tr); Allstar Picture Library (tl); Photo 12 (ca). **Getty Images:** Tony Lewis / Stringer (br); Ian Waldie / POOL (crb). **Rex by Shutterstock:** (bc); Rick Rycroft / AP (cb); Austral Int (clb). **Insert 15 Alamy Stock Photo:** AF archive (bc); Allstar Picture Library (tl); Everett Collection Inc (tc, crb); TCD / Prod.DB (cra); Atlaspix (cb); AmityPhotos (bl). **Getty Images:** Russell McPhedran / Fairfax Media Archives / Contributor (cla). **Insert 16 Alamy Stock Photo:** Allstar Picture Library (clb); Collection Chris- tophel (tc, tr); Trinity Mirror / Mirrorpix (cla, ca); Rebecca Beusmans (crb); North Wind Picture Archives (bl). **Dreamstime.com:** Cindy Goff (cb). **Cover images:** *Front:* **Getty Images:** Thegoodly / RooM

Original Title: Behind the Horror: True stories that inspired horror movies

Japanese translation rights arranged with Dorling Kindersley Limited,London
through Fortuna Co., Ltd. Tokyo.

ビハインド・ザ・ホラー
ホラー映画になった恐怖と真実のストーリー

2021年 6月30日 第一刷印刷
2021年 7月10日 第一刷発行

著 者 リー・メラー
訳 者 五十嵐加奈子

発行者 清水一人
発行所 青土社

〒101-0051 東京都千代田区神田神保町1-29 市瀬ビル
［電話］03-3291-9831（編集） 03-3294-7829（営業）
［振替］00190-7-192955

印刷・製本 ディグ
装画 ヒグチユウコ
装丁 大倉真一郎

ISBN978-4-7917-7399-2 Printed in Japan

For the curious
www.dk.com